医事法入門

第6版

手嶋 豊［著］

第6版　はしがき

第5版を刊行した2018年から1年後の2019年12月に，新型コロナ感染症（Covid-19）が突如出現して瞬く間に世界中に拡がり，この疾患が原因となって非常に多くの人々の命が奪われ，また，人々の生活を激変させてしまった。その影響は2022年の10月である現在でも連綿と続いており，近い将来に第八波が到来する可能性や，インフルエンザとの重複流行とそれによる被害拡大の懸念が指摘されている。この間に各国でとられた各種政策，具体的にはワクチンや医薬品の開発・接種の実施やロックダウンの要否などをめぐって，それぞれの対応・評価は分かれ，同じ国内でも意見の相違が国民間で先鋭化し対立することなども起こっている。世界的課題となった感染症に対する法的対応のあり方について，わが国でも公衆衛生に関する法学関係者の関心が高まり，多くの文献が公にされるようになった。

新型コロナ感染症が世界中で猛威を振るっている間にも，わが国では，疾患別の新たな基本法が制定されたり，生殖補助医療に関して特別法が定められたこと，研究に関する倫理指針の改正，など多くの重要な変更が実施されており，医事法領域での進展は止まってはいない。諸外国でも，人工妊娠中絶の規制は州の権限であるとする連邦最高裁の判断や，自殺幇助をめぐって動きがある。医事法をめぐる昨今の周辺状況の変化に鑑み，このたびの改訂に至ったものである。本書の執筆の目的は，初版から基本的に変更しているところはない。

このたびの改訂作業において留意したことのひとつとして，本書が「入門」という標題にふさわしくないほどの大部になってしまうことを避けることがあった。このため旧版で触れていた制度の変遷などについては大きく割愛することとし，また，13 章あった章立ても 12 章に整理するなどの工夫をした。しかしながら，上記のように，取り入れなければならない情報量の純増などにより，結局，今版においても相当量の厚さとなってしまった。読者諸氏のご海容を願うばかりであるが，問題の所在を指摘するにとどめざるを得ないなど，ごく簡単にしか言及できなかったところも多い。

今回の改訂では，有斐閣法律編集局書籍編集部の藤原達彦さんに，多大なお力添えをいただき，多くの点でさまざまに助けていただいた。記して感謝申し上げる。

2022 年 10 月

手　嶋　　豊

初版　はしがき

本書は，近時発展の著しい医事法領域における法的問題について，読者に基本的な情報を提供することを目的として執筆された入門書である。医療事故，脳死，臓器移植，遺伝子医療，生殖補助医療など，医事法に関連する問題が社会の関心を集める機会が非常に多くなったが，本書はそうした問題に対して，法的問題の所在を示し，対立する利益を明らかにし，望ましい解決を模索するための糸口を提供しようとするものである。もとより入門書としての性格上，十分に展開できなかった論点は少なくないが，医事法の諸問題を，簡潔かつ横断的に扱うコンパクトな法学関係の文献が，まだわが国には十分存在していないと考えられたことが，本書執筆の主たる動機である。

以前出版された，前田達明＝稲垣喬＝手嶋豊編集代表『医事法』（有斐閣，2000年）は，6人の執筆者によるこうした状況を改善しようとする試みであり，幸い，多くの方々に好意的に迎えられた。しかし，その後の医事法を取り巻く，医療および社会的・法的状況の変化が少なからず起こっており，また，編集作業を手伝う過程で，共同執筆に限界があることも痛感したところであり，今回は単著とすることとした。

医事法の領域では，今日の問題設定が，医学的知見やそれを取り巻く社会環境の変遷により，短期間のうちに大きく異なってしまうことも少なくなく，事態の変化は急激である。このため，概説を試みるという本書の記述においてすらも，原稿・校正の段階で大幅に書き改めなければならないことがしばしば生じており，それは現在も続いている。そうした中では，本書は完成されたものというにはほど遠く，著者のこれまでの考察を示す，不十分なものにすぎない。

著者がこれまでの研究生活の中で，最も密接に関わってきた専門領域は，民法，なかんずく不法行為法である。医事法は多方面の法領域に関わるという複合的性格を有していることから，単著による医事法テキストの執筆の試み自体が無謀に近いものであって，著者の各法及び医療・医学への理解不足などのために，思わぬ誤りを冒していることもありうることと思われる。さらに，残念なことではあるが，問題の現状の素描でしかない記述も，少なからず残さざるを得なかった。それでも本書の出版を決断したのは，この種の情報が，より容易に入手できる状況になれば，医事法に対する理解を現在よりも進めることができるのではないかとの期待が，上記の懸念に優ったためである。読者諸賢のご叱正を頂き，ささやかなこの試みを少しでもよいものにしていきたいと考えている。

本書が読者にとって，医事法をより深く学習する出発点としてもらえるならば，また本書の内容を通じて，この領域の進展に，何らかの形で参画寄与していただけるならば，著者としては，その目的の大部分を達成できたと考える次第である。

本書の主たる読者層としては，大学の法学部・法科大学院で医事法を学ぶ学生，医学部・看護学部で医事法または関係法規・法医学を学ぶ学生，さらに，医事法に興味を有する法学・医学関係者を想定している。本書の頁数は限られており，想定された読者も，多くの場合，本書を手にされる以前の段階で，「法学」「法学入門」「社会科学入門」等の科目を履修して，法学の基礎的な概念等については触れる機会を有しているものと考えられるので，本書では，原則として基礎的な事項は省き，医事法固有の議論に，より多くのスペースを割くことにした。また，引用も最小限に絞らせていただいた。法学の専門外の方々にとって，基本的事項を省略されることには，不親切の印象を免れることができないと思われるが，本書の性質にかんがみ，ご海容願えれば幸いである。

本書が曲がりなりにもこの時期に出版することができたのは，有斐閣京都編集室の奥村邦男氏，一村大輔氏両氏の励ましによるところが大きい。法科大学院その他毎日の職務の多忙と，決断をなかなかできない性格から，ややもすれば執筆作業を先送りしようとする著者を，硬軟おりまぜて様々な形でフォローしていただいた。両氏の的確なお力添えがなければ，本書が，形になることは決してなかったであろう。心より感謝申し上げたい。

2005 年 4 月

手　嶋　　豊

もくじ

第12章　グローバリゼーションと医事法　361

Column もくじ

ひと口メモ　も　く　じ

医事法に関係する法律は多岐にわたり，紙ベースの小さな六法には掲載されていなかったり，掲載されていてもその条文の一部が省略されていることも少なくない。読者は必要に応じて，インターネット（電子政府の総合窓口 https://www.e-gov.go.jp/）にアクセスし，全文を参照されることをお勧めする。本書は，原則として 2022 年 11 月 5 日現在の法令・判例をもととして記述されている。ただし，公布されているがまだ施行されていない法律に言及している部分もある。

略語一覧

1　法　律

アレルギー対策	アレルギー疾患対策基本法
医	医師法
医療	医療法
医療観察	心神喪失等の状態で重大な他害行為を行った者の医療及び観察等に関する法律
学校保健	学校保健安全法
肝炎対策	肝炎対策基本法
感染	感染症の予防及び感染症の患者に対する医療に関する法律
がん対策	がん対策基本法
がん登録	がん登録等の推進に関する法律
義肢装具士	義肢装具士法
救急救命士	救急救命士法
狂犬	狂犬病予防法
クローン規制	ヒトに関するクローン技術等の規制に関する法律
刑	刑法
検疫	検疫法
健康増進	健康増進法
言語聴覚士	言語聴覚士法
献体	医学及び歯学の教育のための献体に関する法律
公認心理師	公認心理師法
高齢者医療	高齢者の医療の確保に関する法律
個人情報保護	個人情報の保護に関する法律
再生医療	再生医療等の安全性の確保等に関する法律
歯医	歯科医師法
死因究明	死因究明等の推進に関する法律
歯科衛生士	歯科衛生士法
歯科技工士	歯科技工士法
死体解剖	死体解剖保存法

児童福祉	児童福祉法
視能訓練士	視能訓練士法
柔道整復師	柔道整復師法
消防	消防法
診療放射線技師	診療放射線技師法
精神保健	精神保健及び精神障害者福祉に関する法律
精神保健福祉士	精神保健福祉士法
性同一性障害	性同一性障害者の性別の取扱いの特例に関する法律
臓器移植	臓器の移植に関する法律
地域保健	地域保健法
動物愛護管理	動物の愛護及び管理に関する法律
難病	難病の患者に対する医療等に関する法律
母子保健	母子保健法
保助看	保健師助産師看護師法
母体保護	母体保護法
民	民法
薬剤師	薬剤師法
薬機	医薬品，医療機器等の品質，有効性及び安全性の確保等に関する法律
予防	予防接種法
理学療法士	理学療法士及び作業療法士法
臨床検査技師	臨床検査技師等に関する法律
臨床工学技士	臨床工学技士法

2 通 達

医政発	各都道府県知事あて厚生労働省医政局長通知
健政発	各都道府県知事あて厚生省健康政策局長通知

3　判　決

最判（決）	最高裁判所判決（決定）
高判（決）	高等裁判所判決（決定）
地判（決）	地方裁判所判決（決定）

4　判例集

民集	最高裁判所民事判例集
刑集	最高裁判所刑事判例集
高民集	高等裁判所民事判例集
高刑集	高等裁判所刑事判例集
家月	家庭裁判月報
裁時	裁判所時報
訟月	訟務月報
判時	判例時報
判タ	判例タイムズ
労判	労働判例

＊裁判例の後に［　］とある数字は，甲斐克則＝手嶋豊編『医事法判例百選〔第3版〕』（有斐閣，2022年）の番号を示す。

第1章　医事法総論

本章では，医事法の範囲，対象，方法論などのいわゆる医事法の総論について考察する。こうした問題は，事例を超えた共通要素を抽出しようとするものであるため，抽象的な内容になる。しかし，総論を考えることは，ばらばらにみえる医事法個別の論点と他の論点とを整合させる意味を持ち，新しい問題が生じた場合に解決の手がかりを探すきっかけとなるものであり，軽視されてはならない。

1　医事法の特徴

医事法とは何か

医事法（Medical Law, Health Law. 近時欧米では医師・患者関係が中心となる Medical Law よりも，医療に関する法律関係全般を示す Health Law を用いることが多くなっている。詳細は *Column* ①参照）とは，医事に関連する法をさす。

現在，日本には，「医事法」という名前のまとまった法典は存在せず，さまざまな法律のなかに多くの医事に関係する法規が存在する。これらを分類する方法には，資格法と業務法とに分ける考え方，国家との関係に関する法と個人との関係に関する法とに分ける考え方など，各種のものがあるが，いずれにせよ，医師の行動を規制する側面と，医療の供給等に関する側面の両者が含まれる。

Column ① Medical Law? Health Law?

日本で「医事法」の訳語にはMedical Lawという言葉が充てられ，日本医事法学会の英訳も，Japanese Association of Medical Law（JAML）である。これは世界的にも一般的で，医事法の国際学会である世界医事法会議もWorld Association for Medical Law（WAML）であり，各国の諸法の状況を横断的に説明するKluwerの国際法律百科事典シリーズ（International Encyclopedia of Laws）でも，医療と法の関わりに関する分野は，Medical Law（Nys, ed.）のタイトルが用いられている。しかしながら，Medical Lawは，医師患者関係の法的規律に限定される色彩が濃いのに対して，Health Lawはより広い範囲を検討するものと考えられ，このため近時はHealth Lawが使われる頻度の方が高くなっている。医事法が，医師患者関係に限定しての法的課題の検討であれば，状況が改善されれば，その存在意義は小さなものになる（そして，やがては消滅する）という指摘もイギリスでなされている。ヨーロッパでは，医療と法の問題を扱う学会として，European Health Law Associationが存在し，学会誌はEuropean Journal of Health Law（EJHL）である。イギリスでも，上記の流れを受けて，Medical LawからHealth Lawへの動きがみられる。伝統的にイギリスの体系書では，Medical Lawが医と法に関わる法律を示す総称として用いられてきた関係で，現在は一部の研究者がHealth LawあるいはHealthcare Lawという用語を用いているにすぎないが，Brazier & Gloverは，医療の社会化が進んでいる現状から，Medical LawからHealth Lawへの流れを肯定している。オーストラリアでも，イギリスの動きに影響され，Health Lawがよいのではないかという指摘が現れている。医事法は医師患者関係だけを扱い，その中心的課題は民法と刑法の一分野としての地位を占めることで足りるとの見解もある。しかし，狭い「医療」以外にも国民の健康を規定する公衆衛生，食糧事情，環境問題などについて，それらを包含し規律すべきとの要請が，医事法に対して向けられていることに鑑みれば，医師患者関係に限られないより広い範囲を規律する意味を有するHealth Lawの方が望ましいといえる。実際にもわが国の医事法文献の多くは現在でも，医師患者関係に限らない医療の問題を扱っており（巻末参考文献参照)，日本でも，医事法は既に「衛生法」を含む状況にあると解される。

医事法は新しい法領域である

医事法が独立した法学領域として扱われるようになったのは，欧米でも日本でも最近のことであり，他の法分野に比べると，その歴史は非常に短い。アメリカでは，医事法の独立性が明確になったのは1970年代に入ってからであり，それまでは法と医療（Law and Medicine）として医療過誤や刑事事件の責任能力の問題等が個別に，各法分野からそれぞれの問題意識に従って検討されてきた。日本でも，明治・大正期には医事法の研究が一部の関係者によって精力的になされていたが，多くの人々の注意を引きつけるところにはならず，日本医事法学会が創設されたのも，昭和44（1969）年のことである。それまでにも医療関係者の身分法を中心とした法体系としての「医事法制」が医学部・医科大学において講義されてきたが，今日の医事法は，それよりもはるかに広い範囲が検討の対象とされている。

医事法が近時，議論される機会が多くなった理由

医事法が近時，議論される機会が多くなった理由としては，以下の諸点を指摘できる。

① 医学・医療の進歩によって初めて問題となる領域が検討の対象であること。

生殖補助医療など人の手が関与することがタブー視されていた領域に医療が適用されるようになった背景には，医療技術の絶え間ない進歩がある。これらは人類に多くの恩恵をもたらしたが，同時に医師を中心とした専門家により進められる技術革新に対して不安を抱く人々の数も増大させている。そこで，その進歩と応用のあり方に一定の歯止め，あるいは適正な方向性を持たせることが必要となっている。それが医事法の進展を促すこととなり，またその活動には期待が寄せられる。

② 患者の意識の変化や人権概念の浸透が医療の現場まで波及したこと。患者も医療に関する情報を容易かつ大量に得られるようになったこと。

一般の人々への人権意識の浸透・進展は，専門家のアドバイスを無批判に受け入れない人々を次第に増加させるようになっている。このことは，出産方法の選択，疾病の治療法から死のあり方までを含め，その人独自の人生のあり方を個人として決定したいと願う人々の数を少なくないレベルまで増やしている。この状況は，伝統的な医師—患者関係とは異なるものであり，そうした願いを法的にどこまで認めるか，が問われている。

③ 医療の進歩に伴う医療に対する期待の増大と社会が負担できる資源の限界といった衝突状況が自覚されるようになったこと。

医療の進歩は，従来ならば救命できなかった患者を救命・延命することを可能にしているが，それは同時に往々にして莫大な費用を必要とする。有限な社会資源をどのように患者に配分するかについて，その公正なあり方を示すことも，医事法の課題となっている。

④ 患者保護の必要性が改めて認識されるようになったこと。

医療において患者は，極めて弱い立場に置かれている。医療では，患者は，治療の対象ではあっても，かけがえのないひとりひとりの個人として尊重されてこなかった長い歴史がある。

患者は自己の身体状況が思わしくなければ，精神的にも弱気になることもまれでない。そうした状態では，自律的な決定を常に行うということは難しくなる。

医師と患者の情報格差は極めて著しく，感染症などでは，患者自身が疾患を媒介する可能性があることもあり，患者に対して直接的・強制的な支配・拘束が及ぶことも考えられ，その場合に患者が非人道的な扱いを受けるおそれは十分に予想しうる。「不治の病の告知の是非」に典型的に現れるように，自分の身体の情報が本人に十分に知らされないことがある。また，患者も自分の生命・身体のことをきちんと予め考えているとは限らないし，決定すべき時点においても決定できない人々は少なからず存在する。

⑤　医療は，生命・身体・健康に関する問題であるため，提供されるサービスや品物が気に入らなければ買わないですます，というようにはいかない。この点で，医療には選択の余地がないか極めて狭いこともまれでなく，大量生産される製品の消費者をめぐる状況よりも，さらに患者は立場が弱い。医療提供体制が良好とは限らないし，医療技術も専門分化が著しいことから，患者に必要な治療を行う医療関係者を選択する余地がない可能性もある。

⑥　医事法の扱う領域は，論者にとって価値観が大きく異なりうる領域である。生殖補助医療や性同一性障害のように，ある人にとっては切実な問題であっても，別の人にはまったく一生縁のない問題である可能性がある。その際，後者の立場の人々は前者の立場の人々に対し，完全に第三者的な立場からコメントすることも可能であり，切実な問題を抱える前者の側が少数者であってその問題性が社会的に理解されないことはいくらでも起こりうる。これらの点を考えれば，医療における当事者の利益の保護を法的に図る必要性は極めて高い。

医事法が果たす役割

医療を取り巻く問題について一般の関心も高まり，医事法を標題とする文献が増加し，わが国でも，医事法を講義する大学・大学院が特別な存在でなくなりつつある。既存の法体系が現実に医療を望ましい方向へ導きえていない以上，新たな法制度として医事法が出現するのは当然である，あるいは医療に関連する法は多数存在するからこれらを抽出して集積することは必要である，との主張は，独立した法領域としての医事法が要請される最低限の事情であろう。

医療の進歩深化はめざましく，医療を実践する医療関係者にとってもそれについていくことは大変なことであり，ましてや医療についての一般的な基本的理解を得ることすら医療関係者以外にとっては容易なことではない。動きの激しい医療に対する知識と理解を抜きにしては，医療の現場に生じている法的問題の発見は困難である。

他方，法の領域においても，その個別法領域における専門分化と深化の動きは著しく，専門が異なれば議論されている問題が何であるかを理解するのも難しい場面は少なくない。したがって法律学も医療と同様，その領域に関する専門的理解と知識がなければ，多くの人々を納得させる理論を展開することは難しい。

こうした医療と法の両者が変化の著しいなかで，医事法が主に個別問題の解決を図ってきた経緯に照らすと，医事法が，医療の専門家と法の専門家をつなぐインターフェースとなる点に，その存在意義を見出すという見解がカナダで主張されてきた（Dickens）。医療が専門医・一般医に分けられるのに対応して，法も専門法領域と一般法領域とがあり，医事法は一般法としての地位を積極的に受け入れるというアプローチである。確かに医事法の諸問題は多くの法領域に関連するものであり，その指摘は重要である。もっとも，注意しなければならないのは，こうしたインターフェースは往々にして複数の専門領域を跨ぐ事情通にとどまってしまうおそれがないとはいえず，ある医療に含まれる法的問題の分析や解決をあいまいにしかねない。

他方，「従来からの個別的解決の発想を改め，全体的・総合的観点から個別問題をとらえ直すことが大事」であり，このための研究の中心に，「医事法」の核をおき，ここから各法的専門領域のみならず，他の関係専門領域に対し問題を投げ返すことのできる統合的方法が必要となり，このような核となる医事法を統合的医事法と呼ぶ。そしてこうした新たな複合領域であることの特質を生かして，専門領域へのフィードバックを進めていこう，という統合的医事法の主張もある（Eser，植木）。医事法とは医師―患者関係の法とし，それを統括するのは医療に関わる人権法の一群とする立場もこれに近い（Kennedy）。

これらの主張は，伝統的な法領域が用意しうる，医事法の諸問題への対応が，具体的な事案の処理には必ずしも十分でないことを問題視する。そこでは，医事法の特徴を十分に考慮した方法論によってこそ，最適な議論をなすことができると考えられている。

「医事法総論」について

法の「総論」を論じる意義が，各論点を接続する首尾一貫した法の原理を示すことにあると解すれば，日々生起する新しい問題に対処してきた今日の医事法の歴史は，ややもすれば，場当たり的な統一性のない議論の寄せ集めを，医療という要素でまとめただけに過ぎないという印象につながり，実際にそのようなものと解する立場もある。家族法や知財法が家族間の権利義務や無体財産についての法体系であるように，他の法体系から独立した原理を示すことができなければ，馬の売買・馬が起こした人身事故の法的処理・競馬への参加契約といった，馬に関する法律問題を集めた「馬事法（the Law of the Horse）」と変わるところはない，とも揶揄（やゆ）される（Hall による Easterbrook〈Easterbrook, *Cyberspace and the Law of the Horse,* 1996 U. CHI. LEGAL

F 207〈1996〉〉の引用)。したがって，医事法総論を論じることは，独立した法領域としての存在意義を示すことであると同時に，絶えず拡張していく可能性のある医事法の新たな問題に対して，指針を与える意味がある。これは逆にいえば，新たな問題に指針を与える機能を持ちえない総論は，あまり意義がないということにもなる。

このような総論を探求する意義に疑問を呈する見解は，単なる概念整理で無意味，あるいは法律関係者以外の関与を排除する方向に働きうるもので，専門領域の相互協力の場である医事法の発展にとって有害ですらありうるとする。しかしながら，諸外国でも，こうした総論を扱う医事法領域のシンポジウムが幾度か開かれており，そこでの議論は，医事法を法の一分野として独立した位置を占める意義あるものとするもの，多様な問題を扱う医事法においては共通する指導原理は見出せないという結論をとるものなど，論者により見解は分かれる。それでも，議論の意義自体を正面から否定する見解は見当たらないように思われる。

医事法の扱う多様な問題に対して共通する指導原理を抽出しようという作業は，各領域が相互に関連しあうことを確認することでもあり，論点が異なって一見無関係に思われる医療行為間においても整合的な議論をすることを意識することが，公平・妥当な結論を担保することとなり，また，結論を見通すためにも必要なことである。この方面の議論が日本ではまだ未成熟であることは確かであるとしても，そうした議論を不要とする理解は適切でないように思われる（なお，甲斐克則「日本の医事法学――回顧と展望」高橋隆雄＝浅井篤編『日本の生命倫理――回顧と展望』〈九州大学出版会，2007年〉240頁以下も参照)。

医事法の指導原理 医事法の指導原理として，①経済的効率性，②個人の自律性と尊厳，③医師への信頼，④医療専門職の独立性，などが従来より指摘されている。甲斐教授は，医事刑法という刑事領域に限った立場からではあるが，これに関する基本的視座として(1)「人格の尊重」と「人間の尊厳」，(2)「法によるチェック」と「法に対するチェック」，(3)「患者の自己決定権」と「メディカル・パターナリズム」の調和，(4)疑わしきは生命の利益に，(5)メディカル・デュープロセス，を提示する（甲斐克則『医事刑法への旅 I〔新版〕』〈イウス出版，2006年〉3頁以下）。もっとも，これらの指導原理が，ときに衝突しあうものであるために，その相互調整が非常に重要なこととなる。

医事法は，その範囲を拡大しつつある多様な要素を含んでいる分野のため，現在および将来を含め，そのように拡大する領域をすべて包摂できる指導原理があるかどうか，については，疑問を呈する意見も多い。そこで医事法の関連分野をいくつかのグループに分け，それぞれの分割された領域において共通する原理を別途考え，その合体を図るというアプローチがある。たとえば，医学研究においてはヘルシンキ宣言の理念を基礎に置き，医療提供といった領域においては公平の側面を重視する，医療事故などについては，患者の権利を第一におく，といった検討方法がそれである。他方でそうした領域ごとのアプローチではなく，たとえば本質主義（essentialism）から医事法学に一貫する一般原理を探す（Hall, *The History and Future of Health Care Law,* 41 WAKE FOREST L. REV. 347〈2006〉）ということも熱心に行われており，「医と法の関わり方の準則」という形での提言もある。さらに，単純化された指導原理を抽出できなければ，法領域として存在していることにならないというわけではないという指摘もある（Ruger, *Health Law's Coherence Anxiety,* 96 GEO. L. J.

625〈2008〉)。米村教授(米村滋人『医事法講義』〈日本評論社,2016 年〉18 頁以下)は,生命倫理学の基本原則(生命倫理 4 原則。自律尊重原則,無危害原則,善行原則,正義原則)との比較を通じ,憲法・民刑事法の原理を概観して,法の基本的判断枠組みは断片的だが具体的で,複数の利益が衝突した場合の調整ルールも特に民刑事法で発達しているが,第三者の利益が関係する場合も含め安定的な解決を導く判断枠組みは存在せず,医事法の「基本思想」を明らかにする作業は今後の進展に期待するほかはないとする。

医事法の指導原理がどのようなものであるかについては,その分析のあり方も含め,今後も議論が続けられることになろう。

医事法の研究対象　医事法の研究対象として,制定法,判例,比較法,歴史研究,医療実務などさまざまなものがあり,それぞれが重要な意義を持つ。

(1) **制定法**　国会は国の唯一の立法機関であり,それによって制定される法律が法的思考の出発点である。もっとも,制定法は時代の変化に対して迅速な対応ができないことが少なくない。また,国会それ自体にときの政治の反映という側面があるため,本来,必要な法が制定されないということもある。制定法がほとんど空文化している領域も少なくなく,たとえば堕胎罪(刑 212 条以下)は,母体保護法 14 条によって事実上機能しなくなっていることは良く知られている。

なお,医療関係者の重要な行動規範が,政令や通達などにより実質上規定される場合があることにも注意する必要がある。

(2) **判　例**　法の具体的な事件への当てはめとして,判例とその研究には大きな意義がある。しかし,医事法の重要問題では,判例に現れない多くの局面がある。特に日本法の制度枠組みでは,諸外国のように医療の重大場面で裁判所が積極的役割を果たせないことが多い。

ところで，医療過誤事件は最高裁事務総局がその数を把握しているが，その内容について体系的・網羅的に医療側や一般に紹介・公表されているわけではなく，雑誌等に公表されるのは特殊な事例である可能性も否定できない。いうまでもなく最も重要なのは最高裁判決であるが，下級審判決（高裁，地裁）でも，メディアに大きく取り上げられて医療の現場に事実上強い影響を及ぼすこともあり，事例判決の重要性は，ほかの法領域に比べて大きくなることもあろう。

(3) **比較法**　比較法も医事法においては極めて重要な役割を果たす。当然のことながら，国の有する文化・歴史等により当該社会における医療のあり方，内容，医療に対する意識や期待も異なること，同様に法の関与のあり方も異なるから，外国の制度や議論をそのまま平行移動することに対しては，特に医療サイドから強い反発がある。しかしながら，こうした点を考慮しても，人として医療に対して求めることのできる権利は最低限世界共通の土壌があると考えられるし，文化の差という検証が難しい要素を引き合いに出して，比較法には意味がないとすることも，乱暴な議論である。したがって少なくとも，問題発見のヒントとしての機能があることには同意が得られるのではないかと思われる。

また，日本では医事法に関する立法が必ずしも十分になされてこなかったため，日本で生命倫理の問題にとどまっている事項が諸外国では法律問題となっているというケースは，少なからず存在する。この点からも，比較法の成果を通じて，法律問題として扱うことが望ましいと判断する根拠を示すことも，その任務のひとつである。

(4) **歴史研究**　医事法が新しい研究領域であるという理解が一

般的なこともあり，医事法領域では歴史研究は余りなされていないのが現状である。しかし今日行われている医療の伝統とそれへの期待と満足，人の生死の有り様等に関しては，当該社会が医療についていかなる歴史をもっているかが重要な意味を有している。文化の差などという形で議論されてきたことが，歴史研究によってさほど本質的な差ではないということが判明するかも知れず，軽視されてはならない。

(5) **医事法の隣接領域**　医事法に隣接する専門領域として，人文科学領域では，医療倫理（Medical Ethics）・バイオエシックスが，医学領域では，法医学・公衆衛生学などがある。法医学は法律に関わる医学的諸問題を広く取り扱い，これらに対して医学的に公正に判断を下す学問であるが，これは医事法が法的視点から医学・医療を見るのに対比される。また，健康上の各種の現象を主として疫学的に把握し，疾病の予防や健康の保持増進のための方法を考察するものとして，公衆衛生学がある（**第5章参照**）。

ひと口メモ ①　日本の医事法のパイオニア

日本における医事法のパイオニアは，『医事法制学』（克誠堂書店，1920年）を著した山崎佐といわれる（唄孝一「医事法」法学教室（第2期）7号〈1975年〉251頁）。こうして始まった日本の医事法を現在の水準まで高めた原動力の中心が唄教授の一連の業績であることは改めていうまでもないであろう。日本の医事法学の歴史については，唄・前掲論文のほか，植木哲「医事法の方法と体系」古村節男＝野田寛編集代表『医事法の方法と課題』（信山社，2004年）1頁以下を参照されたい。

Column ②　医事法学者も大変だ

医事法は今日，ある意味で非常に注目を集めている分野である。しかしアメリカでは，医事法研究者が直面する困難は，学問的なもの（①医事法が州法，連邦法，行政法規と多岐にわたりすべてを渉猟するのは困難であること，②医事法の扱う論点は多く，外延もあいまいであることから，法領域全体の概観をすること自体すらも大変であること，③法以外に「医療」という大きな対象について知識を有することが不可欠であること等）以外にもさまざま存在することが指摘されている（Greely, *Some Thoughts on Academic Health Law,* 41 WAKE FOREST L. REV. 391〈2006〉）。①医事法の議論の名宛人である医療関係者に法律関係の文献を読むことは期待できず，医学関係の文献への投稿・掲載は執筆方法をはじめ法律関係のそれと大きく異なること，②法学関係でトップクラスと目されているローレビュー（シカゴ，コロンビア，ハーヴァード，スタンフォード，イェール）が医事法関連の論文を掲載することはまれであること，③医事法を深く研究すればするほど，研究者自身のアイデンティティが法学に属するのか医学・自然科学に属するのか不明確になってくること，④医事法が将来，司法試験科目となる可能性は高くなく，いわゆる総論的議論の不十分さも加わって，トップクラスの学生が必ずしも履修しないこと，などである（議論の内容は多岐にわたるため，適宜要約した）。

2 医事法と生命倫理・倫理委員会

医事法の難しさ，医事法学の困難さ

医事法は，医療のさまざまな領域に関係する問題であり，対象の多くが，関係者の生死や，重大な人生の決定を伴うものである。このため，ひとつひとつの問題が深刻な決定を随伴する内容を持ち，直感で決定できるものではないが，他方で，思索の結果導かれた結論が，明瞭かつ倫理的に支持しうるものでなければ，規範として存在しえない。さらに，医学・医療の進歩は急激であり，ある時点での仮説が次の時点では仮説でなく現実の医療として実施されることもまれではない。その意味で医事法はその扱う問題の多様性と身近さから入ることは比較的たやすいとしても，批判に耐えうる，そして了解可能な法体系を構築することは困難な領域である。医事法を学び，また，論じる際には，このことを十分に自覚する必要がある。

医療関係者が医事法を知ることの意義と現状の問題点

医療関係者が医事法を知ることは，自己の職務につき，なしうる限界を知ることにつながる。そして診療行為に対する公式・非公式の制約から行動指針が容易に見出せない場合でも，いたずらに萎縮したり逆に暴走したりすることを避けることができる点で重要な意義がある。

医療を良くすることについて，最も直接的に大きな役割を担う第一の責任者は医療関係者であるが，医療の改善において複眼的なものの見方をなすために医事法は格好の材料を提供する。医療関係者が広い視野をもつことは，治療・治験を受ける対象となる患者にとっても望ましいことである。もっとも法を学ぶことは，医学の修得ほどではないにしろ，決して容易ではない。

現状では，医療関係者や医療関係者向けに執筆された文献では，法律問題を扱っている場合でも，法学関係の文献が引用されることはほとんどない（この状況は日米に違いがないことについては，*Column* ②を参照）。このことは，医事法の議論が医療関係者には伝わりにくいことを示しており，また，医療関係者一般に対して，法律面についてニュートラルな情報が提供されているかどうかに疑問も抱かせるものである。こうした状態は，医と法の溝を広げる方向に働く可能性が大きく，医学界と法学界の両者の努力により，現状を変える必要性は大きいものと考えられる。

医事法教育の問題

法学部・法学研究科および法科大学院で行われる医事法と，医学部・看護学部・看護学校で提供される医事法には，割り当てることのできる時間数の違いから，おのずと差が出る。前者の教育においては，より深く，立法政策や事故の処理に関する問題まで含めて検討される。他方，後者は，医療の現場における法の実践場面である。医事法の方法論など，なおその根幹が流動的な現状でも，医療関係者が医事法について最低限理解しておくべき内容は厳然として存在する。しかしながら医事法学会の調査によれば，医事法が医学部において講義される教育時間は全医学教育の中でごくわずかであり，その多くでは，医療事故の問題が扱われているようである。

規範としての医事法の役割

医療関係者の行動を規律する規範は，法以外にも各種あり，医事法は医療を規律するひとつの要素ではあるが，法の医療への介入が常に適切とは限らない。医事法もあくまで外枠を規定するのみで，細かな内容や具体的な適用は医療側の倫理的側面に委ねざるをえない。したがって法のなしうることの限界を十分に考慮しておかなければならないが，他方，ほかの社会的規範が十分でないと考えられる場合には，法の介入をためらうべきでなく，法を定めて弱者の保護を貫徹し，国家としての方向を示さなければならない場合もあろう。この点を強調するものとして，ハード・ローとソフト・ローという議論がある。

ある問題が法的に規制されなければならない問題かどうかは，法の長所と短所，ほかの社会規範の長所と短所とを比較考量の上で決定されることになろう。この決定の結果が国によって異なるという事態は少なからず生じることである。

法の長所としては，以下の点が指摘できる。

① 法の制定過程は比較的透明であり，問題が広く国民の前に明らかにされ，国の方針も示しうること。

② 法の運用は，明確に，安定的になしうること。

医療における権利・義務の限界の問題は明確にされる必要があり，これがあいまいなままでは，医師患者両者にとって不幸なことになりかねない。医療関係者の権利保護も患者の権利保護と同様に図られる必要があり，さもなければ患者にとって望ましい処置が倫理的限界づけの不明確さのために行われないという事態も生じうる。

③ 法の違反に対して，刑事制裁を含めた強制力を伴いうるため，権利保護の方策として強力なこと。

④ 現代医療を取り巻く問題は，もはや医療専門家だけで立案・運用されるものではなく，関係者がそれぞれの立場から利害を有し，その間には大きくかつ深刻な意見の相違がありうるが，こうした利益の調整には法的枠組みを用いることが適切な場合が多いこと。

法の短所としては，以下のようなことが挙げられよう。

① 法の対応は遅く，何らかの（往々にして悲劇的な）事件が起こらないと立法に結びつかない場合も少なくないこと。

② 行政機関の対応の方が柔軟・迅速にかつ適切になしうる場合があること。

③ 立法者に問題に対する知識が欠如していたり，（知的・感情的に）理解できない場合には，立法の議論に至りえない可能性があること。

④ 法を制定すること自体に意義を見出すと，立法のための妥協の積み重ねによって本来の趣旨・目的と異なる立法がなされる可能性があること。

⑤ 法が包括的になって濫用の危険を招いたり，要件が厳格になりすぎて柔軟な対応ができなくなるおそれがあること。

専門家の自己規律

法の長所・短所は，法以外の社会規範の長所と短所の裏返しとなる面を有している。たとえば，専門家集団の多くが当該専門職の倫理綱領（Professional Code）を作成して，その集団に所属する構成員にその遵守を求めている。日本医師会も，『医師の職業倫理指針』を作成し（2004年。2016年に第3版），医師の基本的責務，患者に対する責務，医師相互間の責務，医師以外の関係者との関係，社会に対する責務，を定めてその遵守を会員に呼びかけ，さらに，世界医師会『医の倫理マニュアル』も翻訳が発行されている（樋口範雄監訳，日本医師会，2007年。2016年に原著第3版）。法と医療倫理・生命倫理は，どれも似通った，あるいは同じ領域・テーマを扱うものであり，相互に関係ある領域で人間の行動を規律するものである。医師のモラルの体系と解される医療倫理は，紀元前5世紀の古代ギリシャにおけるヒポクラテスの誓いに遡る。法も倫理と切り離して論じることはできず，倫理的裏づけのない法は実効性がなく，遵守されないだろう。

倫理アプローチが研究の側面で働く場合は，研究者間の規制，あるいは学会準則やガイドラインとなる。倫理委員会の承認を受けていない研究は受け付けないという学会誌の投稿規程も関連する。専門家の自己規律・倫理を信頼しそれに決定を委託するのは，規範の合理性，当該専門家集団に対する権威性の担保などの点から有効なアプローチであろう。

医療専門家の自己規律・倫理は，職業倫理と当該職務に従事しない者との間での価値の置き方に，重大な行き違いを起こしうる。患者の自律権が医事法において基本的かつ重要なテーマと位置づけられていることを考えると，ある組織・集団にとっては当該行為が倫理的に妥当と解される場合であっても，それのみに任すことは社会との関係でずれが生じる場合があり，必ずしも適切ではない可能性がある。

また，専門家の見地からみても望ましくないと解される違反行為があったとしても，それをやめさせる強制力は自己規律には備わっていない。特に，専門家集団での自己の位置づけに重きを置かない専門家にとっては，ガイドラインは何らその行動を抑制する機能を果たしえない。その反面で，専門家集団の理事会等の意思決定によって，諸外国では可能な医療行為がわが国でなしえなくなることもある。結局，ある問題が医療倫理の範囲で扱われるのか，法的対応が必要となると考えられるのかについては，その国固有の事情が反映される。日本の場合，医療の領域の多くは，法による規制ではなくガイドラインや倫理指針が選択されている。法制定に至らなければ，医事法も生命倫理の側面を法的観点から検討するにとどまることも少なくないが，それでも，法を制定するとすればいかなる利益の調整が必要かについての指針を出すことは重要であり，また必要なことでもある。

倫理委員会の諸問題

(1) **倫理委員会の必要性**　倫理（審査）委員会は，ヘルシンキ宣言の精神に基づき設置され，ヒトを対象とする医学実験などについて，事前に，当該研究を倫理的観点からの配慮がなされているかをチェックすることで，実験に含まれる危険の実現を最小限に抑えるなどの職務が期待されており，研究の実施前に倫理委員会に諮問することが求められている。アメリカでは，連邦政府がスポンサーとなる研究補助金や，人を対象とする臨床試験を基礎とする研究発表などは，施設内倫理委員会の承認が要件となっている。従来，実験をどのような形で行うのかについて，実施者あるいは実施チームのみの判断だけでなされていたことと比較すれば，第三者の目と検討が入ることによって，危険と利益との比較評価が不十分な医学実験が実施されることへのブレーキとなることが期待される。

(2) **倫理委員会の種類と構成，権限と機能**　倫理委員会にはさまざまな種類のものが存在しており，大学病院等においては，医薬品の臨床研究に関する倫理審査（治験委員会）をはじめとして，複数の小委員会が親委員会の下に設置されている。

倫理委員会の構成は医療関係者（医師，看護師，薬剤師，病院事務長など）に加えて，有識者（法律家，倫理学教員，宗教家など），さらに市民が加わるという形態が通例となっている。近時は，男女の構成比も考慮される。なお，倫理委員会の委員には，委員会により知りえた情報について守秘義務を負う旨の規定が置かれる。これは倫理委員会に提供される情報が，最先端の研究・患者情報など，デリケートな内容を含むことに起因し，倫理委員会に諮ったために研究の機密が第三者に漏れてしまう可能性があるとすれば，倫理委員会に案件を付託するインセンティブを大きく削ぐ結果になってしまうことを理由とする。

倫理委員会の主たる役割は，以下の①～⑥すべてを検討・考慮のうえ，その倫理性を総合的に判断することであるとされる。

① 研究参加者の保護の観点から研究計画の内容を精査してその科学的合理性を検討すること。

② 適切な方法で被験者が選択されているかを確認すること。

③ 被験者にインフォームド・コンセント（説明を受けた上での同意）が十分になされている状況かを確認すること。

④ 患者情報の秘密が守られているかどうかを確認すること。

⑤ 研究の必要性と安全性等の検討を通じて被験者の保護を図ること。

⑥ 被験者の研究に参加する権利も考慮すること。

倫理委員会の結論は，承認・修正承認・条件付承認・保留・不承認という形で申請者に示される。不承認の場合には，研究を実施することは禁じられ，これにより倫理的に問題のある医学研究には事実上歯止めがかけられている。

倫理委員会の結論に対して不服がある申請者は，理由をつけて再審査を求めるか，一定期間を経過後，修正を施した上での再申請を行う形になる。

倫理委員会の議論は，被験者等のプライバシー等に配慮しつつ，少なくとも要旨と結論が公にされるようになっている。

⑶　**倫理委員会の問題点**　　倫理委員会に社会が寄せる期待と求められている機能は，決して小さなものではない。しかしながら，倫理委員会がどれだけの機能を果たしうるか，また果たしているかについては，悲観的な見方も多い。たとえば，諮問の前提として自己の行っている行為が倫理委員会に諮るべき課題であるということを当該医師が認識しえない場合には，倫理委員会は開かれる余地がない。医療倫理も考え方に幅があり，倫理委員会を開きさえすれば結論にまで直ちに達することができると考えるのは楽観的に過ぎる，あるいは個人的色彩の強いものであるはずの医療の場面で，倫理委員会によって当該課題の結論を出しそれを患者に適用させようとするのは権威主義でしかないとの疑問も指摘されている。さらに，多くの医療機関が倫理委員会を設置するようになると，委員の資質も問題となり，十分な議論が行われるかどうかという点を危惧する意見もある。

委員会の大部分が医療関係者，当該研究機関の中心的な人々が占めている場合が大半である現状は，自由闊達(かったつ)な議論がなされる余地があるのかどうかという点でも問題視される。日本の場合，倫理委員会についての情報自体が十分に公開されているとはいいがたく，委員会の結論のみが公表され，いかなる議論がなされたかは明らかにされないことも多い。倫理委員会の議論の質をいかに高めるか，その方法が模索されている状況であり，そのために倫理委員会を法的な枠組みで十分に基礎づけるべきとの主張も強くなされている。

(4) 倫理委員会と法的責任　倫理委員会の決定がなされたにもかかわらず，医療関係者がこれに従わなかったために患者に不利益が生じた場合，医療関係者は，結果に対して民・刑事責任を負う可能性があり，倫理委員会の決定は医療関係者の法的責任の有無を判断するに際しての有力な資料となりえよう。

なお，倫理委員会に法律関係者が入っているとしても，倫理委員会が審査するのはあくまで当該予定された行為の倫理的側面である。法的問題に関連する倫理問題であるとしても，そこで法的なリスクマネージメント（危機管理）として助言することが倫理委員会の検討の中心ではなく，もし法律問題の検討が必要であるならば，研究者自身が法律家に依頼して法的なアドバイスを受けるべきとされている。

3 患者の権利と各種の基本法

患者の権利を考える意味と契機　健康で活動的であることはすべての人にとって重要な価値を有するが，病気になったり障害を負ったり，事故に遭遇して傷害を受けたりすることも，時として避けられないことがある。特に高齢者は若年者に比べて受診機会が多い。

今日，日本人の大半が医療機関で生まれ，また臨終も医療機関で迎えるという現実を考えると，医療における患者の権利は，社会の構成員全員の権利に関連するものであり，当該社会の権利に対する姿勢が色濃く反映される。

従来，日本では，患者は治療の対象，規制の対象ではあっても，権利の主体であるという理解は，ことに医療の局面では十分ではなかった。これは人権意識が日本社会全般で高くなく，医療を受ける機会も少なかったためであろう。さらに，疾病で問題となる中心が急性・亜急性の感染症であり，社会防衛が患者の権利保護に優先されてきたということもあるかも知れない。

医療の発達は多くの急性疾患を克服し，社会の疾病構造は大きく変化している。病を得てもそれは直ちに患者の生命に脅威とはならない場合も多く，生涯にわたってそれとつきあうことが必要なこともある。病める者に対するイメージも大きく変わり，患者の権利を見直す必要性が現れている。医療の進歩により新しい治療や検査方法が生み出され日常の診療にも実施されるようになっているが，これらの新しい技術には死亡・重度障害といった重大な結果を招来する危険性があるものも少なくない。

医療の有する利益と危険とを十分に患者に知らせ，場合によっては生じるおそれのある危険を引き受けるかどうかについて患者自身に判断させることが，患者の権利の見地から要請されている。さらに第二次世界大戦中や戦後に医療関係者が関与した各種の非人道的な事件の悲劇を繰り返さないためにも，患者の権利を法的に確立する必要があると解されている。

患者の権利を認めることは，ときとして，患者のわがままや勝手な要求を増長させるという批判が生じることがある。しかし，患者の権利の尊重は医療関係者の良心的な判断の意義を否定したり，ないがしろにしたりする意図を有するものではない。

世界医師会（World Medical Association）も，「患者の権利に関するWMAリスボン宣言」（1981年採択，1995年・2005年修正）で，良質の医療・選択の自由・自己決定・情報・機密保持・健康教育・尊厳・宗教的支援等を患者の権利として認めている（日本医師会訳，https://www.med.or.jp/doctor/international/wma/lisbon.html）。

がん対策基本法

平成19年4月より施行されている「がん対策基本法」（法律98号）は，日本国民の最大の死亡原因ががんである現状（日本人の2人に1人ががんに罹患し，約3人に1人ががんで死亡）に対し，その対策の一層の充実を図るため，がん対策に関して基本理念を定め，関係当事者の責務を明らかにし，対策推進計画の策定と対策の基本事項を定めることで，その総合的・計画的な推進を目的とする（1条）。同法はがん対策の基本理念として，①がんに関する専門的・学際的・総合的な研究を推進し，がん研究の成果を普及・活用・発展させること，②居住地域に関係なく，等しく科学的知見に基づいた適切ながん治療を受けることができるようにすること，③がん患者本人の意向を十分に尊重した治療方法が選択されるように，がん医療の提供体制の整備がなされること等，をうたい（2条），国・地方公共団体・医療保険者・医師・国民・事業主等の責務が定められ（3条～8条），政府はがん対策を実施するための必要な法制上・財政上の措置等をとらなければならない（9条）。厚生労働大臣は，がん対策推進基本計画を作成し，閣議決定を求めなければならない。この計画は国会へ報告され，また，インターネット等を通じて公表される（10条）。

がん対策基本法は，がん予防および早期発見の推進，がん医療の均てん化の促進，がん研究の推進，がん対策推進協議会の四つを，その基本的施策とする。予防・早期発見の促進では国民の啓発とがん検診の受診率の向上等が重要課題とされる（13条・14条）。適切ながん医療が日本のどこに住んでいても受けることができるようにする均てん化の促進については，専門的知識・技能を有する医師その他の医療従事者の育成，専門的ながん医療の提供を行う医療機関の整備や，がん患者の療養生活の質の維持向上のための緩和ケアや在宅医療実施のために必要な施策，がん医療に関する情報収集提供体制の整備が挙げられている（15条～18条）。がん対策推進協議会（24条）は，委員20名以内で組織され，厚生労働省におかれるが，その委員にがん患者およびその家族または遺族を代表する者が含まれる（25条）。このことは従来にない試みであり，医療における患者の立場が立法レベルでも評価・尊重されるようになってきていることを示すものである。この法律の施行により，日本国内にいながら適切な治療を受けられない，いわゆる「がん難民」を減らすことが期待されている。

同法は平成28年に改正されたが，その背景となるのは，10年前の法制定時よりも，治療等による生存率が上昇し，がんと診断されることが，死の宣告に近かった時代から，長期間抱えて生きてゆく慢性病としてどのようにつきあうかに，位置づけが変化しつつあることに対応して生じている問題に向き合った結果，である（近時のがんの予後については，がん情報サービス〔ganjoho.jp〕の統計情報など参照）。がんの生じた部位により，今なお生存率に大きな差があるのが現状とはいえ，がんのこうした位置づけの変化は，告知の問題など，さまざまな局面で変化をもたらしている。がん対策基本法の改正は，法制定後に定められたがん登録等の推進に関する法律等を反映し，かつ，がん患者の生活支援等がより安定的に行われるための施策を中心に，よりきめ細かく多くの規定が追加された。

国民の責務においては，がんの原因となる感染症への理解，自身のがん予防以外にも，新たに，がん患者への理解を深めることが追加された（がん対策6条）。事業主は，がん患者の雇用の継続に配慮することに努めることとされ（8条），国や地方公共団体は，がん患者の就労・学習についての必要な施策を講じる（20条・21条）。がん予防の推進・がん検診についてもより具体的な施策を講ずることが追加され（14条2項・3項），緩和ケアについても医療の均てん化の施策に含まれることとし，早期からの提供が確保されるようにすることとされた（15条・17条）。研究の推進について，希少がんへの配慮も求められている（19条）。このほか，がん患者の個人情報への配慮も規定された（2条8号）。

肝炎対策基本法

平成21年に，「肝炎対策基本法」（法律97号）が制定された。この法律は，肝炎ウィルスの感染者および肝炎患者の人権を尊重しつつ，これらの者に対して良質かつ適切な医療の提供を確保するなどの，肝炎克服に向けた取組みを一層進めていくことが求められ，その施策についての基本理念を明らかにし，これを総合的に推進するために制定されたものである（1条）。肝炎対策基本法も，基本理念としての科学的な知見の発展，肝炎検査・医療の均てん化，肝炎患者等の人権尊重を指摘し（2条），国・地方公共団体・医療保険者・国民・医師等の責務を示す（3条～7条）。さらに，肝炎対策の基本指針・基本的施策としての肝炎予防・早期発見の推進，肝炎医療の均てん化・研究の推進を指摘する（第2章・第3章）。さらに，肝炎対策指針協議会も設けられている（19条）。

難病対策基本法

「難病の患者に対する医療等に関する法律」（難病対策基本法。平成26年法律50号）は，難病（発病の機構が明らかでなく，かつ，治療方法が確立していない希少な疾病で，当該疾病により長期にわたり療養を必要とすることとなるもの）

の患者に対する医療その他難病に関する施策に関して必要な事項を定め，良質かつ適切な医療の確保および難病の患者の療養生活の質の維持向上を図り，国民保健の向上を図ることを目的とする（1条）。その基本理念は，患者の社会参加の機会確保と地域社会において尊厳を保持しつつ他の人々と共生することを妨げられないことを旨として，難病の特性に応じ，社会福祉その他の関連施策との有機的な連携に配慮しつつ，総合的に行われなければならないとされる（2条）。そのため，情報収集・知識の普及等の連携について，国・地方公共団体の責務が定められている（3条）。厚生労働大臣は，難病の患者に対する医療等の総合的な推進を図るため，医療の推進の基本的な方向等の，8項目の重要な基本方針を定めなければならない（4条）。同法はこのほか，提供される医療（第3章。特定医療費の支給，指定医療機関等），調査研究（第4章），療養生活環境整備事業（第5章），費用（第6章。国・都道府県の費用負担等），雑則（第7章），罰則（第8章）の全47条からなっている。

アレルギー疾患対策基本法

「アレルギー疾患対策基本法」（平成26年法律98号）は，アレルギー疾患が国民生活に多大な影響を及ぼしていること，アレルギー疾患の原因が多様で複合的な要因により発生し重症化することから，その対策の一層の充実を図るため，疾患対策に関する基本理念を定め，関係当事者の責務を明らかにし，ならびにアレルギー疾患対策の推進に関する指針の策定等について定めるとともに，疾患対策の基本となる事項を定めることにより，その対策を総合的に推進することを目的として定められた（1条）。

アレルギー疾患とは，気管支喘息，アトピー性皮膚炎，アレルギー性鼻炎，アレルギー性結膜炎，花粉症，食物アレルギーその他アレルゲンに起因する免疫反応による人の生体に有害な局所的または全身的反応に係る疾患であって政令に定めるものをいう（2条）。こうしたアレルギー疾患に対する対策は，①施策の総合的な実施により生活環境の改善を図り，②その居住する地域にかかわらず等しく科学的知見に基づく適切なアレルギー疾患に係る医療を受けるようにでき，③疾患に関して適切な情報を入手でき，また支援のための体制の整備がなされ，④アレルギー疾患の研究の推進と，その成果の普及・活用・発展，を基本理念とする（3条）。

こうした施策を実現させるため，国・地方公共団体・医療保険者・医師等・学校等の設置者ならびに国民の責務が定められ（4条～9条），法制上の措置がとられる。国民は疾患に対して正しい知識をもち，重症化の予防および症状の軽減に必要な注意を払うように努めるとともに，アレルギー疾患を有する者について正しい理解を得るように努めなければならないとされる（7条）。

脳卒中・循環器病対策基本法

2018年に，「健康寿命の延伸等を図るための脳卒中，心臓病その他の循環器病に係る対策に関する基本法」（脳卒中・循環器病対策基本法。平成30年法律105号）が定められた。この法律は，脳卒中，心臓病その他の循環器病が，疾病の死亡原因および要介護状態となる主たる原因となるなど，国民の生命・健康に重大な問題である現状に鑑み，予防に取り組む等により，国民の健康寿命（健康上の問題で日常生活が制限されることなく生活できる期間）の延伸等を図り，医療・介護に係る負担軽減に資するため，循環器病対策に関する基本理念・循環器病対策の推進に関する計画の策定・循環器病対策の基本事項を定め，国・地方公共団体・医療保険者・国民および保健，医療または福祉業務従事者の責務を明らかにすることにより，循環器病対策を総合的・計画的に推進することを目的とする（1条）。

循環器病対策は，①予防と発症時の迅速かつ適切な対応の重要性に関して，国民の理解と関心を深めるようにし，②発症疑いがある者の搬送・医療機関による受入れの迅速かつ適切な実施，循環器病患者に対しての良質かつ適切なリハビリテーションを含む医療の迅速な提供，循環器病患者および循環器病の後遺症を有する者に対する福祉サービスの提供その他の循環器病患者等に対する保健，医療および福祉に係るサービスの提供が，その居住する地域にかかわらず等しく，継続的かつ総合的に行われるようにする，③循環器病に関する専門的，学際的または総合的な研究が，企業・大学その他の研究機関の連携が図られつつ行われるようにその推進を図り，研究等の成果についての情報提供とその成果を活用しての商品・サービスの開発，提供を基本理念として進められる（2条）。

国は基本理念にのっとって循環器病対策を総合的に策定し，および実施する責務を有し（3条），政府は対策実施に必要な法制上または財政上の措置その他の措置を講じなければならない（8条）。地方公共団体（4条）・医療保険者（5条）・保健・医療または福祉業務従事者にも努力義務がある（7条）。国民も循環器病等に関して正しい知識を持ち，予防への積極的取組みと発症疑いが生じた場合の迅速かつ適切な対応をすることについての努力義務がある（6条）。政府は，循環器病対策の総合的かつ計画的な推進を図るため，循環器病対策の推進に関する基本的な計画（循環器病対策推進基本計画）を策定し（9条），都道府県も，当該都道府県における循環器病対策の推進に関する計画（都道府県循環器病対策推進計画）を策定しなければならない（11条）。

基本的施策としては，①疾病についての啓発及び知識の普及，予防等の推進のために必要な施策（12条），②発症疑いのある者の搬送および医療機関による受入れの迅速・適切な実施を図るための体制整備に必要な施策，および救急救命士および救急隊員への研修機会の確保その他の必要な施策（13条），③循環器病患者が居住地域にかかわらず，状態に応じた良質かつ適切な医療を受けることができる医療機関の整備を図るために必要な施策，循環器病患者および循環器病患者であった者に対して良質かつ適切な医療が提供され，再発防止が図れるように医療機関等の間で連携協力体制の整備が図られるために必要な施策（14条），④循環器病患者および循環器病の後遺症を有する者の福祉増進を図るため，これらの者の社会的活動への参加の促進その他の生活の質の維持向上のために必要な施策（15条），⑤循環器病を発症した疑いがある者の搬送および医療機関による受入れの迅速かつ適切な実施，循環器病患者に対する良質かつ適切な医療の迅速な提供，循環器病患者および循環器病の後遺症を有する者に対する福祉サービスの提供その他の循環器病患者等に対する保健，医療および福祉に係るサービスの提供が，居住地域にかかわらず等しく継続的かつ総合的に行われるように，消防機関，医療機関その他の関係機関の間における連携協力体制の整備を図るために必要な施策（16条），⑥循環器病に係る保健，医療または福祉業務従事者に対する研修の機会の確保等，育成および資質の向上のために必要な施策（17条），⑦循環器病に係る保健，医療および福祉に関する情報の収集および提供を行う体制を整備するために必要な施策，および循環器病患者および循環器病患者であった者ならびにこれらの者の家族その他の関係者に対する相談支援等の推進に必要な施策および全国の循環器病に関する症例に係る情報の収集および提供を行う体制の整備に必要な施策（18条），⑧循環器病の発症率および循環器病による死亡率の低下等に資する事項についての企業および大学その他の研究機関による共同研究その他の研究が促進され，ならびにその成果が活用されるよう必要な施策，循環器病に係る医療を行う上で特に必要性の高い医薬品等の早期の医薬品医療機器等法による製造販売の承認に資するよう治験が迅速かつ確実に行われ，および標準的な循環器病の治療方法の開発に係る臨床研究が円滑に行われる環境整備のために必要な施策を講ずる（19条）。

厚生労働省に，循環器病対策推進基本計画に関して，循環器病対策推進協議会が置かれる（20条）。都道府県にも，都道府県循環器病対策推進協議会を置くことが努力義務として課せられている（21条）。

医療的ケア児支援法

「医療的ケア児及びその家族に対する支援に関する法律」（医療的ケア児支援法。令和3年法律81号）は，医療技術の進歩に伴い医療的ケア児が増加するとともにその実態が多様化し，医療的ケア児およびその家族が個々の医療的ケア児の心身の状況等に応じた適切な支援を受けられるようにすることが重要な課題となっていることから，これら関係者に対する支援について基本理念を定め，国，地方公共団体等の責務を明らかにし，必要な施策ならびに医療的ケア児支援センターの指定等について定めることで，医療的ケア児の健やかな成長を図り家族の離職の防止に資し，もって安心して子どもを生み，育てることができる社会の実現に寄与することを目的とするものである（1条）。

この法律で「医療的ケア」とは，人工呼吸器による呼吸管理，喀痰吸引その他の医療行為をいい，「医療的ケア児」とは，日常生活および社会生活を営むために恒常的に医療的ケアを受けることが不可欠である児童（18歳未満の者および18歳以上の者であって高等学校等に在籍するもの）をいう（2条）。

医療的ケア児およびその家族に対する支援は，医療的ケア児の日常生活および社会生活を社会全体で支えることを旨として行われなければならず，医療的ケア児が医療的ケア児でない児童とともに教育を受けられるよう最大限に配慮しつつ適切に教育に係る支援が行われる等，個々の医療的ケア児の年齢，必要とする医療的ケアの種類および生活の実態に応じて，かつ，医療，保健，福祉，教育，労働等に関する業務を行う関係機関および民間団体相互の緊密な連携の下に，切れ目なく行われなければならない。また，医療的ケア児が18歳に達し，または高等学校等を卒業した後も適切な保健医療サービスおよび福祉サービスを受けながら日常生活および社会生活を営むことができるようにすることにも配慮しなれればならない。また，その支援に係る施策を講ずるに当たっては，医療的ケア児およびその保護者の意思を最大限に尊重しなければならず，その居住する地域にかかわらず等しく適切な支援を受けられるようにすることを旨としなければならない（3条）。

国は，基本理念にのっとり医療的ケア児およびその家族に対する支援に係る施策を総合的に実施する責務を有し（4条），地方公共団体も，基本理念にのっとり，国との連携を図りつつ，自主的かつ主体的に，医療的ケア児およびその家族に対する支援に係る施策を実施する責務を有する（5条）。保育所の設置者，認定こども園の設置者・家庭的保育事業等を営む者・放課後児童健全育成事業を行う者・学校の設置者は，基本理念にのっとり在籍する医療的ケア児に対し，適切な支援を行う責務を有する（6条・7条）。政府は，この法律の目的を達成するため，必要な法制上または財政上の措置その他の措置を講じなければならず（8条），保育体制の拡充（9条）・教育体制の拡充（10条）・日常生活の支援（11条）・相談体制の整備（12条）・情報共有の促進（13条）を行い，また，都道府県知事は，医療的ケア児支援センターを指定して，医療ケア児への支援等を行うこと・行わせることができる（14条以下）。

医療基本法の議論 ある法領域について，その領域における憲法ともいうべき特別の法律と位置づける「基本法」を制定し，その法領域の全体としての方向性を示す例が増えている。その多くは，基本理念や指針を提示するのみで具体的な権利義務に関わる事項は細かく規定していないものが大半であるとされる。

基本法の制定意義は，当該法領域に関する施策に一定の方向性を示し，立法・法解釈・法執行のための指針を示すこととされる。そこで，基本法の制定により，その法領域における国・地方公共団体その他の関係者の限界づけが示され，基本法の趣旨に反する在来の制定法・政策等が改正されるといったことが生じうる。これを医療の場面でも制定しようという要請，すなわち，「医療基本法」を制定すべきとの動きが近時，盛んになっている。

しかし，医療基本法に具体的にどのような規定を盛り込むべきか，検討課題は多く，その必要性を主張する者の間でもずれがあることは否めない。医療事故の法理の展開等で発展してきた責任法の分野からの進展と，医療従事者との連携，医療提供に最終的な責任を負うと解されている国・地方公共団体との関係，どの程度具体性のある条項を盛り込むか，患者の権利の位置づけはどうあるべきかなど，なお議論が必要と思われる面は少なくない。

医療基本法については近時議論が活発に行われるようになっており，患者の権利法をつくる会・日本病院会・日本医師会などが，平成25年から26年にかけて，相次いで要綱案や提言をまとめて公表しており，立法の機運も高まっている。

前述のように近時は特定の疾患を抽出し，それに関する政策の推進を関係者の責務とする基本法の制定が続いており，疾患横断的な「医療」基本法を定める必要があるのか，疑問がないわけではない。それでも，疾患間の落差が発生することを抑制するなど，その存在意義が損なわれることはないように思われる。

そのほか，疾患だけに焦点を当てるのではないが不適切な摂取が疾病原因となりうるアルコールに関する国等の施策について，アルコール健康障害対策基本法は本書130頁を参照。また基本法という言葉は法律名に入っていないが，疾病り患に起因して当該患者に人権侵害が発生しそれが政策として続けられたことを重く受け止め，その人権回復をはかる施策を定めるものとして，ハンセン病問題の解決の促進に関する法律については本書111頁を参照。

患者の権利に関する世界の動向

(1) **アメリカ**　患者の権利について最も長い歴史があるのはアメリカであるが，アメリカで患者の権利が重要とされるようになったのは1970年代以降のことである。アメリカで患者の権利拡大の動きが活発化した背景には，公民権運動に代表される人権意識の高まりがその原因として説明され，アメリカ病院協会（The American Hospital Association）による「患者の権利宣言」（1973年）をはじめとして，法廷以外でもさまざまな方法で患者の権利を実現する試みがなされてきている。権利章典を作成することで，患者の権利が自覚され，承認されていくという効果があることは否定できない。

患者の権利拡大の動きについて中心的な役割を果たしてきたアナス教授の『病院患者の権利』（George Annas, THE RIGHTS OF HOSPITAL PATIENTS）が出版されたのは1970年代であり，その後，患者の権利は病院に限定されずに拡大されていった。その内容は，この30年間の患者の権利をめぐる周辺事情の変化に伴って大きく変わっている。アナス教授は，患者の権利の重要性を強調し，またその核心を，①情報を受けた上での決定，②プライバシーと自己の尊厳に対する権利，③治療を拒否する権利，④緊急治療に対する権利，⑤権利擁護を受ける（advocate）権利，にまとめ，さまざまな医療の場面における患者の権利の実現について論じ，それが不断の努力によって初めて確保されることを主張している。

(2) **ヨーロッパ**　ヨーロッパにおいても，近時は患者の人権の問題が極めて重要な課題として取り上げられている，このことは，患者の権利の問題が，大量の弁護士をかかえるアメリカに特有の問題でないことを示している。WHO（世界保健機関）ヨーロッパ支部は，患者の権利に関するヨーロッパの国際比較の文献やシンポジウムを開催してその推進を図っている。欧州で患者の権利として具体的に論じられているものとしては，治療に対する同意および医療関係者の情報提供義務，医療記録の開示に対する患者の権利，患者のプライバシーと患者情報の保護，医師の守秘義務，患者の権利実現のためのクレーム処理に関する手続などが挙げられる。また，特別な配慮を必要とする患者として，精神病患者や年少者や意識不明状態の患者，臨床研究の場合などがある。

患者の権利をいかなる法により保障すべきかについては，患者と医療提供者との民事上の関係を立法する方向と，市民を保護する行政の役割を強調する方向のアプローチなどが考えられる。民事法のアプローチはオランダで採用され，新民法典の一部として診療契約の規定が1995年4月1日より施行された。フィンランドでは行政法による方法が1992年に採用された。

ドイツでは2003年3月に，医師—患者間における紛争予防と権利確定を主眼とする「患者のための権利章典」がドイツ連邦司法省，連邦社会省から公表されており，患者による医師・病院の選択権，セカンドオピニオンを得る権利，説明を受ける権利，自己決定権，医師の文書作成義務，守秘義務などが明らかにされていたが（これにつき，小野秀誠「先端医療と法――患者の権利」『司法の現代化と民法』〈信山社，2004年〉36頁以下），2013年の民法典改正により追加された（これにつき，本書37頁参照）。

このようにヨーロッパでは，1990年代から，患者の権利を法典化する動きが加速したとされる（その詳細については，林かおり「ヨーロッパにおける患者の権利法」外国の立法227号〈2006年〉1頁以下が詳しく取り上げている）。

(3) **日　本**　　患者の権利拡大に関するアメリカやヨーロッパの動向に比べ，日本では必ずしもこうした活動は速やかではないが，それでも戦後50年を経過して，医療を当然の権利と考える世代が増加し，諸外国の患者の権利拡大の動きや，薬害・医療スキャンダル等による医療不信の増大，医療過誤訴訟の増加等の影響により，医療の現状に対する不満とその改善を求める社会的空気は非常に強いものがあり，各種疾患患者団体連携の動きや，患者のあり方を考えようという市民運動が盛んになり，医療サイドも真剣に対応を模索している。

患者サイドからは，「患者の権利宣言（案）」が昭和59年に弁護士等を中心とした患者の権利宣言全国起草委員会によってまとめられ，平成3年には患者の権利法をつくる会によって患者の諸権利を定める法律要綱案が起草された。この要綱案は，非常に詳細な患者の権利を法で規定することを求めている。さらに日本弁護士連合会（日弁連）第35回人権大会（平成4年）は，「患者の権利の確立に関する宣言」を出している。

日本医師会は「『説明と同意』についての報告」（平成2年）を出し，厚生省もインフォームド・コンセントのあり方に関する検討会の答申を平成7年に出したが，その内容は法制化に対する懸念も含まれていた。しかし薬害エイズなどの事件を受けて出された薬害再発防止に関する提言では，医療記録の閲覧権等を求めた患者の権利法を制定すべきとの提案がなされている。なお近年は，多くの病院・診療所において，患者の権利を明示することが行われており，たとえば，患者の権利として質の高い医療を受ける権利・希望を述べる権利・説明を受ける権利・プライバシーの権利等が列挙され，患者が気軽に疑問を尋ねることができる雰囲気を醸成しようという努力がなされている医療機関も少なくない。医療機関が患者の権利を承認していることを明らかにしていることが，患者の権利の実現，あるいは現実の医療の改善にどの程度役立つものかどうかは不明な点もあるが，こうした姿勢を示すことそれ自体は望ましいことといえよう。

4 医師と患者の関係

契約か信認関係か

医師—患者関係は契約で規律されるという理解は，ヨーロッパ大陸法では一般的であり，わが国も基本的に同様である。今日，診療契約は準委任に分類され，不履行責任の有無は，結果獲得のために医師が努力したと評価できるかどうかについて，実施された治療行為を医療水準に照らして判断するのが通説・判例である。また，名古屋弁護士会（現・愛知県弁護士会）は，平成14年に医療契約書案を作成し公表したが，その内容は，医師—患者関係を契約関係ととらえ，そこから派生する契約上の義務を医療関係者に課すことを通じて，患者の立場を強化しようと試みている（名古屋弁護士会〔当時〕の具体的規定は，本書〔第4版〕316〜324頁を参照されたい）。

DCFR（Bar & Clive eds., PRINCIPLES, DEFINITIONS AND MODEL RULES OF EUROPEAN PRIVATE LAW,〈DCFR〉Vol. 2, p. 1932ff.〈2010〉）で提案されている内容は，診療契約の対象，内容，情報提供義務，説明義務と同意，説明の免除，記録作成義務等である（クリスティアン・フォン・バールほか編，窪田充見ほか監訳『ヨーロッパ私法の原則・定義・モデル準則――共通参照枠草案（DCFR）』〈法律文化社，2013年〉197頁以下〈IV. C-8：101条～111条〉）。なお，オランダ・ドイツでは，すでに診療契約が民法典の中に組み入れられ，施行されている（オランダ民法 Burgerlijk Wetboek, BW 第7編 446条～468条〈1995〉，ドイツ民法 Bürgerliches Gesetzbuch, BGB630a条～630h条〈2013〉）。それらが定める内容はDCFRと大きく変わるものではないが，オランダ法では医療機関の中心的責任（7：468），ドイツ法では「重大な診療過誤」の場合の証明責任の転換が定められている（630h Abs. 5）など，国別の違いはある。いずれの国においても法制定に関しては非常に長期間をかけて詳細な議論が行われ，診療・法運用実務と法状況との間に大きな落差がなくなった段階で制定に至ったという点が指摘されている。

わが国では，120年ぶりに債権法を中心とする民法の大改正が，平成29（2017）年5月29日に可決・成立し，同年6月2日（法律44号）に公布され，2020年4月1日から施行された。しかしこのときの改正の議論において，診療契約について実務家サイドから判例法理を集約した条文化の可能性を示唆する見解は出されたものの，典型契約に，診療契約法が追加されることはなかった。役務提供契約に関して一般規定や，準委任の負荷を軽減するという試みも否定され，結局，現行民法から建前は大きく変わらなかった。今後も医師―患者関係をめぐる私法上の法律関係は，準委任（民656条）で規律される。診療関係を契約として捉える見解は法律関係者には了解できても，医療者にはいまだに余り馴染みがない点もあり，診療契約に関する規定を追加しようとすることが民法全体の改正に影響を及ぼしかねない懸念があったとすれば，それがこのときの改正には加えられなかったのも了解できないではない。また，ひとたび規定が定められれば，そこで規定から漏れた権利義務関係は起草者が積極的に排除したと解釈される可能性もあり，診療関係のあり方がまだ動く余地のあるとも思われる現状では，診療契約一般について，民法典への規定が見送られたのも，積極的に評価できるものがある。とはいえ，準委任規定を医療関係に適用するとしても，自由な解除権の制限や，医療特有の説明に関する問題など，さまざまな修正が必要であることは多方面から指摘されている。

ところで，アメリカ・カナダなどコモンロー諸国においては，医師―患者関係を信認関係とする見解が承認されている（もっとも，両者の関係の基礎には契約関係が存在するものの，当事者間の具体的義務内容を決するのが不法行為及び信認関係である，と説明されている。Hall, *The Legal and Historical Foundations of Patients as Medical Consumers,* 96 GEO. L. J. 583〈2008〉）。信認関係は，一方が他方に大きく依存する関係にある場合に認められるもので，弁護士と依頼人の関係がその典型であり，近時は医師―患者関係にも適用が認められている。

契約法・不法行為法と信認関係の限界

(1) **契約法の規律**　医師―患者関係を契約関係でとらえるべきと主張する論者は，患者が自己の必要性に応じて，医師との間で，医療へのアクセスや提供される医療の内容について交渉・取引を行うことにより，画一的・硬直的な資源の配分を変更し，たとえば不法行為法で定められる注意水準とは異なった注意水準を採用したり，損害賠償額の上限を定めることなどをなしうるようにすることを提案する。

医師のパターナリズムから，医師・患者の共同決定へと社会が動くためには，情報が医師から患者へ十分に提供されることが必要であるが，患者が医療に対して持っている期待や，個別の選好は，患者自身しか知りえないのであるから，インフォームド・コンセントがなされることによって，患者自身が選択をなすことが，患者自身の福祉を最大化することを可能にするのである。医療における契約の議論が力を得るようになった背景には，医療関係者に対する不信が社会一般に高まっていたということがあると指摘されている。信頼できない医療関係者を前にして，患者が自己の生命・身体を守るためには，自らのことを自ら決することのできる立場にならなければならず，それが医師と患者を対等な地位に置く契約観＝強い患者像に馴染みやすかった，ということである。

⑵ **契約法による規律への疑問**　医師―患者関係を契約関係としてとらえるべきという主張には，多くの反論がある。契約関係においては，当事者が，一定の合意に達したことが重視され，契約は対等な立場にある当事者が納得しているからこそ権利義務関係が受け入れられるのであって，医師―患者間では，この契約の前提がそもそも存在しないか，かなりの程度欠落し，通常の契約とは極めて重大な差異がある。患者は治療を必要とする状態に置かれており，その治療に関する選択の機会は不平等にしか与えられておらず，患者には情報も圧倒的に不足している。医療行為の質と価格の関係について，情報がないところでは，患者が望ましいと考える医療の質とその価格に関して適切な取引はなされえない。その情報が獲得可能であっても，医師の方がそうした情報を獲得することは患者よりも容易であり，医師は患者に対して圧倒的に有利な立場である。そうしたなかで患者が不利益を被らないためには，患者も情報獲得をすることが必要であるが，この種の情報の獲得にはコストがかかる。

⑶　**不法行為法の限界**　不法行為法では，医師に課される注意義務の水準は，関係者の合意と無関係に決定され，医師は専門家として合理的に行動したことを証明すれば責任を免れる。そこで，医師のなした行為が最善のものではなかったが，注意水準に反したものではなかったという場合には，損害賠償は認められない。また，説明義務違反は，疾病に関する情報を提供することが，医師の義務の中心的な部分である。したがって，医師が治療に関連して経済的動機づけがあったとしても，その情報を患者に対して開示しなかったことを理由として，医師の責任を認めることができるのは，ごく限られた場面のみである。以上のように，不法行為法では医師の行為を十分に制御することができない。

⑷　**信認関係への疑問**　医師に信認義務を課し，患者の最善の利益を実現するように義務づけることは，患者が自己決定するように進んできた道のりを逆行することになるおそれもある。医師―患者関係に不信が存在するところで，一方的な信頼を必要とする「信認」を主張するのはアナクロニズムの側面がないではない。その意味では，医師―患者関係を契約として位置づけることに対する評価も正当になされるべきであるとする主張もなされている。

患者の義務

患者は，診療契約に基づいて，治療費を支払う義務を負うほか，医師・看護師・医療機関のスタッフ等に対して，治療等に協力する義務を負担する。具体的には，疾病に関して自覚症状などの自己が有する情報を提供して診断を助け，医師・薬剤師等の医療関係者の指示・処方に従って服薬・養生するなどの治療に協力する義務，病院等の医療機関の内部規則を尊重し，適正に医療を受ける義務などがこれにあたる。また，他の患者のプライバシーを尊重するなど，一般市民として当然守るべき責務は病院内でも求められる。また，不合理な要求を医療機関に行うことも認められない（東京地判平成25年5月31日判例集未登載）。

患者等の医療関係者等への暴力について　近時，患者・患者家族等による医療関係者に対する身体的あるいは言語による暴力が問題となっている。患者や患者家族等の問題行動は，身体的な暴力行為以外にも，各種ハラスメントや暴言など，さまざまなものが含まれ，その被害は軽視できるものではない。医療関係者・他の患者を対象として行われる有形無形の問題行動は，特に弱い立場にある特定の医療関係者がターゲットにされて生じているとされ，医療現場の困難を増している。

患者から暴力を受けたり，暴言が浴びせられた場合，医療関係者は，往々にして専門家としての自己の業務遂行に何らかの問題があったために，患者がこうした行動に出たのではないかと考える傾向にあるとされ，周囲もそれに暗黙のうちに同調することがあって，肉体的にも精神的にも当該医療関係者が追い詰められることも少なくない。一方，患者・患者家族側にとっては，治療が思うように進展しないなど，医療に対して失望した状況にある場合に，疾病の影響下ということもあって，問題行動に結びつく可能性が高くなるほか，「医療はサービス業」と考える人々の増加も，こうした事態の発生・増加を招来しているとされる。

たとえ患者や患者の関係者に，実施された医療やその結果に対して不満があり，それが医療関係者に対する問題行動のきっかけであったとしても，問題行動が正当化されることはありえない。また，医療関係者の対応に不十分なものが仮に実際に存在していたとしても，反省こそ促されるかも知れないが，暴力や暴言といった問題行動を甘受しなければならない義務は，医療関係者にはない。医療関係者は，肉体的にも精神的にも安全な環境下で職務を行うことが保障されなければならず，患者等の問題行動は，その内容によって，暴行（刑 208 条）・傷害（同 204 条）・脅迫（同 222 条）・強要（同 223 条）といった刑事法上の犯罪を構成するほか，民事法上も，医療関係者に対して生じた有形・無形の損害を賠償する責任を発生させる。

また，こうした問題行動を認知した医療機関は，被害者個人の問題として放置したり，本人の専門的能力を問題とするなど事態を矮小化し，とるべき対応策をとらないことなどは，まったく適切さを欠いた対応である。そうした対応自体が，被用者等に対する安全配慮義務違反として，当該医療関係者に対して賠償すべき義務をも発生させる可能性がある。近時，多くの医療機関で予防策と対応マニュアルが作成されるようになっているが，それで十分かどうかについては，その内容によることとなる。また医療機関としては，こうした事態が生じる機会を可能な限り小さくするために人員配置等に配慮をすることも必要となってこよう。

*Column*③　MLP（Medical-Legal Partnership）について

医療に対する法の関与というと，医療事故の責任追及に絡んでの攻撃・防禦に関するものか，あるいは医療機関の法人化の手続，病院の M&A といった問題のみが想定されることが多いものと推測される。しかしながら医療に対して法が関わることで，患者の福利が推進されるという理念のもとでのプロボノ活動が，アメリカを中心に行われている。これが MLP と呼ばれるもので，ボストン大学小児科がその発祥の地であるとされる。典型例としてしばしば挙げられるのは，借家に住む喘息患者の治療が奏功するためには，投薬を繰り返すよりも患者の住環境の改善が必須であるときに，医療を受診したことを契機として，医療機関と協力関係にある法律家が，患者の住環境改善のためにテナントと交渉するというものであり，対症療法ではなく根本療法を医療関係者と法律家が協力して行う。これにより患者の福利の根本的改善，医療費の削減といった「社会的医療」が，医療関係者と法律家によって実現されることが期待される。MLP 活動は全米各地の大規模病院やロースクール等で受け入れられさまざまな形で実践されており，その対象も小児科医療に限らず，高齢者医療，がん・エイズ患者，精神科疾患その他幅広い領域に拡大されている。さらにこの動きは，アメリカのみならずカナダ・オーストラリアといった諸外国にも波及しつつある。医療機関と法律家との関与は，病院からの紹介・相談業務の実施などさまざまなものがある。日本でも，高齢者をめぐる法律問題の多さに鑑みて，高齢者へのホームロイヤーを常置することが望ましいといった提案がすでになされているが（日本弁護士連合会高齢社会対策本部編『超高齢社会におけるホームロイヤーマニュアル〔改訂〕』〈日本加除出版，2015 年〉），医療の場においてもこうした提案の背景にあるものと同種の課題は存在する。その意味では，弁護士の業務拡大の可能性を医療の現場により踏み込んで検討することが望ましい時期にきているものと考えられる（MLP に関する動向を紹介したものとして，手嶋豊「医療における弁護士の役割拡大の試み――アメリカにおける『医療と法の協調〈Medical-Legal Partnership〉』からの示唆」神戸法学年報 28 号〈2012 年〉23 頁以下，および，同「医療に対する法の関与と助力の一側面―― Health Lawyer, MLP と高齢者」法政策学の試み 15 集〈2014 年〉17 頁以下参照）。なお，アメリカの MLP 活動について詳細は，https://medical-legalpartnership.org を参照されたい（英文）。

Column ④　病院法務部？

Column ③で紹介した MLP と異なるが，やはり日本ではほとんど存在しないものとして，病院法務部がある。病院が人的・物的に巨大な組織であることに鑑みれば，そこには多くの法律問題が発生してもおかしくなく，また実際に起こっているものと思われる。それにもかかわらず，各病院に法務部というセクションが設けられていないのは，そうした部が存在することの必要性が必ずしも認識されていない，ということであ

ろう。しかし本書でも縷々述べているように，医療と法とは相互に関係し合う部分が多いことに鑑みれば，こうした点を見越して法律専門家を顧問弁護士とは別に置くことも十分に考慮に値するものと思われる。わが国で最初に院内弁護士を設置した亀田総合病院では，業者との契約における無駄の削減など，多くの部門で法律家が関与することに積極的な存在意義があるとされ，参考になる。なお，アメリカでの状況について，Singer et. al., Careers in Health Law, ABA Health Law Section, 2014 など参照。

Column ⑤　美容外科と消費者問題

美容医療・美容外科は，医学的必要性は必ずしも存在しないが，患者本人の生活の質の向上等を目的として施術されるものであり，十分な説明を受けた上で納得して受けることによって初めて医療行為と認められる。近時問題となっていることとして，男性の包茎手術について安い料金をネット上に提示して集客し，患者が受診すると，安い料金は基本料にすぎず，より良い結果を得るためと称して瞬く間に高額が積み上げられた，あるいはオプションが本当に必要かを判断できるような状況にないところで選択を求められ，恥ずかしさから承諾してしまった等，結果的に高額の債務を負わせられてしまったという事例がいくつも報告されている。これらは消費者契約法の定めるところに従い，取消しが可能な例も少なくないと思われる。包茎手術については，病的なものについては保険診療での治療が可能であり，またそもそも，包茎手術それ自体が必要であるかについても近時は異論が提示されており，欧米諸国では包皮を復活させる手術が行われているとの情報もある。こうした情報はなかなか伝えられることはないが，身体にメスを入れると回復が困難であることが通常であることに照らせば，可能な限り情報を得た上で判断すべきことは，美容外科では特に肝要なことである。美容外科等について検討したものとして，美容・エステティック被害研究会編『Q&A 美容・エステ 110 番――基礎知識から被害の実態と対応策まで』（民事法研究会，2006 年）がある。

演習

1　医療提供に関する医師—患者間の規律を契約法の下に考える・考えないことについて，それぞれの主張とそれらの根拠をまとめ，医師—患者関係はどのような法律関係と考えるのが適当であるか，論じなさい。

2　法律家であるあなたは，クライエントである病院の事務長から，「困った患者」対策として病院のマニュアル作りを依頼された。あなたは法律家として，どのような患者が困った患者であると考え，その対策にはいかなる点に注意を必要として，対策マニュアルを作成するか。その概要を簡潔に示しなさい。

第2章　医療関係者の資格と業務

本章では，医療関係者の資格と業務内容について概観する。医療関係者の資格については，医師法の規定が最も詳細であるので，ここでは，医師法を中心に検討する。医療従事者は，医療の高度化・分業化によって多様化しており，現在でも多くの資格が存在するが，医療現場で重要な役割を担っていながら，なお公的な資格となっていないものもある。

1　医療行為をめぐる問題

医療行為・医行為と医業類似行為

医療行為（医行為）とは，医師の医学的判断および技術をもってするのでなければ人体に危害を及ぼすおそれのある行為（最判昭和 56 年 11 月 17 日判タ 459 号 55 頁）であり，医師にのみその実施が許されている。医師法 17 条の関連では，「医行為」が，特殊な概念として伝統的に表記されてきた（米村滋人『医事法講義』〈日本評論社，2016 年〉39 頁。菅野耕毅『医事法学概論〔第 2 版〕』〈医歯薬出版，2004 年〉125 頁以下，畔柳達雄ほか編『医療の法律相談』〈有斐閣，2008 年〉30 頁も参照）。人の傷病の治療行為から医療行為を除いたものとして，はり・あん摩マッサージなどの医業類似行為がある（最判昭和 35 年 1 月 27 日刑集 14 巻 1 号 33 頁）。もっとも抽象的にはこうした定義ができるとしても，問題とされる行為が具体的にどのように評価されるのかについては，その実際に応じて個別的に判断される。医療機器の自動化が進んでいること等の理由により，従来に比べて，知識や技量がなくても計測できる事項は増えていることもあって，厚生労働省医政局は，医行為でないものとして，体温測定，血圧測定，パルスオキシメーターの装着，軽微な傷の手当て，一定の要件を満たしたうえでの被介護者への軟膏の塗布等を挙げており，参考になる（平成 17 年 7 月）。なお，介護サービスの基盤強化のための介護保険法等の一部を改正する法律により，社会福祉士及び介護福祉士法 2 条 2 項が改正され，厚生労働省令の定める医師の指示の下に行われる行為として，口腔内の喀痰（かくたん）吸引，鼻腔内の喀痰吸引，気管カニューレ内部の喀痰吸引，胃ろうまたは腸ろうによる経管栄養，経鼻経管栄養が認められた（同法施行規則 1 条）。

医療行為の適法要件

医療行為が適法とされるためには，それが医師によって実施されるだけでは不十分であり，基本的には以下の三要件，すなわち，①医学的適応のもとに医師が治療目的を有しており，②用いられる医療行為の方法が現代医療の見地からみて妥当なものと解され，かつ③患者の同意があること，である。これらの要件は相互に関連しあっている。

(1)　**医学的適応性**　医学的適応性とは，疾病の治療・軽減，疾病の予防に代表されるように，医療技術を適用することが許容される性質をいうとされる。通常，これらは医療を受ける者の健康の保持増進に必要なものであるが，医療の中には，健康の保持には不要でも，実施されることが当事者の利益となる場合，なお医学的適応性があると解されるものがある。

美容外科は，生命・身体の維持のためには不要不急であることから通常の医療に比べて，より詳細な説明の必要性があるものと解される。また，生体からの臓器提供は，臓器の提供者にとっては負担にしかならないが，提供者本人が真摯な同意をなしており代替する者がいないか限られていること，他方，これを認めなければ臓器移植を受ける患者（レシピエント）は臓器を受け取ることができない点で認めることになろう。

⑵ **方法の相当性**　医療行為の方法の相当性は，医学的に認められた方法，具体的には当該治療当時における医療水準に照らして相当な方法により行われることが求められる。

確立した治療法が存在しない実験的医療は，方法の相当性の要件を満たすか。この場合，十分な情報を提供された上での患者の同意が存在することで認められる場合がある，といえるが，患者が同意すればいかに無益だったり危険な処置も適法と解するべきではなく，多くの場合，倫理委員会による審査も求められることになろう。

⑶ **患者の同意**　処置を受ける患者が同意していることも医療行為を適法とするための要件である。もっとも患者の同意は，黙示のものでもよい。これに反した場合には専断的治療として刑事・民事責任の基礎となる可能性がある。なお，強制治療が認められている場合（措置入院，感染症予防など）には，本人の同意は不要であるとされるが，医療行為をおこなう者には可能な限り同意を求める責務がある。また，患者が治療に同意する能力を有していない場合には同意権限を有する者による代諾が必要である。

業務独占と名称独占

医師法 17 条は「医師でなければ，医業をなしてはならない」と規定する。医療は，実施の対象が生身の人間であり，一歩間違えば重大な結果になりかねない。そこで，法は，その定める要件を満たす履歴や経験・知識を有する者にのみ，医療の実施を認めることとした。これを業務独占といい，法は医業を医師に独占させることとしている（視能訓練士等の資格を有しない者によるコンタクトレンズ処方等を無資格医業としたものとして，最決平成 9 年 9 月 30 日刑集 51 巻 8 号 671 頁）。

医療関係者としての範疇（はんちゅう）に入ることは，医療を実施するのに必要な能力を有するとの信頼を患者側に生じさせる。そこで法は，こうした信頼を保護するために，医療関係者の名称を用いることを一定の知識と技術を有する者に制限し，これらの名称と紛らわしい用語を用いることも制限している。これを名称独占という（医師法 18 条は，「医師でなければ，医師又はこれに紛らわしい名称を用いてはならない」とする）。業務独占と名称独占は能力の担保という点で共通するが，医療関係者の職務によっては，名称独占のみが認められるものもある。

「業とすること」の意味

「業とする」とは，社会生活において反復継続の意思をもって一定の行為を行う場合をいう。医療関係者が事故を起こした場合は「業務上過失」致死傷で問責されることになる。

Column ⑥　タトゥーの適法性についての最高裁の判断

タトゥーを施すことが医行為に該当するとして医師法違反で訴追された事案について，大阪地裁は，「入れ墨の施術に当たり，その危険性を十分に理解し，適切な判断や対応を行うためには，医学的知識及び技能が必要不可欠である。よって，本件行為は，医師が行うのでなければ保健衛生上危害を生ずるおそれのある行為であるから，医行為に当たるというべき」として有罪とし 15 万円の罰金としたが（大阪地判平成 29 年 9 月 27 日刑集 74 巻 6 号 629 頁），控訴審（大阪高判平成 30 年 11 月 14 日刑集 74 巻 6 号 637 頁）は，「入れ墨（タトゥー）は，皮膚の真皮に色素を注入するという身体に侵襲を伴うものであるが，その歴史や現代社会における位置づけに照らすと，装飾的ないし象徴的な要素や美術的な意義があり，また，社会的な風俗という実態があって，それが医療を目的とする行為ではないこと，そして，医療と何らかの関連を有する行為であるとはおよそ考えられてこなかったことは，いずれも明らかというべきである。彫り師やタトゥー施術業は，医師とは全く独立して存在してきたし，現在においても存在しており，また，社会通念に照らし，入れ墨（タトゥー）の施術が医師によって行われるものというのは，常識的にも考え難いことであるといわざるを得ない。……入れ墨（タトゥー）の施術については，その性格上，……感染症やアレルギー反応等，血液や体液の管理，衛生管理等に関する医学的知識や技能は，当然に一定程度必要となろうが，入れ墨（タトゥー）の施術において求められる本質的な内容は，その施術の技術や，美的センス，デザインの素養等の習得であり，医学的知識及び技能を基本とする医療従事者の担う業務とは根本的に異なっているというべきである。この点からも，医師免許を取得した者が，入れ墨（タトゥー）の施術に内在する美的要素をも修養し，入れ墨（タトゥー）の施術を業として行うという事態は，現実的に想定し難いし，医師をしてこのような行為を独占的に行わせることが相当とも考えられない。」「入れ墨（タトゥー）の施術は，医療及び保健指導に属する行為とは到底いえず，医療関連性は認められない。したがって，本件行為は，医師法 17 条が禁止している医業の内容である医行為には該当しない」としてこれを無罪とし，最高裁（最決令和 2 年 9 月 16 日刑集 74 巻 6 号 581 頁［1］）も，「医行為とは，医療及び保健指導に属する行為のうち，医師が行うのでなければ保健衛生上危害を生ずるおそれのある行為をいうと解するのが相当……ある行為が医行為に当たるか否かを判断する際には，当該行為の方法や作用を検討する必要があるが，方法や作用が同じ行為でも，その目的，行為者と相手方との関係，当該行為が行われる際の具体的な状況等によって，医療及び保健指導に属する行為か否かや，保健衛生上危害を生ずるおそれがあるか否かが異なり得る。また，医師法 17 条は，医師に医行為を独占させるという方法によって保健衛生上の危険を防止しようとする規定であるから，医師が独占して行うことの可否や当否等を判断するため，当該行為の実情や社会における受け止め方等をも考慮する必要がある。そうすると，ある行為が医行為に当たるか否かについては，当該行為の方法や作用のみならず，その目的，行為者と相手方との関係，当該行為が行われる際の具体的な状況，実情や社会における受け止め方等をも考慮した上で，社会通念に照らして判断するのが相当である。」とし，医行為についての考え方自体は従前の立場を採用しつつ，「被告人の行為は，彫り師である被告人が相手方の依頼に基づいて行ったタトゥー施術行為であるところ，タトゥー施術行為は，装飾的ないし象徴的な要素や美術的な意義がある社会的な風俗として受け止められてきたものであって，医療及び保健指導に属する行為とは考えられてこなかったものである。また，タトゥー施術行為は，医学とは異質の美術等に関する知識及び技能を要する行為であって，医師免許取得過程等でこれらの知識及び技能を習得することは予定されておらず，歴史的にも，長年にわたり医師免許を有しない彫り師が行ってきた実情があり，医師が独占して行う事態は想定し難い。このような事情の下では，被告人の行為は，社会通念に照らして，医療及び保健指導に属する行為であるとは認め難く，医行為には当たらないというべきである。タトゥー施術行為に伴う保健衛生上の危険については，医師に独占的に行わせること以外の方法により防止するほかない。」とした。

Column ⑦　代替医学・医療について

代替医学・医療について，日本補完代替医療学会は，「現代西洋医学領域において，科学的未検証および臨床未応用の医学・医療体系の総称」と定義し（http://www.jcam-net.jp/info/what.html），通常の医学校では講義されていない医学分野で，通常の病院では実践していない医学・医療のこととする。日本では，西洋医学に対置されるものとして東洋医学・漢方や鍼灸が代替医療として位置づけられることも少なくない。代替医療のなかには，現代医療の効能を一切否定するものから，現代医療の足りない部分を補う形に位置づけ可能なもの，非科学的なもの・科学的な証明がなされているものなど広い範囲にわたる。また，科学的な検証を必ずしも有しないにもかかわらず効能をうたう場合も見受けられ，これらをどのように扱うかは難問である。これについて，ホメオパシー（レメディーという名の砂糖水が病気を治すとするヨーロッパを中心に広く用いられているドイツ由来の療法）が近時問題とされ，日本学術会議は，ホメオパシーについて十分に理解したうえで，自身のために使用することは個人の自由であるとしつつ，ホメオパシーの治療効果は科学的に明瞭に否定されており，これを効果があると称して治療に使用することは厳に慎むべき行為であるとする会長談話を公表している（平成22年8月24日）。このように，十分な情報提供が患者になされることを条件として考えることになろうかと思われる。

2 医療関係者

医療関係者の養成

医療行為者がその技術と知識を獲得するために，法は資格試験の受験資格について，学習を修める要件を定めている。

医療行為者の能力の維持の責任については，卒後教育，継続的教育，免許更新といった点も重要であるが，法はこの点について多くを定めていない。

現行の医療関係者の資格

わが国の医療関係者の資格は，今日の医療の複雑化に伴って多岐にわたるようになっている。これらの資格は，個別医療関係者ごとに法が定められている。2022年10月現在において，現行法に定められた医療関係者資格には，以下のものがある。

・医師法（昭和23年法律201号）
・歯科医師法（昭和23年法律202号）
・薬剤師法（昭和35年法律146号）

・保健師助産師看護師法（昭和23年法律203号）
・臨床検査技師等に関する法律（昭和33年法律76号）
・理学療法士及び作業療法士法（昭和40年法律137号）
・診療放射線技師法（昭和26年法律216号）
・歯科衛生士法（昭和23年法律204号）
・歯科技工士法（昭和30年法律168号）
・臨床工学技師法（昭和62年法律60号）
・義肢装具士法（昭和62年法律61号）
・救急救命士法（平成3年法律36号）
・言語聴覚士法（平成9年法律132号）
・視能訓練士法（昭和46年法律64号）
・あん摩マッサージ指圧師，はり師，きゅう師等に関する法律（昭和22年法律217号）
・柔道整復師法（昭和45年法律19号）
・精神保健福祉士法（平成9年法律131号）
・栄養士法（昭和22年法律245号）
・社会福祉士及び介護福祉士法（昭和62年法律30号）
・公認心理師法（平成27年法律68号）

資格を与える主体　医療関係者の資格を与えるのは，厚生労働大臣である（ただし，准看護師・栄養士については都道府県知事）。

資格法の構成　医師法の場合，総則・免許・試験・臨床研修・業務・試験委員・雑則と罰則とに分かれているが，こうした構成は医療関係者の資格法に一般にみられるものであり，職種によってはこの基本構成が簡略になっているものがある。

資格が与えられるための要件

資格が与えられるための要件は，それぞれの職種について，個別に定められている。医師の場合は，臨床上必要な医学および公衆衛生に関して具有すべき知識および技能を試験する医師国家試験に合格し，厚生労働大臣の免許を受け（医 2 条），欠格事由（該当すれば免許の与えられない絶対的欠格事由（同 3 条）として未成年者・成年被後見人・成年被保佐人，場合により免許を与えられないことのある相対的欠格事由（同 4 条）として心身の障害により医師の業務を適正に行うことができない者として厚生労働省令で定めるもの・麻薬，大麻またはあへんの中毒者・罰金以上の刑に処せられた者・医事に関し犯罪または不正の行為のあった者）に該当しないことが必要である。

資格を与えない場合および資格の取消・停止する場合の手続の定め

厚生労働大臣は，免許を与えた後，医師が絶対的欠格事由にあたるようになったときには，免許を取り消し，さらに，相対的欠格事由に該当するか資格に関連して職務にふさわしくない「品位を損する」行いがあった場合には，免許取消または期間を定めて免許停止を命令することができる（医 7 条，歯医 7 条，保助看 14 条など）。ただし，再び免許を与えるのが適当であると認められるときには，再免許も可能である。

厚生労働大臣は，資格を与えない場合やいったん与えた資格を取り消す場合には，その対象となる者について，通知し，求めがあれば，職員に意見を聴取させなければならず，処分を行う場合には，予め医道審議会の意見を聴かなければならない（医 7 条）。毎年多くの医師が処分の対象となっており，最近は，医療過誤を起こしたことを理由とする処分も行われるように運用が変更された。なお，医道審議会での処分は年2回行われ，医業停止1ヵ月から医師免許取消までに及び，処分理由は麻薬及び向精神薬取締法違反・覚せい剤取締法違反や診療報酬不正請求などである。医師免許・歯科医師免許の有無は，厚生労働省のウェブサイトで検索可能である（https://licenseif.mhlw.go.jp/search_isei/）。

医師の処分に関して戒告が新設され，医業停止期間の上限を3年，再免許を与えない期間を5年としたほか，厚生労働大臣は，倫理の保持・専門家としての知識技能に関する研修（再教育研修）を医師等に対して命じることができるものとされている（医7条関係）。

資格試験に求められるもの

たとえば，医師国家試験を受験できるのは，大学において医学課程を修了し卒業した者のほか一定の要件を満たした者のみであるため，医師になるための最初の関門は，医学部・医科大学に進学することである。

医師国家試験は，臨床上必要な医学および公衆衛生に関して，医師として具有すべき知識および技能について行い（医9条），毎年少なくとも1回，厚生労働大臣が実施する（同10条）。同様の規定は，それぞれの職務に関する資格法で，当該職務を行うについて必要な知識および技能を試験する旨が定められている（保助看17条：「保健師，助産師，看護師又は准看護師として必要な知識及び技能」，診療放射線技師17条：「診療放射線技師として必要な知識及び技能」，精神保健福祉5条：「精神保健福祉士として必要な知識及び技能」，など）。国家試験の合格状況は，各教育機関・資格の種類によって大きな幅があるが，平均すれば，概ね8割～9割程度の合格率となっている。

資格法に定められた職務内容

医師は医療および保健指導を，歯科医師は歯科医療および保健指導を，薬剤師は調剤，医薬品の供給その他薬事衛生を掌ることで公衆衛生の向上・増進に寄与し，国民の健康な生活を確保することを各々の任務とし（医1条，歯医1条，薬剤師1条），医業（医17条）・歯科医業（歯医17条）・調剤（薬剤師19条）を行う。

これらのほか，個別の法において業務の内容が定められているものがあり，それは下記のとおりである。なお，医療関係者の各資格者が医療において占める位置は，医師を中心として（医師の指示の下・診療の補助），その周辺を個別の医療関係者が囲んでいる状況になっている。このため，法状況と医療の現実との間に乖離（かいり）があるという問題が発生しているが，法改正はなかなか行われていない。

・保健師：保健指導に従事することを業とする者（保助看2条）

・助産師：助産または妊婦，じょく婦もしくは新生児の保健指導を行うことを業とする女子（保助看3条）

・看護師：傷病者もしくはじょく婦に対する療養上の世話または診療の補助を行うことを業とする者（保助看5条）

・准看護師：医師・歯科医師または看護師の指示を受けて，傷病者もしくはじょく婦に対する療養上の世話または診療の補助を行うことを業とする者（保助看6条）

・臨床検査技師：医師または歯科医師の指示の下に，人体から排出され，または採取された検体の検査および厚生労働省令で定める生理学的検査を行うことを業とする者（臨床検査技師2条）

・理学療法士：医師の指示の下に，理学療法を行うことを業とする者（理学療法士2条3項）

・作業療法士：医師の指示の下に，作業療法を行うことを業とす

る者（理学療法士2条4項）

・診療放射線技師：医師または歯科医師の指示の下に，放射線を人体に対して照射することを業とする者（診療放射線技師2条2項）

・臨床工学技士：医師の指示の下に生命維持管理装置の操作および保守点検を業として行う者（臨床工学技士2条2項）

・義肢装具士：医師の指示の下に，義肢および装具の装着部位の採型ならびに義肢および装具の製作および身体への適合を行うことを業とする者（義肢装具士2条3項）

・救急救命士：医師の指示の下に救急救命処置を行うことを業とする者（救急救命士2条2項）

救急救命士のなしうる救急救命処置の範囲については，平成4年の厚生省健康政策局指導課長通知が基本であったが，血糖測定・低血糖発作症例へのブドウ糖溶液投与の実施・心肺機能停止前の重度傷病者に対する静脈路確保および輸液が平成26年に認められるなど広げられてきており，令和3年に法改正が行われ，それに基づいた日本臨床救急医学会・日本救急医学会ガイドライン「医療機関に勤務する救急救命士の救急救命処置実施についてのガイドライン」（https://www.jaam.jp/info/2021/files/20211001_3.pdf）も作成されている。

・言語聴覚士：音声機能，言語機能または聴覚に障害のある者についてその機能の維持向上を図るため，言語訓練その他の訓練，これに必要な検査および助言，指導その他の援助を行うことを業とする者（言語聴覚士2条）

・視能訓練士：医師の指示の下に，両眼視機能に障害のある者に対するその両眼視機能の回復のための矯正訓練およびこれに

必要な検査を行うことを業とする者（視能訓練士２条）

・精神保健福祉士：精神障害者の保健および福祉に関する専門的知識および技術をもって，精神科病院その他の医療施設において精神障害の医療を受け，または精神障害者の社会復帰の促進を図ることを目的とする施設を利用している者の社会復帰に関する相談に応じ，助言，指導，日常生活への適応のために必要な訓練その他の援助を行うことを業とする者（精神保健福祉士２条）

・歯科衛生士：歯科医師の直接の指導の下に，歯牙および口腔の疾患の予防処置として，歯牙露出面および正常な歯茎の遊離縁下の付着物および沈着物を機械的操作によって除去すること，および歯牙および口腔に対して薬物を塗布することを業とする者（歯科衛生士２条１項）

・歯科技工士：特定人に対する歯科医療の用に供する補てつ物，充てん物または矯正装置を作成し，修理し，または加工することを業とする者（歯科技工士２条２項）

・柔道整復師：柔道整復を業とする者（柔道整復師２条１項）

・栄養士：都道府県知事の免許を受けて，その名称を用いて，栄養の指導に従事することを業とする者（栄養士１条１項）

・社会福祉士：その名称を用いて身体上もしくは精神上の障害があることまたは環境上の理由により日常生活を営むのに支障がある者の福祉に関する相談に応じ，助言，指導，福祉サービスを提供する者または医師その他の保健医療サービスを提供する者その他の関係者との連絡および調整その他の援助を行うことを業とする者（社会福祉士２条１項）

・介護福祉士：その名称を用いて身体上または精神上の障害があることにより日常生活を営むのに支障がある者につき心身の

状況に応じた介護を行い，その者およびその介護者に対して介護に関する指導を行うことを業とする者（社会福祉士2条2項）

・公認心理師：登録を受け，公認心理師の名称を用いて，保健医療，福祉，教育その他の分野において，心理学に関する専門的知識および技術をもって，次に掲げる行為（①心理に関する支援を要する者の心理状態の観察，その結果の分析，②心理に関する支援を要する者に対する，その心理に関する相談および助言，指導その他の援助，③心理に関する支援を要する者の関係者に対する相談および助言，指導その他の援助，④心の健康に関する知識の普及を図るための教育および情報の提供）を行うことを業とする者（公認心理師2条）。

資格取得後の教育の要請

医療専門家となるには，それぞれについて定められた教育過程を修了し試験に合格することが基本であるが，これだけでは臨床家としての技量が十分に備わっているとはいえない。特に進歩の著しい近時の医療にあっては，専門領域に常に熟達しているためには，継続的な学習が不可欠である。しかし現在のところ，医師免許に更新制度はなく生涯有効であり，2年ごとに住所地その他の事項を，都道府県知事を経由して厚生労働大臣に届け出ることだけが義務づけられている。更新制度のない現行法のあり方は以前より批判されているところであり，更新制度の導入も，前述の医療事故リピーター医師の再教育と併せて検討されることが報道されている。

診療に従事しようとする医師は，臨床研修を行うことが求められ，大学病院または厚生労働大臣の指定する病院での2年以上の期間にわたる臨床研修が，平成16年4月より必修化され（医16条の2），研修に専念することになった（同16条の3）。

Column ⑧　*法の後ろ盾のない医療関係者の資格*

法に定めがある資格以外にも，医療の現場で重要な役割を担っているが，民間の資格にとどまり，国の資格制度と認められていないものがある（音楽療法士，診療情報管理士など）。これらもその役割の重要性が社会に広く認知されるに従い，資格制度として整備されることになろう。

3　医師の業務に関する問題点

以下では，医師法に定められた医師の業務に関して問題とされてきた点を概観する。なお，守秘義務に関しては，第4章を参照のこと。

応招義務

医師は，診療の求めがあった場合に，正当な理由がなければこれを拒むことができない（医19条1項）。これを応招義務という。応招義務は，歯科医師・助産師・薬剤師についても定められている。応招義務の根拠は，医業の公共性，業務独占から導き出されると解されているが，国民の健康権に基礎を置くという立場もある。診療を拒絶できる正当な理由とは，診療を行わないことについて社会通念上やむをえないと考えられる事由であり，診療時間外である，診療報酬の不払いが過去に存在した，天候不順や人手不足などは正当な理由とは解されていない。またベッド満床も正当な理由とはならないという見解が多いが，具体的事情を検討する必要性を指摘する見解もある。その後，令和元年12月25日医政発1225第4号「応招義務をはじめとした診察治療の求めに対する適切な対応の在り方等について」では，医療機関の対応が整理され，患者を診療しないことが正当化されるか否かについて最も重要な考慮要素は緊急対応の要否という病状の深刻度であり，診療を求められた時間および患者と医療機関・医師・歯科医師の信頼関係の有無が重要とされる。

緊急対応が必要な病状の深刻な救急患者等の場合は，診療を求められたのが診療時間内・勤務時間内である場合は，事実上診療が不可能といえる場合にのみ，診療しないことが正当化されるのに対して，診療を求められたのが診療時間外・勤務時間外である場合は，応急的に必要な処置をとることが望ましいが，原則，公法上・私法上の責任に問われることはないとする。

病状の安定している患者等緊急対応が不要な場合，診療を求められたのが診療時間内である場合には，原則として，患者の求めに応じて必要な医療を提供する必要がある。ただし診療しないことが正当化される場合は，医療機関・医師・歯科医師の専門性・診察能力，当該状況下での医療提供の可能性・設備状況，他の医療機関等による医療提供の可能性（医療の代替可能性）のほか，患者と医療機関・医師・歯科医師の信頼関係等も考慮して緩やかに解釈される。他方，診療を求められたのが診療時間外である場合には，即座に対応する必要はなく，診療しないことは正当化される。ただし，時間内の受診依頼，他の診察可能な医療機関の紹介等の対応をとることが望ましい。

そこで，医療機関の対応として患者を診療しないことが正当化されるか，医師・歯科医師個人の対応として患者を診療しないことが応招義務に反するか否かについて，具体的な事例を念頭に整理すると，①患者の迷惑行為については，その態様に照らし，診療の基礎となる信頼関係が喪失している場合には，新たな診療を行わないことが正当化されるが，②医療費不払いについては，以前に医療費の不払いがあってもそのことのみをもって診療しないことは正当化されない。ただし，支払能力があるにもかかわらず悪意を持ってあえて支払わない場合等には，診療しないことが正当化されることもあるとする。③入院患者の退院や他の医療機関の紹介・転院等は，医学的に入院継続が必要ない場合には，通院治療等で対応すれば足りるため，退院させることは正当化される。病状に応じ大学病院等の高度な医療機関から地域の医療機関を紹介，転院を依頼・実施すること等も原則として正当化される。④患者の年齢，性別，人種・国籍，宗教等のみを理由に診療しないことは正当化されないが，言語が通じない，宗教上の理由等により結果として診療行為そのものが著しく困難であるといった事情が認められる場合にはこの限りではない。特定の感染症へのり患等合理性の認められない理由のみに基づき診療しないことは，一類・二類感染症等，制度上，特定の医療機関で対応すべきとされている感染症にり患しているまたはその疑いのある患者等を除き，正当化されない。⑤訪日外国人観光客をはじめとした外国人患者についても，診療しないことの正当化事由は，日本人患者の場合と同様に判断するのを原則とする。外国人患者については日本人患者とは異なる点があるが，これらの点のみをもって診療しないことは正当化されない。ただし，文化や言語の違い等により，結果として診療行為そのものが著しく困難であるといった事情が認められる場合にはこの限りではない，とされている。

応招義務違反があったとされた場合，医師の品位を損する行為（医 7 条）として医師免許の取消または停止の理由となる。また，応招義務は私法上の義務ではないが，応招義務違反と患者の被害との間に因果関係が認められるときには，損害賠償責任の基礎となる過失が推定される根拠となる（千葉地判昭和 61 年 7 月 25 日判時 1220 号

118 頁，神戸地判平成 4 年 6 月 30 日判時 1458 号 127 頁など)。これを進めて，救急告示病院については推定ではなく直接に過失を認めるべきとの主張も存する。

応招義務違反を主張する裁判例も散見され，賠償責任を認める事案も存在する。もっとも，海外で腎臓移植を受けた後，その後のフォローアップを日本国内で受けようとして拒絶されたことが応招義務違反にあたるとして損害賠償請求した事案について，賠償請求を認めなかった事案がある。それによれば，患者に「緊急の診療の必要性がなく，かつ，もともと治療を受けていた紹介元での診療が見込まれたことを前提とすれば」，病院において，患者が「本件申合せの『臓器売買（臓器ブローカー）の絡むような腎移植をした者』に該当するか否かを厳格に判断することが求められるものではなく，これに該当することの合理的な疑いが生じる場合には，患者の側において，海外での手術に関する具体的な情報を提供して，その疑いを払拭しない限りは，本件申合せの対象として取り扱って診療を拒むことも合理的な対応として許容され」るとし，「本件申合せに基づき，被控訴人病院が控訴人の診療を拒否したことには，相応の合理的な理由が存在」するとした（東京高判令和元年 5 月 16 日 LEX/DB25563247)。

Column ⑨　「応召義務」か「応招義務」か

応招義務をどのように表記するかについて，行政機関等は「応召義務」を従来より用いてきたところで，この義務違反が争われた裁判事例においても，当事者が使用している用語は「応召」「応招」それぞれが使用されている。しかしながら，「医療を取り巻く状況の変化等を踏まえた医師法の応召義務の解釈に関する研究について」（厚生労働行政推進調査事業費補助金研究報告書・研究代表者・岩田太上智大学教授。その概要を紹介するものとして https://www.mhlw.go.jp/content/12601000/000529089.pdf)

によれば，今日的には「応招義務」が適当との意見が委員会では大勢を占めたとのことであり，同報告書でも「応招義務」が妥当とされている。本書でも従来，応召義務という表記を用いていたが，上記の理由から，応招義務という表記に統一する。

診断書・証明書等の作成・交付義務

医師は，診断書・検案書・出生証書または死産証書の作成義務があり（医19条2項），この義務違反も医師法7条に該当する可能性がある。

無診察治療等の禁止

(1) **原　則**　医師は，自ら診察しないで治療を行い，あるいは診断書・処方せん等の書面を交付することをしてはならない（医20条）。これは，医療が危険を内在するものであり，診察抜きに治療を行うことは，予期せぬ危害を発生させるおそれがあること，診断書等が不正確なものになる危険を回避することを目的とする。

ここでの「自ら診察」の問題については，注射による患者死亡事例につき，以前からの診察の結果として患者の要望や看護師の報告に基づいて入院患者に注射を実施することを看護師に命じても（大阪高判昭和59年8月16日判タ540号272頁），あるいは，病識がない精神病患者に通院可能となる一時的な措置として家族の訴えを聞いて慎重に判断し，家族に副作用について十分に説明した上で患者本人の診察を経ないで投薬をしても，医師法20条に違反しないとされている（千葉地判平成12年6月30日判時1741号113頁［104］）。

(2) **遠隔医療について**　近時，情報通信機器を用いた遠隔診療技術が開発され，医療の地域差の解消（特にへき地医療）や専門医の効率的活用の観点から期待が大きく，北海道・東北・九州・沖縄などの地域において精力的に取組みがなされている。医療機関同士の情報のやり取りにおいては既に実用化されており，これに関しては主に診療情報保護の観点が法的には重要とされてきた。

他方，遠隔診療では，直接の対面診療ができない地域において，医師と患者との間に物理的な距離がある状況で情報通信機器を用いて（テレビ電話など）診療を実施するとすれば，医師法20条との関係が問題となる。厚生労働省は，診療は医師と患者が直接対面して実施されることを基本とし，遠隔診療はこれを補完するものと位置づけつつも，医師が患者を直接診察するのと同等のレベルを遠隔医療でも保ちうるならば，これが直ちに医師法20条に抵触するものではないとしてきた（「情報通信機器を用いた診療（いわゆる「遠隔診療」）について」〈平成9年12月24日健政発第1075号〉）。患者は医療関係者と対峙することで安心するという側面もあり，遠隔医療を完全に対面医療の代替となすことはできないと思われるが，他方で，患者が遠隔診療技術向上の利益を享受することができないというのも不合理である。そこで厚生労働省は，平成9年の通知の改正を2度行ってきたが，平成30年3月に，「オンライン診療の適切な実施に関する指針」（http://www.mhlw.go.jp/file/05-Shingikai-10801000-Iseikyoku-Soumuka/0000201789.pdf）を公表し，オンライン診療に関して最低限遵守されるべき事項および推奨される事項ならびにその考え方を示した。それによれば，①医師の守秘義務から医師と患者に一定の信頼関係が成立しているものに限定すること，②診療行為の責任は原則として医師が負い，診療に必要な情報を得られているかどうかを慎重に判断し，また，十分な情報セキュリティ対策を講じること，③医療の質と患者の安全の確保の観点から，診療の有効性の評価を定期的に行うことと，必要な体制を確保すること，④オンライン診療の利点と限界などについての患者およびその家族への事前の説明，⑤安全性や有効性のエビデンスに基づいた医療，⑥患者の求めに基づく提供の徹底，がその基本理念とされる。厚生労働省はその後も，新型コロナ感染症への対応という側面もあり，令和4年1月に上記ガイドラインを改訂したが（令和4年1月8日医政発0128第2号），その基本理念には実質的な変更はなく，医師と患者との間のオンライン診療についての合意・患者側からの希望があることを基本に，オンライン診療には得られる情報が対面診療に比べて限界があること，初診からオンライン診療を実施することもできるがそれはかかりつけの医師が実施するのが原則で，そうでない場合にも対面診療につなげることができるようにしておくことや，診療計画の作成と保存（2年間），医師・患者の本人確認，プライバシーの保持への配慮等が求められている（https://www.mhlw.go.jp/content/000889114.pdf）。

近時のAI技術の医療への応用状況を反映して，日本外科学会は，遠隔手術の提供・実施体制の基準を示すことを目的として，遠隔手術実施推進委員会編による遠隔手術ガイドラインを2022年6月に公表している（https://jp.jssoc.or.jp/uploads/files/info/info20220622.pdf）。

異状死体等の届出義務

犯罪が疑われるときなど不自然死の疑いがある場合，医師は24時間以内に所轄の警察に届け出なければならない。死体が異状である場合，犯罪に関連することも少なくないため，犯罪の発見を容易にするという目的のもと，医師が死体または妊娠4ヵ月以上の死産児を検案して異状があると認めたときは，届出義務を負う（医21条）。

「異状死体」の届出義務について，日本法医学会は平成6年に「異状死ガイドライン」を公表し，診療行為に関連した予期しない死亡およびその疑いのあるものについて，医師の過失の有無を問わず警察への届出をすべきとしたが，これに対しては，臨床医の学会を中心として強い異論もあった。この問題は，自己に不利益な自白を強要する可能性があり，届出義務はないと解する見解が有力であったが，近時，最高裁判所は，届出義務を課しても医師免許に付随する合理的根拠のある負担であるとして違憲ではないとした（最判平成16年4月13日刑集58巻4号247頁・広尾病院事件［2］）。

この問題について，日本学術会議（日本学術会議「異状死等について――日本学術会議の見解と提言」平成17年6月）や厚生労働省の検討を踏まえ（この間の経緯については，前田雅英「医療過誤と重過失」法学会雑誌49巻1号〈2008年〉83頁以下参照），「医療安全調査委員会設置法案（仮称）大綱案」（平成20年6月）が公表され，その後，医療事故の届出義務について大綱案で示された概略は，「地域における医療及び介護の総合的な確保を推進するための関係法律の整備等に関する法律」（平成26年法律83号）による医療法の改正で実現された。それによれば，医療法に，医療の安全を確保するための措置として，病院，診療所または助産所の管理者は，医療事故（当該病院等に勤務する医療従事者が提供した医療に起因し，または起因すると疑われる死亡または死産であって当該管理者が当該死亡または死産を予期しなかったものとして厚生労働省令で定めるもの）が発生した場合には，遅滞なく，当該医療事故の日時，場所および状況その他厚生労働省令で定める事項を，医療事故調査・支援センターに報告しなければならないとの規定が置かれることとなった（医療6条の10）。病院管理者はその原因解明のために必要な調査を行わなければならず，調査終了時にはその結果を上記センターに遅滞なく報告しなければならないほか，報告にあたって，予め遺族に対して説明をしなければならないこととされた（同6条の11）。もっとも説明が義務づけられるのは予期しない死亡・死産に限られるため，その働く場面は限定的である。

処方せん作成・交付義務

医師は，治療上薬剤を調剤して投与する必要を認めたときは，患者または現に患者の看護にあたっている者に対して処方せんを交付しなければならない（医22条）。処方せんとは，治療のために患者に投与する薬剤に関する意見を記載した医師または歯科医師の指示書と理解されている。

療養指導義務

医師は，診療した場合には，本人またはその保護者に対して，療養方法その他の保健の向上に必要な事項を指導する義務を負う（医23条）。この指導は診療の一部をなすものであり，本条にいう療養指導義務を医師の説明義務の根拠とする理解もあるが，これは医師の説明を根拠づけるもののひとつではあっても，すべてではない。

Column ⑩ ドクハラについて

さまざまなハラスメントのなかでも，「患者さんの心に傷を残すような，医者や医療従事者の暴言，行動，そして態度や雰囲気までを含め」るのがドクター・ハラスメント（ドクハラ）である（土屋繁裕『ストップ ザ ドクハラ』〈扶桑社，2003年〉7頁）。こうした事案自体は古くから存在していたが，医療現場における医師・医療関係者と患者・患者家族との圧倒的な力の差により，顕在化してこなかったと考えられる。ドクハラも一般のハラスメント事例と同じように，当事者の関係によって受け取られ方が変わりうるため，難しい問題を含んでいる。なお，医師の言葉によってPTSDになったかどうかが争われた，最判平成23年4月26日判時2117号3頁も参照。

診療録作成・保存義務

医師は，診察した場合に診療に関する事項を遅滞なく診療録（カルテ）に記載する義務を負っている（医24条）。

診療録とは，診察に関する事項を記載した文書であり，電子カルテも含まれる。記載事項は（医師法施行）規則23条に定められており，診療を受けた者の住所・氏名・年齢・性別，病名，主要症状，処方および処置，診療の年月日である。

診療録の保存期間は5年とされ，当該患者の診療が完了した時点から起算すると解されている（これにつき，94頁以下参照）。

厚生労働大臣の指示権

厚生労働大臣は，①公衆衛生上重大な危害を生じるおそれがある場合，②危害を防止するために特に必要があると認めるときは，③医道審議会の意見を聴いた上で，医師に対して，医療または保健指導に関して必要な指示をなすことができる（医24条の2）。

保健師・助産師・看護師の業務に関わる問題点

看護師の職務に関わる療養上の世話とは，療養上の患者に対してその症状に応じて行う医学的知識および技術を必要とする世話である。これは，看護師が独自の判断で行うことができる。一方，診療の補助とは医師または歯科医師が患者を診断治療する際に行う補助行為であり，看護師が自らの判断で行うことは許されていない。

看護師が医師の指示がなくても行いうることは，上記の療養上の世話以外にも，臨時応急の手当てや受胎調節の実地指導（母体保護15条1項・2項）が認められている。

厚生労働省は平成22年3月に，チーム医療の推進に関する検討会報告書を公表し，看護師の役割の拡大等を中心とした基本方針を掲げ，看護師が自律的に判断できる機会と実施しうる行為の範囲を拡大する方向で環境を用意する必要があると指摘していた。その後，保健師助産師看護師法が改正され，診療の補助であって，看護師が手順書（医師または歯科医師が看護師に診療の補助を行わせるためにその指示として厚生労働省令で定めるところにより作成する文書または電磁的記録であって，看護師に診療の補助を行わせる患者の病状の範囲および診療の補助の内容その他の厚生労働省令で定める事項が定められているもの）により行う場合には，実践的な理解力，思考力および判断力ならびに高度かつ専門的な知識および技能が特に必要とされるものとして厚生労働省令で定めるもの（特定行為）について，厚生労働大臣の指定する指定研修機関で当該特定行為の特定行為区分に係る特定行為研修を受けることが義務づけられる（保助看 37 条の 2）という形が採用されることとなった。

救急救命士のなしうる業務について

救急救命士のなしうる業務については，日本臨床救急医学会・日本救急医学会が合同で『医療機関に勤務する救急救命士の救急救命処置実施についてのガイドライン』を公表している（https://www.jaam.jp/info/2021/files/20211001_3.pdf）。

ひと口メモ ②　看護師等の人材確保

医療関係者の人材を確保するための方策として，看護師等の人材確保の促進に関する法律（平成 4 年法律 86 号）があり，同法は看護師の確保促進のための措置に関する基本指針等を定めている。

死因究明二法

「死因究明等推進基本法」（令和元年法律 33 号）は，死因究明等に関する施策に関し，基本理念を定め国および地方公共団体等の責務を明らかにし，死因究明等に関する施策の基本となる事項・死因究明等に関する施策に関する推進計画の策定について定めるとともに，死因究明等推進本部を設置すること等により，死因究明等に関する施策を総合的かつ計画的に推進し，もって安全で安心して暮らせる社会および生命が尊重され個人の尊厳が保持される社会の実現に寄与することを目的とする（1条)。この法律は，「死因究明等の推進に関する法律」(平成24年法律33号）の目指すところと同じものであるが，平成24年法が2年間の時限立法であったため失効してしまっていたところ，改めて制定された。

「死因究明」とは，死亡に係る診断若しくは死体（妊娠4月以上の死胎を含む）の検案もしくは解剖またはその検視その他の方法によりその死亡の原因，推定年月日時および場所等を明らかにすることをいい，「身元確認」とは，死体の身元を明らかにすること，「死因究明等」とは，死因究明および身元確認をいう（2条)。

死因究明等の推進は，①死因究明が死者の生存していた最後の時点における状況を明らかにするものであることに鑑み，死者およびその遺族等の権利利益を踏まえてこれを適切に行うことが，生命の尊重と個人の尊厳の保持につながるものであること，②死因究明の適切な実施が，遺族等の理解を得ること等を通じて人の死亡に起因する紛争を未然に防止し得るものであること，③身元確認の適切な実施が，遺族等に死亡の事実を知らせること等を通じて生命の尊重と個人の尊厳の保持につながるものであるとともに，国民生活の安定および公共の秩序の維持に資するものであること，④死因究明等が，医学，歯学等に関する専門的科学的知見に基づいて，診療において得られた情報も活用しつつ，客観的かつ中立公正に行われなければならないものであること，を基本的認識として，地域にかかわらず等しく適切に行われるよう，死因究明等の到達すべき水準を目指し，死因究明等に関する施策について達成すべき目標を定めて，行われるものとされる（3条）。このための国（4条）・地方公共団体（5条）・大学（6条）の責務が掲げられ，これらは連携して協力しなければならない（7条。医療機関，関係団体，医師，歯科医師その他の死因究明等に関係する者も協力すべき者とされる）。

基本的施策として，国・地方公共団体の死因究明等に係る医師・歯科医師・警察官，海上保安官等の死因究明等に携わる人材育成の施策（10条），死因究明等に関する教育および研究の拠点の整備（11条），死因究明等を行う専門的な機関の全国的な整備（12条），警察等における死因究明等の実施体制の充実（13条），死体の検案および解剖等の実施体制の充実（14条），死因究明のための死体の科学調査の活用（15条），身元確認のための死体の科学調査の充実および身元確認に係るデータベースの整備（16条），死因究明により得られた情報の活用および遺族等に対する説明の促進（17条），情報の適切な管理（18条），が掲げられている。

厚生労働省に特別の機関として，死因究明等推進計画の案作成・死因究明等に関する施策について必要な関係行政機関相互の調整等の事務を行う，死因究明等推進本部が置かれ（20条），地方にも地域の状況に応じて，死因究明等を行う専門的な機関の整備その他の死因究明等に関する施策の検討を行う等の死因究明等推進地方協議会を設置する努力義務が課せられている（30条）。

なお，医療の提供に関連して死亡した者の死因究明に係る制度については，別に法律で定めるとされている（31条）。

死因究明等の推進に関する法律と同時期に可決・成立した，「警察等が取り扱う死体の死因又は身元の調査等に関する法律」（平成24年法律34号）は，警察等（警察および海上保安庁をいう）が取り扱う死体について，調査，検査，解剖その他死因または身元を明らかにするための措置に関し必要な事項を定めることにより，死因が災害，事故，犯罪その他市民生活に危害を及ぼすものであることが明らかとなった場合に，その被害の拡大および再発の防止その他適切な措置の実施に寄与するとともに，遺族等の不安の緩和または解消および公衆衛生の向上に資し，市民生活の安全と平穏を確保することを目的とし（1条），その調査に際して，死体の取扱い・遺族への配慮・守秘義務等について定めている。

*Column*⑪　医師と過労

医師，特に勤務医の勤務体制が非人間的な状況にあることが常態的となっており，そのことが事故の原因となったり，医師の過労死や心身の病気の原因となることが社会問題となっている。医療に対する社会的期待の大きさは，職務に対して過大な要求を当然のことと考える空気を生みがちで，それが医療関係者を押しつぶそうとしていると指摘されることも多い。病院は雇用主として，勤務する医療関係者の生命・健康に配慮する義務を負っており，勤務していた医師が過労に起因する疾患により死亡したとして争われ，認められた事例も増えてきている（大阪高判平成20年3月27日判時2020号74頁［8］など）。病院は，患者に対して義務を負うとともに，医療関係者に対しても義務を負っていることを改めて確認しておく必要がある。こうした状況を改めるものとして医師の働き方改革に関する一連の動きがあり，良質かつ適切な医療を効率的に提供する体制の確保を推進するための医療法等の一部を改正する法律（令和3年法律49号）が，医師の働き方改革，医療関係職種の専門性の活用，地域の実情に応じた医療提供体制の確保を進めるため，医師に対して医療機関が講ずべき健康確保措置等の整備や医療機関の取組みに対する支援の強化等の措置を講ずる。その内容は，令和6年4月に向けて段階的に施行する長時間労働の医師の労働時間短縮および健康確保のための措置の整備，医療関係職種の業務範囲の見直し，第8次医療計画に向けた基本方針等の改正の検討，外来医療の機能の明確化・連携を通じてよりよい質の医療の提供を目指すものであって，医療法，医療関係者の資格法，介護保険法等の多数の法律を改めるものである。その具体的な詳細については，https://www.mhlw.go.jp/content/10800000/000818136.pdf を参照。

演習

1　医療関係者の資格に関して，現行制度に加えて，新たな資格制度を設ける必要性はないか，検討しなさい。

2　医療事故を理由とする医師の資格停止の適否が争われた東京地判平成18年2月24日判時1950号49頁［3］の内容を整理し，その問題点を検討しなさい。

第3章　医療提供体制

本章では，医療施設に関する法規制を中心に，医療供給体制の問題について概観する。医療施設の問題は，診療所と病院との区別など，技術的な問題のみに見られがちである。しかしながら，医療施設の問題は，医療供給体制のあり方について国の方針の具体化であり，これをもっと広くとらえれば，医療を受ける権利の問題にまでつながるものである。

1　医療提供体制の基本法としての医療法

医療法の理念

医療は，病院・診療所を通じて提供されるが，その提供体制の枠組みを定めるのが医療法である。医療法は，昭和23（1948）年の制定以来，国民生活の変化，高齢社会という人口構造の変化など，社会の動きを反映する形で度重なる改正を経て，現在に至っている。

医療法は，法の目的を，医療を受ける者が医療に関する適切な選択をすることを支援するのに必要な事項，医療の安全確保のために必要な事項，病院，診療所および助産所の開設および管理に関し必要な事項，これらの施設の整備ならびに医療提供施設相互間の機能の分担および業務の連携を推進するために必要な事項を定めること等により，医療を受ける者の利益保護および良質かつ適切な医療の効率的な提供体制の確保を図り，そのことによって国民の健康保持に寄与するものとする（1条）。医療提供の理念については，医療は生命の尊重と個人の尊厳の保持を旨として医療の担い手と医療を受ける者との信頼関係に基づき，医療を受ける者の心身の状況に応じて行われ，その内容は良質かつ適切なものでなければならないと定めるが，同時に，医療が医療を受ける者の意向を十分に尊重し，医療提供施設の機能に応じ効率的かつ福祉サービスその他の関連するサービスとの有機的な連携を図りつつ提供されなければならないとする（1条の2）。従来は業務・業種間の調整と規制が中心であった医療法等に，医療を受ける側の視点からの制度設計のあり方が盛り込まれたことは，その性格に変化を帯びてきていることを示すものと評価できる面があり，ここから医療法に「医療基本法」としての性格があることを指摘する議論もある。国および地方公共団体に対して，国民に良質かつ適切な医療を効率的に提供する体制を確保する努力義務を課している（1条の3）。

医療関係者の責務

医療法は，医療の担い手（医師，歯科医師，薬剤師，看護師その他医療関係者）の責務について，以下のように定める（医療1条の4）。

① 良質かつ適切な医療を行うこと。

② 医療を提供するにあたって，適切な説明を行い，医療を受ける者の理解を得るよう努めること。

③ 医療の分担・業務の連係に資するため，紹介・情報提供などの必要な措置を講じること。

④ 医療施設の開設者・管理者は，医療の効率的な提供に資するため，施設の建物または設備を当該施設に勤務しない医療関係者にも利用させるように配慮すること。

上記の医療法の②についての規定は，インフォームド・コンセントを明記したものと一般に解されている。

病院・診療所等の分類と定義

病院とは，医師または歯科医師が公衆または特定多数人のために医業または歯科医業を行う場所であって，20人以上の患者を入院させるための施設を有するものであり，診療所とは，入院施設がないか，19人以下の患者を入院させるための施設を有するもの（医療1条の5），助産所とは助産師が公衆または特定多数人のためその業務をなす場所（同2条）である。

疾病の治療をなす場所であって病院・診療所・助産所にあてはまらないものは，これらと紛らわしい名称を用いてはならない（医療3条・名称独占）。

病院の分類

病院には地域医療支援病院，特定機能病院と臨床研究中核病院とがある。地域医療支援病院とは，一定の施設要件（医療21条・22条）を満たす病院について，都道府県知事の承認を得た病院（同4条）であり，特定機能病院とは，高度な医療の提供や研修を行う能力を有し，一定の施設要件を満たして厚生労働大臣の承認を得た病院のことをいう（同4条の2）。臨床研究中核病院とは，臨床研究の実施の中核的な役割を担うことに関する10項目の要件を満たす場合，厚生労働大臣の承認を受けたものをいう（同4条の3）。

地域医療支援病院は，紹介された患者に医療を提供し，建物の全部もしくは一部，設備，器械または器具を，当該病院に勤務しない医師等に利用させ，また，救急医療を提供し，地域の医療従事者に対する研修を実施する義務等を負担する（医療16条の2）。特定機能病院は，高度の医療を提供し，高度の医療に関する研修を行わせることが義務づけられている（同16条の3）。また，臨床研究中核病院は，特定臨床研究に関する計画の立案・実施，特定臨床研究の実施の主導的な役割，他の病院に対する情報提供・助言その他の援助，特定臨床研究に関する研修などが義務づけられている（同16条の4。病院が備えておくべき構造・設備については同21条～22条の2を参照）。地域医療支援病院・特定機能病院・臨床研究中核病院でない病院は，これらと紛らわしい名称を用いることを禁止される。

都道府県知事，保健所を設置する市の市長または特別区の区長は，必要があると認めるときは，病院等の開設者もしくは管理者に対して，必要な報告を命じ，または立入り検査を行うことができる（医療25条）。

病院・診療所・助産所の開設

医師でないものが病院を開設しようとするとき，助産師でないものが助産所を開設しようとするときは，開設地の都道府県知事の許可を得なければならない（医療7条）。営利を目的として病院等を開設しようとする者に対して都道府県知事は，許可を与えないことができ，また，医療計画が達成している地域での病床数の変更等の申請に対しても，許可を与えないことも可能である。

医師・歯科医師・助産師が診療所または助産所を開設したときは，開設後10日以内に所在地の都道府県知事に届出をする義務がある（医療8条）。

病院等の管理

病院または診療所の開設者は，当該病院または診療所が医業をなす場合は臨床研修修了医師に，歯科医業をなす場合には歯科医師に，管理させなければならない（医療10条）。助産所の管理者は助産師でなければならない（同 11 条）。

管理者は当該医療機関の管理に専従し（医療 12 条），病院等の医師等の従業者を監督し，業務遂行に欠けることのないように注意を払う必要がある（同 15 条）。また，管理者の氏名・診療に従事する医師または歯科医師の氏名・診療日および診療時間その他を院内に掲示しなければならない（同 14 条の 2 ）。

なお，地域医療支援病院・特定機能病院の開設者は行政に対して報告書を提出しなければならない（医療 12 条の 2・12 条の 3 ）。

医療に関する情報の提供　国・地方公共団体は，医療を受ける者が医療機関の選択に必要な情報を容易に得られるように，必要な措置を講じる努力義務があり，医療提供施設の開設者・管理者は，自己の医療提供施設が提供する医療について，正確かつ適切な情報を提供し，患者またはその家族からの相談に適切に応じるように努めなければならない。国民は，良質かつ適切な医療の効率的な提供に資するため，医療提供施設相互間の機能分担・業務連携の重要性についての理解を深め，医療提供施設の機能に応じた選択を適切に行い，医療を適切に受ける努力義務がある（医療 6 条の 2 ）。

医業，歯科医業または助産師の業務等の広告　何人も，医業もしくは歯科医業，または病院・診療所に関して，文書その他いかなる方法によるかを問わず，広告その他の医療を受ける者を誘引するための手段としての表示をする場合には，虚偽広告をしてはならず，医療を受ける者の適切な選択を阻害することがないようにしなければならない。広告の内容および方法は，①他の医療機関と比較して優良である旨の広告，②誇大広告，③公の秩序または善良の風俗に反する内容の広告，であってはならないほか，厚生労働省令で定める基準に適合していなければならない（医療6条の5）。また，医療に関する適切な選択が阻害されるおそれが少ない場合として厚生労働省令で定める場合を除いては，広告できる項目は制限されている。

医療の安全確保

平成26年の医療法改正で「医療の安全の確保のための措置」が規定され（3章1節），これについて病院等の管理者のなすべき事項が明確にされた（6条の9以下）。また，厚生労働大臣が，申請に基づき，医療事故調査・支援センター（医療事故調査を行うことおよび医療事故が発生した病院等の管理者が行う医療事故調査への支援を行うことにより医療の安全の確保に資することを目的とする一般社団法人または一般財団法人で，事故情報の整理・分析・報告，研修，相談・普及啓発活動といった業務を適切かつ確実に行うことができる）を指定することができる旨も定められた（6条の15）。医療事故調査・支援センターは，医療事故が発生した病院等の管理者または遺族から，当該医療事故について調査の依頼があったときは，必要な調査を行うことができ，調査について必要があると認めるときは，同項の管理者に対し，文書もしくは口頭による説明を求め，または資料の提出その他必要な協力を求めることができる。管理者はその求めを拒否することはできず，拒否した場合にはその事実を公表される。調査結果には報告義務がある（6条の17）。また，①事故情報を整理および分析し，②報告をした病院等の管理者に対し情報の整理および分析の結果の報告を行い，③事故の調査を行うとともに，その結果を同項の管理者および遺族に報告し，④医療事故調査に従事する者に対し医療事故調査に係る知識および技能に関する研修を行い，⑤医療事故調査の実施に関する相談に応じ，必要な情報の提供および支援を行い，⑥医療事故の再発の防止に関する普及啓発を行い，⑦以上に掲げたほか，医療の安全の確保を図るために必要な業務を行う（6条の16）。調査に従事した者（医療事故調査・支援センターの役員もしくは職員または過去に役員・職員であった者）には，守秘義務が課される（6条の21）。医療事故調査制度は，医療事故の再発防止がその制度の目的であり，事故に関わった当事者の責任追及を目的としたものではないことが強調されている。具体的な事故調査の流れは日本医療安全調査機構のウェブサイトを参照されたい（https://www.medsafe.or.jp/modules/about/index.php?content_id=2）。同制度が開始された後の運用では，毎月20～30件程度が事故として報告されているほか，報告を基礎として調査・検討された報告書も提供されている。

国ならびに都道府県，保健所を設置する市および特別区は，医療の安全に関する情報の提供，研修の実施，意識の啓発その他の医療の安全の確保に関し必要な措置を講ずるよう努めなければならず（6条の9），病院，診療所または助産所の管理者は，医療事故（当該病院等に勤務する医療従事者が提供した医療に起因し，または起因すると疑われる死亡または死産であって当該管理者が当該死亡または死産を予期しなかったものとして厚生労働省令で定めるもの）が発生した場合には，遅滞なく，当該医療事故の日時，場所および状況その他厚生労働省令で定める事項を医療事故調査・支援センターに報告しなければならない。また，病院等の管理者は，報告をするに当たってあらかじめ，医療事故に係る死亡した者の遺族または医療事故に係る死産した胎児の父母その他厚生労働省令で定める者に対し，厚生労働省令で定める事項を説明しなければならない（遺族がないとき・遺族の所在が不明であるときを除く。6条の10）。病院等の管理者は，医療事故が発生した場合，厚生労働省令の定めに従い，速やかにその原因を明らかにするために必要な調査（医療事故調査）を行わなければならない。その際，医学医術に関する学術団体その他の厚生労働大臣が定める団体（医療事故調査等支援団体）に対し，医療事故調査を行うために必要な支援を求め，医療事故調査等支援団体は，支援を求められたときは，医療事故調査に必要な支援を行う。病院等の管理者は，医療事故調査を終了したときは，厚生労働省令で定めるところにより，遅滞なく，その結果を医療事故調査・支援センターに報告しなければならない（6条の11）。なお，第8章も参照。

医療計画

医療計画とは，都道府県における当該地域の医療提供体制の確保に関する計画のことであり，都道府県が定める（医療30条の4）。医療計画は，病院の病床の整備を図るべき事項，休日診療・夜間診療等救急医療の確保に関する事項，へき地医療確保に関する事項，医療関係者の確保に関する事項などを定める。なお病床は，精神病床・感染症病床・結核病床・療養病床・一般病床に分類され，それぞれ要求される内容が異なっている。医療計画は少なくとも3年ごとに再検討される（医療30条の6）。

医療は非営利で行われ，また，大半が公的保険により実施されている状況にあるとしても，医師会による医療機関の開業制限は独占禁止法8条にいう不当な制限に当たるとされる可能性がある（東京高判平成13年2月16日判時1740号13頁［6］）。なお，医療計画に基づく中止勧告は，行政処分である（最判平成17年10月25日判時1920号32頁［5］）。

病院等の開設・管理・監督など

病院・診療所・助産所の開設・管理・監督についての規定が7条以下に定められている（医療7条〜30条の2）。

医療提供体制の確保　厚生労働大臣は，地域における医療及び介護の総合的な確保の促進に関する法律（平成元年法律 64 号）3 条 1 項に規定する総合確保方針に即して，良質かつ適切な医療を効率的に提供する体制の確保を図るための基本的な方針を定めることとされ，①医療提供体制の確保のため講じようとする施策の基本となるべき事項，②医療提供体制の確保に関する調査および研究に関する基本的な事項，③医療提供体制の確保に係る目標に関する事項，④医療提供施設相互間の機能の分担および業務の連携ならびに医療を受ける者に対する医療提供施設の機能に関する情報の提供の推進に関する基本的な事項など 11 項目について定めるものとされている（医療 30 条の 3）。

医療連携など　医療提供施設の開設者および管理者は，それぞれの医療機関の性質に応じて，医療計画の達成の推進に資するため，医療連携体制の構築のために必要な協力をするよう努める（医療 30 条の 7）。また，地域における病床の機能の分化および連携の推進のための施策（30 条の 13～30 条の 18），地域における外来医療に係る医療提供体制の確保のための施策（30 条の 18 の 2 ～30 条の 4）が定められている。

医療関係者の人材確保　医療関係者の激務ぶりは，新型コロナ感染症の勃発によって大きく社会の注目を浴びることとなったが，それ以前から医療職が多忙極まる状況であることは知られていた。これまでは人の生命・身体を救うという職務の性質上，個人の生活を犠牲にすることはプロフェッショナルとして当然との空気が支配的であり，そうでなければ失格という風潮であったが，それでは日本の医療は立ちいかなくなることがようやく了解されるようになった。

医療従事者の確保等に関する施策について，第一の責任を負うのは病院または診療所の管理者である（医療 30 条の 19）。国は厚生労働大臣が適切・有効な実施を図るための指針となるべき事項を定め，これを公表するものとされ（30 条の 20），都道府県にも努力義務がある（30 条の 21）。

医療法人など　医療法には，医療法人に関する詳細な規定がある（医療 39 条～69 条）。

医師の働き方改革　これについては，前掲 ***column*** ⑪（74 頁以下）参照。

2 救急医療の提供

救急医療について　救急医療業務については，医療法と消防法（昭和 23 年法律 186 号）が主に関連する。救急業務とは，災害により生じた事故もしくは屋外もしくは公衆の出入りする場所において生じた事故または政令で定める場合における災害による事故等に準ずる事故その他の事由で政令に定めるものによる傷病者のうち，医療機関その他の場所へ緊急に搬送する必要があるものを，救急隊によって，医療機関その他の場所に搬送することをいう（消防 2 条 9 項）。

都道府県は，傷病者の搬送および医療機関による傷病者の受入れの迅速かつ適切な実施を図るために，受入れ実施に関する基準を定めなければならない（消防 35 条の 5）。この実施基準は，傷病者の心身の状況に応じて適切な医療の提供が行われることを確保するために医療機関を分類し，それに対応して受入れ先の候補リストが作成されることを柱としている。総務大臣および厚生労働大臣は，実施基準の策定または変更に関して，必要な情報の提供・助言その他の援助を都道府県に対して行う（同35条の6）。

救急病院は，昭和39年に出された「救急病院等を定める省令」（昭和39年厚生省令8号）に始まる。この省令は，消防法で規定される救急隊により搬送される医療機関について，医師・病床・医療機器等の設備に関する基準や都道府県知事による認定・告示（救急病院・救急診療所）等を定めている。

救急医療の特殊性と一般性

救急医療の場合には，患者の容態が重篤なうえに，医療設備等が不十分な環境において限られた時間の中での迅速な判断・処置が求められることがあり，高度な水準の救急医療を提供するために必要な社会的コストは一般に非常に高価である。さらに，救急医療では，本人や家族が予期していない事故・事件に巻き込まれて処置が開始されるという場合がむしろ通常で，関係者が動揺していたり，本人の意思が明らかでないという状況がしばしば生じ，救急医療における医療関係者の対応を困難にしているという側面がある。

救急医療の場合であっても，患者の自律を尊重することは通常の医療と同様であり，多くの場合はそれに疑問が生じることはないであろう。本人の意思が明確でない場合は，その最善の利益を実現することが求められ，それを推測するための方策として，患者家族に対する聞き取りも行われるということになるが，切迫した状況で予想もしない事故により動転しているところで適確な判断が困難な場合も多い。

救急医療と医療過誤

救急医療に従事する医師・医療関係者も，医療水準に従った医療を提供するのが基本である。しかし，上記のような救急医療の特殊性に鑑み，限られた時間内で得られた乏しい情報のもとになされた判断・処置が結果的に誤っていたとしても，その誤りの責任を問うことはできないことも多いと思われる（なお，応招義務に関しては，61 頁参照）。

英米法においては，「良きサマリア人の法（Good Samaritan law）」があり，例えば飛行機で移動中に急患が出た場合など，非常事態や応急手当てとして実施された医療行為に対しては医師の責任要件である過失（ネグリジェンス）の水準を下げるというものがあるが，わが国においてもこうした準則を法制化すべきであるという見解がある（樋口範雄『続・医療と法を考える』〈有斐閣，2008 年〉233 頁以下）。アメリカでは 1960 年代から良きサマリア人の法が制定されるようになり，今日では全州で存在するようになっている。もっとも各州毎に用語は異なりその適用範囲には議論の余地があるほか，非常時の救助という状況後に過誤を理由とする訴訟が行われたという記録はないことを指摘する論文も存在する（Hall et al., MEDICAL LIABILITY AND TREATMENT RELATIONSHIPS, p. 427〈2008〉）。

自殺未遂と救助

患者が自殺未遂を起こし，医療関係者が処置を求められたが，患者本人が治療を拒絶する場合，この意思はどのように扱うべきであろうか。本人の意向を尊重すれば，治療拒否も本人の自己決定であり，その意向に配慮しないことは不適切とも考えられるが，自殺を試みた場合に，これを正常な判断能力を備えていた覚悟の行為との評価は適切でなく，治療に着手・継続することが適切とされる場合が多いと思われる。回復後に患者の悩みを軽減・解消するための援助を考えることは社会的に必要なことであるが，救急医療のレベルでは，救命を第一にすべきということになろう。

ヘリコプターを用いた救急医療

救急医療は，いうまでもなく，いかに迅速に治療にとりかかれるかが，患者の予後を大きく左右する。日本は面積こそ狭いが，起伏に富み，道路事情が良くない地域や離島も少なくないため，救急医療による救命・後遺障害の軽減に機動性の高いヘリコプターを利用する救急医療の実施が望まれていた。平成 19 年に制定された，「救急医療用ヘリコプターを用いた救急医療の確保に関する特別措置法」（平成 19 年法律 103 号）は，救急医療用ヘリコプターが救急医療に果たす重要性に鑑みて，その全国的な確保を図るための特別措置を講じることで，良質かつ適切な救急医療を効率的に提供する体制の確保に寄与し，国民の健康保持および安心して暮らすことのできる社会の実現に資することを目的とし（1 条），医療法に定める医療計画と関係づけられている（5 条）。

救急医療用ヘリコプターには救急医療に必要な機器や医薬品が装備・搭載され（2 条 1 号），医師が搭乗して速やかに現地に赴き，ヘリコプターに装備・搭載した機器や医薬品を用いて必要な治療を行いつつ，当該傷病者を速やかに医療機関その他の場所に搬送できる態勢を，地域の実情を踏まえて全国的に整備しようというものであり，消防機関，海上保安庁その他の関係機関との連携・協力，へき地における医療機関の確保への寄与，都道府県の区域を超えた連携・協力の体制の整備に留意するとされる（3 条）。

救急時の医療資源の配分——トリアージについて

緊急時に利用可能な医療資源が限られている場合，特に大規模災害時などには，処置・搬送・治療実施のそれぞれについて優先順位をつけることが必要となることがある。その際のトリアージは，現場の指揮者により実施され，傷病者は治療の緊急度別に色分けされて対応されることとなる。トリアージの実施は，傷病の状態が時間の経過とともに変化してゆくという実情に鑑み，一度なされれば決定的というわけではなく，数次にわたり実施される（以上につき，日本救急医学会監修『標準救急医学〔第5版〕』〈医学書院，2014年〉658頁以下参照）。その評価の誤りは当該現場に居合わせた者に対して不満を残す恐れを内包しているが，乏しい医療資源の中でのその有効な活用とより多くの生命身体を救うための活動であり，その判断の正確性について，厳格なものを求めることは適切でないと思われる。他方で，トリアージの正確性を確保するための教育訓練の機会が整備されるべきである。

災害時の救急医療

災害救助法4条1項4号は，災害時の救助の種類に医療および助産を定め，同7条は，都道府県知事の救助に関する業務への従事命令を規定する。これに従わなかった場合，6ヵ月以下の懲役または30万円以下の罰金が科される（31条）。災害時の医療については，その中心の役割を担う災害拠点病院が各都道府県において指定されている。

Column ⑫　医療における個人と社会
——医療資源の適正な配分・混合医療をめぐって

社会が医療に割くことができる資源はどこまでか，個人はどこまで社会に権利として要求できるのかという問題を扱うのが医療資源の問題である。

多くの先進諸国においては，人々がかつてないほど長寿になっているが，高齢者の多くはさまざまな疾患を抱えていることが少なくなく，多くの医療資源を消費するという現実がある。また，今日の医療には，治療そのものに費用のかかる新たな治療技術が増加していること，医療過誤訴訟の危険に配慮して防衛的医療が広く実施されている可能性があること，慢性病の増加は治療期間の増大を招来し，ひいては医療費の増加につながっていること，疑いがあれば処置が開始されるという医療の疾病創造機能等により，国民医療費は上昇を続けている。

医療資源の分配問題は，医療に分配される資源が十分に提供されれば解決するように考えられがちであるが，それ自体可能であるとは限らず，また，それが可能であるとしても，今後も医療費の拡大傾向が続くとすれば，それを際限なく拡大させ続けるわけにもいかないということも事実であり，いずれにせよどこかで限界線を引かざるをえない。その場合に考慮すべきは，医療における平等・公平といった要素をどのような形で実現・維持していくかということであり，分配を決定する主体は誰なのか，ということも問題になりうる。日本の医療において平等・公平は極めて重要な価値と考えられており，貧富差によって患者に提供される治療の内容が異なることは受け入れられない可能性が高いものと思われるが，混合治療の全面解禁が取り沙汰されるようになっており，今後，この方面での検討も重要になってくるであろう。

これについて東京地判平成19年11月7日判時1996号3頁は，保険診療で認められた治療法と保険診療で認められていない治療法とを組み合わせた場合に，保険診療で治療された部分についても自費負担となるとされる現在の法の運用が違法であるとして争われた事例である。裁判所は，保険診療と自費診療とを組み合わせるとすべてが自費診療となるという現在の運用は健康保険法の解釈からは出てくるものではないとして，原告の訴えを認めた。本件は控訴され，東京高裁（東京高判平成21年9月29日判タ1310号66頁）は，先進医療に係る混合診療については，保険外併用療養費の支給要件を満たす場合に限り，当該混合診療のうち保険診療に相当する基礎的診療部分について保険給付が認められるものであり，これに該当しない場合は，保険診療に相当する基礎的診療部分についても療養の給付として保険給付を受けることはできないとし，それは憲法に違反しないとして，一審判決を取り消し，請求を棄却した。また最高裁もこれにつき，健康保険の制度趣旨・目的や法体系全体の整合性等の観点から，法は先進医療に係る混合診療のうち先進医療が評価療養の要件に該当しないため保険外併用療養費の支給要件を満たさないものに関しては，被保険者の受けた療養全体のうちの保険診療相当部分についても保険給付を一切行わないものとする混合診療保険給付外の原則を採ることを前提として，保険外併用療養費の支給要件や算定方法等に関する法の規定を定めたものというべきであり，規定の文言上その趣旨が必ずしも明瞭に示されているとは言い難い面もあるとしつつも，健康保険法 86 条等の規定の解釈として，単独であれば療養の給付にあたる診療（保険診療）となる療法と先進医療であり療養の給付にあたらない診療（自由診療）である療法とを併用する混合診療において，その先進医療が評価療養の要件に該当しないためにその混合診療が保険外併用療養費の支給要件を満たさない場合には，自由診療部分だけでなく，保険診療相当部分についても保険給付を行うことはできないものと解するのが相当であるとして（最判平成 23 年 10 月 25 日民集 65 巻 7 号 2923 頁［7］)，高裁の結論を是認した。もっともその後，政治情勢の変化から，混合診療を拡大する政策が後押しされるようになってきており，保険診療の仕組みの今後はなお混沌としている。

Column ⑬　医師不足について

現在，日本では医師は新規に毎年 8000 人弱誕生し，退職者等を差し引いても年々3500 人程度が着実に増加している。このため，近い将来に医師余りが生じるのではないかという懸念から，大学医学部・医科大学の定員削減が実施されてきた。しかし医療崩壊が叫ばれるように，特に地方において，小児科医・産科医・麻酔科医の不足が深刻な状況となっている。

厚生労働省に設置された「医師の需給に関する検討会」の報告書は，2022 年には需要と供給が均衡し，長期的・マクロ的には必要な医師数は供給されるとしつつも，短期的・中期的あるいは地域や診療科のミクロの領域での需要が自然に満たされるというものではないとする。そのうえで，今後の対応については，地域に必要な医師の確保の調整，病院の位置づけ，地域における医師の確保の取組み，臨床研修制度の活用，医学部定員の暫定的な調整といった方向を基本的な考え方に据えている。その後，「医療法及び医師法の一部を改正する法律」（平成 30 年法律 79 号）は，医療提供体制の充実のため，都道府県の医療計画に，外来医療に係る医療提供体制の確保に関する事項・医師の確保に関する事項・医師少数区域等の設定に関する事項等を追加すること，臨床研修病院の指定権限を都道府県知事に移譲することなどを定めている。この法律は主に平成 31 年 4 月 1 日より施行されている。

演習

1　「医療関係訴訟の増加が医療崩壊の原因のひとつである」と論じられることがある。この主張を支持する論拠，反対する論拠にはどのようなものがあるかを考え，医療と法の関わりはどうあるべきかについて自説を示しなさい。

2　医療事故調査制度について，その概要を説明するとともに，現行の調査制度は医療事故の発生や再発防止に役立つと考えられるか，あなたの意見をまとめて説明しなさい。

第4章　診療情報の保護

本章では，究極の個人情報といわれる診療情報の保護をめぐる法制度を概観する。診療情報の保護の問題は，古くから存在するが，IT 産業の飛躍的発展と，それに伴う情報化社会の進展・浸透により，その保護の必要性は，従来に比べて，格段に大きくなっている。また，個人情報の保護に関する法律およびその関連法規の施行に伴い，診療情報の扱いをどうするかについての社会的関心も高まっている。

1　診療情報保護の必要性

診療情報と患者

医師が目の前の患者に対して適正に診断・治療を実施し，かつ，公衆衛生の見地から医師に課せられた職責を全うするためには，患者が秘密にしておきたい事項についても，医師はその内容を知って判断をする必要がある。しかしながら，患者が秘密を医師に打ち明けることができるためには，秘密を打ち明けることで自分が不利益を受けることはないという信頼が存在することが不可欠である。

患者が提供した情報を，医師が正当な理由なく公にしたり，第三者に漏らしてしまうとすれば，患者の受ける被害は甚大であり，自分の情報が漏れる危険がある場合には，患者は正直に医師が必要とする情報を提供することはしなくなるであろう。秘密が顕在化することにより患者の被る不利益は，羞恥・困惑といった個人内部の感情的側面から，差別を受ける，雇用契約を打ち切られる等といった社会的・経済的不利益まで，さまざまなものがありうる。性感染症に罹患した事実は，患者の家庭の平和に問題を発生しかねないし，患者の人格に対して疑問を抱かせる事態が生じるかも知れない。ワンマン企業の社長が重度疾患に罹患したことが明らかになれば，取引先は取引の継続中止を考えはじめるかも知れず，患者には精神的苦痛のみでなく経済的損害が発生することもありうる。

そこで，医師には，こうした秘密を守ることが法的に義務づけられており，医療関係者が正当な理由なく業務上知りえた患者の情報を漏らした場合には，刑事罰を科され，契約違反・不法行為を理由として，生じた損害を賠償する責任も課せられる。刑事責任はかつて社会法益に対する罪としてとらえられていたが，今では，個人法益に対するものとして理解されるのが一般的である。医療関係者はそれぞれの職種において守秘義務が定められ，さらに個別の診療場面で知りえた情報（感染症など）について守秘義務が定められていることがある。

医療関係者が守秘義務違反により処罰された例はほとんどない。しかしながら，現在の法制度が診療情報の保護に十分対応できているかは疑問である。近時の診療情報の多様化と重大性の増加，診療情報の電子情報化の進捗状況に鑑みれば，診療情報の保護に特化した特別法の制定が急務であることは，多くの人々が認めるところである（なお，特殊な事例であるが，少年事件の精神鑑定を命じられた精神科医師が，鑑定資料として少年らの供述調書の写しの貸出しを受けていたところ，正当な理由なく同鑑定資料や鑑定結果を記載した書面を第三者（ジャーナリスト）に閲覧させ，少年およびその実父の秘密を漏らした行為は，医師が医師としての知識，経験に基づく，診断を含む医学的判断を内容とする鑑定を命じられた場合には，その鑑定の実施は医師がその業務として行うものといえるから，刑法 134 条 1 項の秘密漏示罪に該当するとされた事案がある〔最決平成 24 年 2 月 13 日刑集 66 巻 4 号 405 頁［21］。補足意見がある］)。

診療情報とその有用性

医療機関では，医師法 24 条に基づき作成される診療録，看護記録をはじめとしてさまざまな記録が作成される。その記録内容には，患者の氏名・性別・年齢・住所・電話番号・職業といった患者基本情報，医療保険の種別，過去の病歴・生活背景状況，現在の症状，診断，検査結果，投薬・治療歴，現在の治療内容，家族関係・家族の病歴など，患者およびその周辺にかかる個人情報が詰まっている。従来は，こうした診療情報は各部局で個別に作成され，有機的な連携を重視する形で集約する問題意識が希薄だったが，近時はこれらを集約する方法の診療録に移行しつつある。

診療情報は各人の生活パターン，嗜好といった情報も含まれる極めて個人的な情報であるが，そのため診療情報が医学研究やその他の目的を果たすために有用であることも少なくなく，情報が個人的であればあるほど，その利用価値が高くなる可能性がある。ある疾病に有効と考えられている健康食品を販売する業者は，当該疾病に罹患した患者の個人情報がわかれば，効果的に事業をなしうることになる。診療情報を獲得したいという動機づけを考えることは，今の情報化社会では極めて容易である。このような動機づけ以外にも，患者本人に何らかの不利益を与えるため，あるいは患者から不当な利益を引き出したいために患者の診療情報を知りたいという，古典的な動機づけによって患者の診療情報の秘密を侵害しようとする行為もなお存在するだろう。

近時は，診療情報を電子カルテ化することによってコンピュータシステムに集積されることも多くなり，情報利用の利便性が劇的に改善される一方，これらには的確なセキュリティ管理がなされなければ，情報漏洩の危険と被害の大きさは診療情報が紙に書かれていたときとは比較にならない規模に及ぶことになる。診療情報はまた，遺伝子解析の進展によって，被検査者本人に影響を及ぼすにとどまらない内容となりつつあり，こうした点からも，診療情報の保護の要請は大きくなっている。

*Column*⑭　患者の死亡後の記録開示の問題

患者が死亡した場合，患者の記録は相続人・遺族が自由に閲覧することができると解すべきであろうか。患者が何らかの意思を表示していればその可否は明らかにされようが，患者が意向を明らかにすることなく死亡したり，あるいは医療事故による死亡が疑われる場合に，①死亡した患者のプライバシーを理由として遺族への情報開示を拒むということは認められるかどうか，②患者の死因を一般に公表することはプライバシー侵害か・守秘義務違反か，は問題である。①に関して，日本医師会は遺族の要請に応じることにしたことが報道されている。②に関しては，特に患者の死因を明らかにすることが遺族にとって不利益を生じるおそれがある場合，あるいは死者本人にとって望ましくない場合などが考えられる。このときの被侵害利益については，プライバシー侵害に関する民法上の議論をそのまま平行移動させることができよう。

2　現行法における診療情報の保護規定

現行法における診療情報の保護

(1)　**刑事責任**　　刑法は，医師・助産師・薬剤師・医薬品販売業者が業務上知りえた人の秘密を正当な理由なく漏らした場合は，6ヵ月以下の懲役，または10万円以下の罰金を科している（刑134条）。保健師助産師看護師法は，看護師・准看護師の守秘義務を罰則付きで定めた（保助看42条の2・44条の3）。この場合，医師・助産師といった立場をもたない者は処罰されることはない（身分犯）。秘密とは，他人に知られることが本人の不利益になる客観的事実であって本人が公にすることを望まないものであり，少数者にしか知られていないものをいう。本人の承諾がある場合はそもそも秘密にならない。業務上知りえたとは，業務に関して取り扱った事項について知りえたことであり，業務と関係なく知った事項はこれを漏らしたとしても処罰の対象とはならない。秘密を漏らすとは，こうした事実を，まだ知らない人に伝える行為をいい，作為・不作為いずれによっても犯されうる。

正当な理由とは，届出などの法令上の義務がある場合など，守秘義務を破ることについて正当化する理由がある場合をいう。法令上の義務が定められている場合には，感染症予防法などにしばしば見られる。また，「児童虐待の予防に関する法律」は，児童虐待の疑いを認めた医療関係者に通報を求めている。採尿と警察への通報について，最決平成17年7月19日（刑集59巻6号600頁［22］）も参照されたい。

なお，転送先への紹介に伴う情報の開示について，個別に患者の承諾をとらなければ秘密を漏らしたことになると解するのは，適当ではない。転送先としてはいかなる理由によって転送されるのかは転送先での診断・処置を遅滞なく実施するために不可欠であり，また，転送前の処置の内容を知っておくことは予期せぬ副作用などの発生を予防するために必要なことであるからであり，通常は黙示の承諾があったものと解される。

Column⑮ チーム医療における担当者間での情報の共有

医療チームに患者の情報が共有されることが患者の秘密漏洩にあたらないという結論の理由づけはいかなるものか。医療チームの情報共有について，医師単独から医療チームへと主体が変化しただけと考えれば，この間の情報共有は何ら漏らしたということにならない，と考えるべきであろうか。しかし，いかなる主体をもって「医療チーム」というのか，限界づけがあいまいであるとの批判が可能である。あるいは，主治医以外の医療関係者との情報共有も，診療契約の中で黙示的に合意されているとみる見解もありえよう。

---

(2) **民事責任**　医療関係者が患者の情報を正当な理由なく患者以外の第三者に漏らした場合，損害賠償責任の根拠ともなる。医師・医療関係者の守秘義務は，公法上の義務であるばかりでなく，診療契約上の義務でもある。医療関係者が診療行為の過程で知り，または知ることが必要とされた情報は，診療契約上，正当理由なく患者以外の者に漏らさないことが当然に求められていると解され，これに反した場合は契約上の義務違反あるいはプライバシー侵害として責任を負わせられる。

HIV（ヒト免疫不全ウィルス）に感染したとの診断を受け，大学医学部附属病院を受診していた同大学歯学部学生が，病院医師が，患者である学生の承諾なく，歯学部教授の問い合わせに応じ，その病状を答えたために大学を退学せざるをえなくなった旨を主張して，大学設置者に診療契約上の守秘義務違反および診療録（カルテ）の保管義務違反に基づく損害賠償の支払を求めた事件（東京地判平成11年2月17日判時1697号73頁。請求棄却），患者の検査を依頼された医療機関が患者の意思を確認せずにHIV抗体検査を行い，検査結果を依頼者に通知するにあたって患者の同意を得なかったことがプライバシー権を侵害する不法行為にあたるとして，慰謝料および弁護士費用を請求した事件（東京地判平成15年5月28日判タ1136号114頁。一部認容・確定）がある。

判決では債務不履行構成・不法行為構成といった法律構成の違いはあるが，契約上の付随義務でも不法行為でも，医師・医療関係者は患者の情報を漏らさず，プライバシーを守ることが義務づけられており，その義務違反は損害賠償責任の根拠となりうるとしている点で共通している。これらは厳重に管理されたHIV関係の情報であったために漏洩ルートを絞ることができ，紛争になしえた点で特異であるといいうる。

秘密を漏らされたことで患者に生じた損害の賠償は，慰謝料が主たるものとされるが，秘密を漏らすという重大な違反に対して支払われる代償が低すぎないかという批判も存在する。

(3) **行政上の責任**　医師が患者の秘密を漏らすことは，医師としての品位を損する行為としても処分の対象となる可能性があると思われる（医7条2項)。感染症予防法等においては，法所定の感染症に罹患した患者を診断した場合には，報告が義務づけられている。この守秘義務の解除は，守秘義務に優越する公益上の利益が存在することにより説明されるが，この場合でも提供すべき情報は法が求めている事項に限定される。

なお，医療関係者の研究における個人の情報保護も近時は非常に厳しくなっており，各種研究に関する倫理指針は，患者に対するインフォームド・コンセントを要求している。

医療・介護関係事業者における個人情報の適切な取扱いのためのガイダンス

医療分野における個人情報は，守秘義務で守られているもの以外にもその重要性に鑑み，どのように取り扱うかについては以前より問題とされていた。医療に関して特別法は制定されず，ガイドラインによって対応されてきたが（厚生労働省「医療・介護関係事業者における個人情報の適切な取扱いのためのガイドライン」平成 16 年），個人情報保護法の改正によって，診療情報についても，法的な関与が正面から行われるようになり，ガイドラインも大幅に変更され（厚生労働省・個人情報保護委員会「医療・介護関係事業者における個人情報の適切な取扱いのためのガイダンス」平成 29 年），さらに令和 2 年・4 年にも個人情報保護法等の改正を受けて，ガイダンスの一部が変更になっており（一部改正とはされているが，大幅な変更がなされている），現在は改正されたものが用いられている。

このガイダンスは，医療分野・介護分野における個人情報の性質や利用方法から，適正な取扱いの厳格な実施を確保する必要のある分野の一つと考えられるため，遵守すべき事項・遵守することが望ましい事項を具体的に示すものであり，個人情報保護法が医療・介護分野に適用される場合に問題となる状況についての説明がなされている。

このガイダンスの対象となる医療・介護関係事業者は，患者に対し直接医療を提供する事業者，高齢者福祉サービス事業を行う者で個人情報取扱事業者としての規律の全部または一部の適用を受けるものがそれにあたる。

ガイダンスの対象となる個人情報は，生存する個人に関する情報のうち，医療・介護関係の情報を対象とする。患者・利用者が死亡した後も，その情報を保存している場合には，個人情報と同等の安全管理措置を講ずる。

このガイダンスの変更の詳細については，https://www.mhlw.go.jp/content/000909512.pdf（厚生労働省ウェブサイト）を参照。

＊　次世代医療基盤法（医療分野の研究開発に資するための匿名加工医療

情報に関する法律。医療ビッグデータ法とも言われる）については，第7章2（213頁以下）で扱う。

診療情報の利用

診療情報を大量に集積し，これを分析することは，医学の研究に有益であるばかりでなく，患者の観点からも，益するところは少なくない。しかしながら，個人が特定される形で診療情報が提供・集積されるとすれば，多くの問題が生じるであろうことは容易に想像できる。このため，診療情報を研究に用いる場合には個別にすべて患者の同意を得る，という方法が考えられるが，これは実践的ではないため，一般には，匿名化作業が行われることで処理されている（研究における匿名化については，第7章参照）。すなわち，匿名化が行われることで，個性を持った特定個人から，生物としてのヒトのデータに変換され，プライバシー侵害の問題が起こらないように配慮することで足りると考えるものである。これを情報の階層化ということがある。それでも，極めてまれな疾患が問題となっている場合は，匿名化作業が意味をもたないことも起こりうるので，医学的データ以外の情報が広がらないような配慮が必要であり，情報利用についての患者の同意が必要とも考えられる。

Column ⑯　診療録の相互参照

医療関係者が，ある疾患を有する患者の診療録を相互に参照しあうことができれば，当該疾患の治療法等を開発するのに便宜であり，また患者の立場からも，自分の担当医以外の広いネットワークの中で自分の治療を見守ってもらえるのであれば，自分の担当医をただ信頼するだけの状況よりも，安心して治療に専念できる，といえよう。しかし他方で，こうした情報交換は，患者によりよい医療を提供するためというよりも，医療統計や研究に重点が置かれてしまうのではないかという懸念も拭えず，なお検討の余地がある。

診療録をめぐる問題

医師は診療録を作成することを法律上義務づけられており（医24条），情報が書き込まれている書類そのものの所有権は医療関係者側にある。しかし，そこに含まれる情報内容それ自体は，患者個人に深く関係する情報すなわち個人情報である。このため，こうした記録を患者が見たいと考えて医療関係者に閲覧あるいは複写を請求した場合，あるいは患者が事故等により死亡したために患者の遺族が記録の閲覧を求めた場合，医療関係者にはこれらの記録を開示する義務が生じるか，さらに記録の中に誤りが発見された場合，患者がその訂正を求めることができるかについて，問題とされてきた。

患者に診療録の閲覧権を与えることによる利益としては，記録がより正確となること，患者の不安を解消すること，医師―患者間の情報交換がより活発になることが期待されること，信頼関係もより深くなること，などが指摘されている。閲覧に対して否定的な見解は，閲覧しても患者が十分に記載内容を理解できるとは限らず，そのために費やされる時間がばかにできないことなどが指摘されている。

診療録の閲覧・開示に関しては，たとえばイギリスではコモンロー上は患者に閲覧権はないとされるが，複数の制定法上の手当てにより，実質上はその権利は実現されており，今では閲覧権を認める主張が優勢とされる。

わが国でも，診療録の閲覧・開示に関してさまざまに議論が行われてきたが，これを積極的に解する見解は，診療録上の情報は患者のものでありそれを知ることは患者の権利であることや，診療契約上の情報提供義務や顚末（てんまつ）報告義務を指摘する。これに対し，消極的な見解は，診療録は医師の備忘録であり，その所有権が医療側にあることからすれば，それを開示するかどうかは医療側の裁量に属すること，診療録には患者の治療に望ましくない情報も含まれており，それを開示することで患者に悪影響を与える懸念等を問題とする。

なお，情報公開条例を有する地方自治体によって運営される病院では，それに従って開示の可否が検討されることになる。

診療録の保存期間　診療録は作成後５年間の保存を義務づけられているが（医 24 条 2 項），血液製剤に由来する肝炎の事件（*Column* ⑲参照）をみれば，５年の保存期間では明らかに短すぎると考えられる。診療録をどの程度の期間保存すべきかについては，国によりさまざまであり，アメリカでは最後の診療の時点から７年保存することが法的義務とされている。従来，紙媒体の保存は大きなスペースを要することから，５年でも長すぎるという議論が存在した。しかしながら今では，電子媒体による保存が一般化しつつあることにより大きなスペースを要することなく永久保存も可能になると思われること，治療後５年以上経てから問題が生じることがまれではないこと，医療情報の有機的な活用が必要となっていることを考慮に入れれば，医療記録の電子情報化が普及することを視野に入れて，診療録の保存期間の延長を考えるべきである。

電子文書法とその運用　情報通信技術の進展から，電子カルテに限らず，法令によって作成が義務づけられている書面の保存等に関して共通事項を定める法（「民間事業者等が行う書面の保存等における情報通信の技術の利用に関する法律」と，その施行に伴う整備法。e-文書法あるいは電子文書法と呼ばれることがある）を設け，情報処理の促進・保存による負担の軽減をはかることが行われている。電子文書法は，法令の規定により書面により行わなければならない作成・保存・縦覧・交付について，書面の保存に代えて電磁的記録の保存を行うことが可能とし，それにより電磁的記録による保存が書面による保存とみなすことを認める（3条・4条・5条・6条）。電磁的記録が，医療に関して配慮すべき点は，「医療情報システムの安全管理に関するガイドライン〔第5.2版〕」（令和4年3月改訂）に示されている（https://www.mhlw.go.jp/content/10808000/000936160.pdf）。

がん登録法の制定と内容

がん医療・がん検診の質の向上，がんの予防の推進，がん医療情報提供の充実などのがん対策を科学的知見に基づいて実施するため，がん対策基本法の趣旨にのっとって，全国がん登録の実施，ならびにこれに係る情報の利用および提供，保護等について定めるとともに，院内がん登録等の推進に関する事項を定め，がん登録等により得られた情報の活用について定めることにより，がんの罹患，診療，転帰等の状況の把握および分析その他のがんに係る調査研究を推進し，もってがん対策の一層の充実に資することを目的として，がん登録等の推進に関する法律（がん登録法。平成25年法律111号）が成立した（1条）。同法は，情報の収集・保存・利用に関して詳細な規定を置く。

がん登録法は，がんを悪性新生物その他の政令で定める疾病（2条1項）として，院内がん登録（がん医療の提供を行う病院において，そのがん医療の状況を適確に把握するため，当該病院において診療が行われたがんの罹患，診療，転帰等に関する詳細な情報を記録・保存すること）・全国がん登録（国および都道府県による利用・提供の用に供するため，国が国内におけるがんの罹患，診療，転帰等に関する情報をデータベースに記録・保存すること）を実施することをその柱とする。がん登録法の基本理念は，3条が規定する。全国がん登録は，がん対策全般を科学的知見に基づき実施する上で基礎となるものとして，広範な情報収集によってがんの罹患，診療，転帰等の状況ができる限り正確に把握されるものでなければならず（1項），院内がん登録は，病院のがん医療の分析および評価等を通じ，その質の向上に資するものであることに鑑み，全国がん登録を通じて必要な情報が確実に得られるよう十分な配慮がなされるとともに，その普及および充実が図られなければならないこと（2項），そして，がん対策の充実のため，全国がん登録のほか，がんの診療の状況を適確に把握することが必要なことに鑑み，院内がん登録により得られる情報その他のがんの診療に関する詳細な情報の収集が図られなければならず（3項），こうして得られた情報は貴重な情報であることから，民間を含めがんに係る調査研究のため十分に活用されるとともに，その成果はがん患者および家族をはじめとする国民に還元されなければならないこと（4項），がんの罹患，診療，転帰等に関する情報が特に適正な取扱いが求められる情報であることから，がん登録およびがん診療情報の収集に係るがんに罹患した者に関する情報は，厳格に保護されなければならないこと（5項），である。国・都道府県・市町村・病院・診療所開設者・管理者，情報提供を受ける研究者は相互に連携を図りながら協力しなければならない（4条）。

全国がん登録では，原発性のがんごとに，種類・進行度・治療内容・生存確認情報等の省令で定める事項を登録するデータベースを整備することとし，そのために病院等からはこうした情報を都道府県知事に届け出ることを義務づけることなどが定められる（5条以下）。

集積された全国・都道府県のがん情報は，がん対策の企画立案または実施に必要ながんに係る調査研究のため，一定の制限のもとに，利用または提供することができる。なお，同法に関する厚生労働大臣の権限・事務について指定された事項は，国立がん研究センターに委任することができるとされ，都道府県知事の権限・事務についても政令で定める者に行わせることができる。

これらの情報は，漏洩・滅失・毀損の防止その他の適切な管理のために必要な措置を講じなければならず，定められた場合を除いては，こうした情報を利用・提供してはならない。また，情報の保有期間も制限されており，その職務において情報を扱った者は，知り得た秘密を漏らしてはならないこと，また，事務に関して知り得た情報をみだりに他人に知らせ，または不当な目的に使用してはならないことも規定されている。

なお，こうした情報は極めて個人的なものであるが，個人情報保護法等の規定の例外として，開示・追加または削除を含む訂正・利用停止，消去・提供の停止を求めることはできない。病院開設者等は，院内がん登録の実施・推進に努めることとされ，国・都道府県等は，そのための体制整備のための措置を講じる。

国および都道府県は，がん登録情報によって得られた知見をがん対策の充実をはかるために活用し，これらの知見をもとに，がん医療の質の向上に資する情報を提供する（46条）。国および都道府県は，がん登録に関わる人材の確保および資質向上のため，必要な措置を講じる努力義務を負う（49条）。

がん登録法は，がん対策基本法が求めてきたがんへの総合的対策を実質化するための情報収集に役立つものであり，その活用が期待されている。

診療情報を保護する現行法の枠組みを説明し，これが侵害された場合の法的救済が，医療の現実の観点からどの程度可能なものか，検討すべき点を指摘して論じなさい。

第5章 感染症対策および保健法規

本章では，感染症対策と，各種保健法規を概観する。医療が進歩し，それが世界に普及しても，エイズ（HIV 感染症）から，新型コロナ感染症に至るまで，こうした感染症が人類に及ぼす脅威は小さくならず，むしろどんどん大きくなってきているという懸念がある。感染症対策は，ややもすればその拡大の制圧に力点が傾きがちであるが，感染者・患者の権利保護の重要性がより強調されなければならず，そうした仕組みをここで検討する。

1 感染症と予防法規

公衆衛生法に期待される役割

公衆衛生法規は，医療と法が関与する法制度のなかでは，長い歴史を有する。公衆衛生関連法は，人が健康であるために国が行使する権限と義務を検討する法領域とされる。

感染症をめぐる現在の状況

抗生物質の登場によって人類は感染症を克服したかにみえたが，しかし今でも新たに未知の感染症が発生している。エイズ（AIDS，後天性免疫不全症候群）をめぐる 20 世紀末の世界のほとんどパニックと呼べるような不適切な対応はなお記憶に新しいが，近時も，エボラ出血熱・マールブルグ病などの新規の致死的な感染症が発生し，多くの人々の生命を奪っている。さらに，SARS（重症急性呼吸器症候群）は，短い期間で広範囲に拡大し，わが国においてもその対応に追われるなど，未知の感染症が地球的規模で瞬く間に拡散する可能性を人々に印象づけた。他方，結核など，いったんは克服されたかにみえた感染症が，薬剤に対して耐性を獲得することによって再び脅威になっている再興感染症も，看過できない問題である。2014 年 8 月にエボラ出血熱が西アフリカを起点に爆発的な感染を引き起こし，拡大を続けるなどの猛威を振るっており，また，日本では，蚊を媒介とするデング熱（四類感染症）が東京を中心に広がり，蚊の駆除などの対応に追われるなど，感染症の脅威は喫緊の問題であった。2019 年 12 月に，新型コロナ感染症が世界で初めて認知されて以来，この疾患は非常に短い時間で全世界に拡大した。新型コロナウィルスはこれに感染・発病した多くの人々の命を奪い，コロナ関連により死亡した人々の数はアメリカだけで 100 万人を超える。日本でも 4 万人を超える死亡者を数え，感染者数も 2300 万人を超えている（2022 年 11 月 16 日現在）。

この間，数次にわたって感染拡大が繰り返されてきたが，こうした事態に対して，関連する法の改正や，公式・非公式の要請が行われてきた。

過去の感染症対策への反省と現行法のスタンス

感染症の対策としては，いちはやく患者・感染者を発見し，隔離・移動制限・消毒等を含め，早期に対応することが有効である。そのためには患者に接した医療関係者に対して早期の報告を義務づけ，患者を専ら治療の客体ととらえ強制治療を行い，患者の行動を追跡し，患者の意思よりも予防・社会防衛を優先することが，効率的かつ安価に感染症対策を実現する，とも考えられる。

しかしこのような強制力主体の対策は，結局，患者を地下に潜らせ，長期的にみて疾病対策として不十分な結果をもたらすにとどまることになりかねない。感染症患者にとっての最大の苦痛とは，死よりも先に社会から見捨てられ生活が破壊されることであるかも知れないからである。そこでむしろ，医療関係者の守秘義務を維持して患者のプライバシーを守りつつ，一般に対して適切な情報提供を行うことの方が，よりよい結果となることであろう。

旧来，わが国の感染症対策は予防的色彩が強く，患者の人権保護に十分な配慮をなしてきたとはいえないものであった。平成８年に廃止された「らい予防法」を通じたハンセン病への厚生省（当時）の対応は極めて不適切であり，その反省が生かされなければならない（熊本地判平成13年5月11日判時1748号30頁［10］参照）。

未知の感染症が発生した場合，疾病感染のメカニズムがいかなる経路をたどり，被害がどの程度に及ぶのか，予防法はいかなるものがあり効果的に実施できるかどうかなど手探りの方法が行われることになり，後から精査すれば適切でなかったとされる対応も起こりうる。そこで，そうした事態が発生することを常に念頭において対策を整備しておく必要があるが，その際には，感染者の人権を最大限守るための方策を予め考慮する必要がある。

ハンセン病問題の解決の促進に関する法律の制定・施行

国のハンセン病患者に対する隔離政策に起因して生じ，現在もなお残っている各種問題の解決を促進するために，その基本理念を定め，国・地方公共団体の責務を明らかにし，福祉の増進，名誉の回復のために必要な措置を講じる，「ハンセン病問題の解決の促進に関する法律」（ハンセン病問題基本法）が平成20年6月成立（法律82号），平成21年4月1日より施行された（前文・1条）。同法には，国立ハンセン病療養所等における療養および生活の保障

（第2章・7条～13条），社会復帰の支援ならびに日常生活および社会生活の援助（第3章・14条～17条），名誉の回復および死没者の追悼（第4章・18条），親族に対する援護（第5章・19条～24条），の各規定が定められている。この法律の制定により，「らい予防法の廃止に関する法律」（平成8年法律28号）は廃止された。

平成28年4月，最高裁判所事務総局は，「ハンセン病を理由とする開廷場所指定に関する調査報告書」を公表した。そこでは，昭和23年2月の最高裁判所裁判官会議の議決に基づいた最高裁判所事務総局の事務処理について詳細な検討がなされ，ハンセン病患者を被告人とする下級裁判所の刑事事件の開廷場所の指定が，遅くとも昭和35年以降については合理性を欠く差別的な取扱いであったことが強く疑われるとされた。裁判所法69条は，法廷が裁判所（支部を含む）で開かれることを原則とし（1項），その例外として，最高裁判所が「必要と認めるとき」はその他の場所での開廷を認めている（2項）。調査報告書は，この裁判所以外での開廷指定の認可が許されるのは真にやむをえない場合に限られると解されるとし，ハンセン病患者に対する上記措置は同法に違反するものであると断じた。その上で，遅くとも昭和35年以降，事務総局が裁判官会議に諮ることなくその後も先決権限を行使し続けたことは相当ではなかったとした。

ハンセン病元患者家族に対する補償金の支給等に関する法律

ハンセン病元患者家族に対する補償金の支給等に関する法律（令和元年法律55号）は，ハンセン病元患者に対する国の隔離政策によって，偏見と差別の中で多大の苦痛と苦難を強いられてきたことに対して，「ハンセン病療養所入所者等に対する補償金の支給等に関する法律」「ハンセン病問題の解決の促進に関する法律」

が制定されてきた。これらに加え，ハンセン病元患者家族等に対して多大な苦痛と苦難を強いてきたことに対し，国会および政府は，その悲惨な事実を悔悟と反省の念を込めて深刻に受け止め，深くおわびするとともに，ハンセン病元患者家族等に対するいわれのない偏見と差別を国民と共に根絶する決意を新たにし，ハンセン病元患者家族等の癒し難い心の傷痕の回復と今後の生活の平穏に資することを希求して，ハンセン病元患者家族がこれまでに被った精神的苦痛を慰謝するとともに，ハンセン病元患者家族等の名誉の回復および福祉の増進を図るため，この法律を制定した（前文）。ハンセン病元患者家族の被った精神的苦痛を慰謝するための補償金の支給に関し必要な事項を定めるとともに，ハンセン病元患者家族等の名誉の回復等について定めるのがこの法律の趣旨である（1条）。

2 感染症の予防及び感染症の患者に対する医療に関する法律

感染症予防法制定とその後の展開

平成10年に制定された，「感染症の予防及び感染症の患者に対する医療に関する法律」（法律114号，感染症予防法）は，その前文において，わが国における過去の事情，すなわちハンセン病，後天性免疫不全症候群等の感染症の患者等に対するいわれのない差別や偏見が存在した事実を重く受け止め，これを教訓として今後に生かすことが必要と指摘し，感染症の患者等の人権を尊重しつつ良質かつ適切な医療の提供を確保し，感染症に迅速かつ適確に対応することが求められており，感染症の発生を予防し，その蔓延の防止，公衆衛生の向上および増進を図ることを目的とすると定める（1条・2条）。

その後感染症予防法は，生物テロに対する対策と，近時改めて重要度を増している感染症への総合的対策をはかるために大改正が行われ，予防接種法，検疫法も一部が変更され，さらに，従来は結核予防法として感染症予防法から独立した法律に定められていた結核も感染症予防法に取り込み，結核予防法は廃止された。その具体的な変更点は，感染症の病原体等の危険性に応じて，その所持等を規制する制度を創設したこと，措置の対象となる感染症を再整理したこと等のほか，入院等にかかる手続についても整備を行ったことである。また，新型コロナ感染症への対応として，令和３年に大きな改正が行われた。

国などの責務と基本方針

感染症対策は，具体的患者に対して大きな影響があるにもかかわらず，医事法においては必ずしも大きな地位を占めてきていない。予防的色彩の強い価値観で作られた法規が改められずに現在に至ったのは日本だけの現象ではない。これについてGostinらは，相互に関連しあう医と法の両者において，お互いの知識が欠落していることにその原因の一端があるとし，こうした状況が続くことは望ましいことではないとする。感染症予防法も，国・地方公共団体・国民・医療関係者の責務として正しい知識の普及をはじめとする感染症への積極的取組みを義務づける（感染３条〜５条の２）。

厚生労働大臣は，感染症予防の総合的な推進を図るための基本指針を定めまたその再検討を行わなければならず，感染症の予防の推進，発生予防，蔓延防止，医療提供体制の確保，病原体・医薬品等に関する調査研究，検査の実施体制等，啓発および知識の普及，患者の人権尊重等が定めるべき事項として挙げられている（感染９条）。

感染症の分類

感染症は，その重大性・感染力などを基準にして，以下の８類型に分類される（感染

6条)。

① 一類感染症　エボラ出血熱，クリミア・コンゴ出血熱，痘そう，南米出血熱，ペスト，マールブルグ病，ラッサ熱

② 二類感染症　急性灰白髄炎，結核，ジフテリア，重症急性呼吸器症候群（SARS)，中東呼吸器症候群（MERS)，特定鳥インフルエンザ（H5N1，H7N9など33の血清亜型のもの（同施行令1条））

③ 三類感染症　コレラ，細菌性赤痢，腸管出血性大腸菌感染症，腸チフス，パラチフス

④ 四類感染症　E型肝炎，A型肝炎，黄熱，Q熱，狂犬病，炭疽，鳥インフルエンザ（特定鳥インフルエンザを除く），ボツリヌス症，マラリア，野兎病，すでに知られている感染性の疾病で動物またはその死体，飲食物，衣類，寝具その他の物件を介して人に感染し，前各号に掲げるものと同程度に国民の健康に影響を与えるおそれがあるものとして政令で定めるもの（ウェストナイル熱，エキノコックス症，デング熱，つつが虫病，日本脳炎など33の感染症）

⑤ 五類感染症　インフルエンザ（鳥インフルエンザおよび新型インフルエンザ等感染症を除く），ウィルス性肝炎（E型肝炎，A型肝炎を除く），クリプトスポリジウム症，後天性免疫不全症候群，性器クラミジア感染症，梅毒，麻しん，メチシリン耐性黄色ブドウ球菌感染症，すでに知られている感染症の疾病（四類感染症を除く）であって国民の健康に影響を与えるおそれがあるものとして厚生労働省令で定めるもの

⑥ 新型インフルエンザ等感染症　新型インフルエンザ，再興型インフルエンザ，新型コロナ

⑦ 指定感染症　すでに知られている感染性の疾病（一類～三類感染症および新型インフルエンザ等感染症を除く）であって，感染症予防法の第三章から第七章までの規定の全部または一部を準用しな

ければ国民の生命および健康に重大な影響を与えるおそれがあるものとして政令に定めるもの

⑧　新感染症　　人から人に伝染すると認められる疾病であって，すでに知られている感染性の疾病とその病状または治療の結果が明らかに異なるもので，当該疾病にかかった場合の病状の程度が重篤であり，かつ，当該疾病の蔓延により国民の生命および健康に重大な影響を与えるおそれがあると認められるもの

病原体の所持等に関する規制　病原体の所持等に関する規制としては，一定の場合以外は所持・輸入・譲渡が禁止される一種病原体（痘そうウィルス，クリミア・コンゴ出血熱ウィルスほか），所持・輸入・譲渡に先立って厚生労働大臣の許可を受けなければならない二種病原体（ペスト菌，ボツリヌス菌，炭素菌ほか），所持・輸入の開始から7日以内に厚生労働大臣に届出することが義務づけられる三種病原体（多剤耐性結核菌，狂犬病ウィルスほか），さらに四種病原体（赤痢菌，コレラ菌，腸管出血性大腸菌ほか）が定められ（感染6条20項～23項），一種～三種についてはそれぞれ取扱いについての規制が定められている（同56条の3以下）。

感染症の認知・調査　医師が感染症予防法に定める疾患の患者を診断した場合には，患者の氏名，年齢，性別その他の事項について保健所長を経て都道府県知事に報告する義務がある（感染12条1項）。一類・二類・三類・四類の患者・無症状病原体保有者，厚生労働省令で定める五類感染症または新型インフルエンザ等感染症・新感染症にかかっていると疑われる者については直ちに（同項1号），厚生省令で定める五類感染症については7日以内（同項2号）に都道府県知事を通じ厚生労働大臣に報告を行

うことを要する（同12条2項）。類似の規定は，動物に関連して，獣医師にも義務づけられている（同13条）。

都道府県知事は，感染症の予防その他のために必要があると認めるときは，職員に調査を命じることができ，他方，患者等には調査に対して協力する責務がある（感染15条）。基本的には，患者の自主的な協力を求める形となっている。他方，厚生労働大臣・都道府県知事は，感染症に関する情報を公表する義務がある（同16条）。これは，風説が大きな人権侵害を引き起こしかねないことから，積極的な情報の公表が人々の不安を鎮め，また，感染拡大を防ぐ作用にも働くことが期待されている。しかしながら，情報の公表に際しては，個人情報の保護に留意する必要があり，患者探しの引き金にならないような配慮が求められている。

なお，さまざまな措置は，感染症の発生予防・蔓延防止のために必要最小限であることが求められる（感染22条の2）。これにより入院している患者またはその保護者は，患者の受けた処遇について，文書または口頭により，都道府県知事に対して苦情の申出をすることができる。苦情に対して，都道府県知事は，これを誠実に処理し，処理の結果を苦情の申出をした者に対して通知しなければならない（感染24条の2）。

一類・二類・新型インフルエンザ等および新感染症の患者等に対して，都道府県知事は，当該感染症の蔓延を防止するため必要と認めるときは，患者等の検体を提出もしくは検体の採取に応じるべきことを勧告でき，これに従わないときは，職員により検査のため必要最小限度において検体を採取させることができる（感染16条の3・26条の3・26条の4）。

感染症の治療機関

厚生労働大臣は，都道府県知事と協議の上，開設者の同意を得て，第一種および第二種感染症指定医療機関を指定することができる（感染 38 条）。

健康診断と感染症患者（擬似症患者を含む）の入院・治療

都道府県知事は，一類～三類感染症の蔓延防止のため必要があると認めるときは，感染症にかかっていると疑うに足りる正当な理由がある者に対して，医師の健康診断を受けることを勧告することができる。相手が未成年者または被後見人である場合はその保護者に対してこの勧告をなしうる（感染 17 条）。

一類～三類感染症の患者等は，一定の場合には就労が制限されることがあり（感染 18 条 2 項），一類感染症患者に対して都道府県知事は，入院勧告をなすことができる。患者がこの勧告に従わないときは，特定感染症指定医療機関等に入院させることができるが，この入院期間は 72 時間を超えてはならない（同 19 条）。

さらに，都道府県知事は，一類感染症の蔓延防止のため必要があると認めるときは，10 日以内の期間を定めて，特定感染症指定医療機関等に入院することを勧告することができ，勧告に従わない場合は強制入院も可能とされている。この入院期間経過後，さらに入院を継続する必要があるときは，10 日以内の期間を定めて入院期間を延長しうる（感染 20 条）。なお，勧告または入院期間の延長をなそうとする場合には，事前に管轄保健所に設置されている，3 人以上の委員で構成される，感染症の診査に関する協議会（同 24 条）の意見を聴く必要がある（同 20 条 5 項）。感染症指定医療機関で行われる診察，薬剤・治療材料，医学的処置，手術その他の治療，入院およびその療養に伴う世話その他の看護に要する費用は，患者またはその保護者の申請により，都道府県が負担する（同 37 条）。結核患者についても，患者または保護者の申請により必要な費用の100分の95に相当する額を負担することができる（同37条の2）。

患者の退院

一類感染症の病原体を患者が保有していないことが確認されたときは，都道府県知事は，患者を退院させなければならない。患者またはその保護者は，都道府県知事に対して患者の退院を求めることができ，この求めがあったときは，患者が病原体を保有しているか否かを確認しなければならない（感染22条）。

消毒その他の措置

都道府県知事は，各種感染症の発生予防またはそのまん延を防止するため必要あると認めるときは，検体等の提出の命令等をなすことができるほか（感染26条の3・26条の4）病原体に汚染された場所の消毒やねずみ族・昆虫等の駆除，汚染された疑いのある物件や死体の移動制限・水の使用制限・建物への立入り制限・交通制限等を命じることができるが（同27条～33条），これらは感染症の発生予防・蔓延防止のために必要最小限度である必要がある。

医療関係者の守秘義務

医師が，感染症の患者であるかどうかに関する健康診断または当該感染症の治療に際して知りえた人の秘密を正当な理由なく漏らしたときは，1年以下の懲役または100万円以下の罰金に処せられる（感染73条）。また，感染症の患者であるとの人の秘密を業務上知りえた者が正当な理由がなくその秘密を漏らしたときは6ヵ月以下の懲役または50万円以下の罰金に処せられる（同74条）。

感染症の病原体を媒介するおそれのある動物の輸入に関する措置

感染症を人に感染させるおそれの高い動物として政令に定められている動物は輸入が禁止・制限されている（感染 54 条以下）。

新型インフルエンザ等対策特別措置法

新型インフルエンザ等対策特別措置法（平成 24 年法律 31 号）は，新型インフルエンザ等（感染症予防法 6 条 7 項および同 9 項に規定する新感染症）が全国的かつ急速に蔓延し，かつ，これにかかった場合の病状の程度が重篤となるおそれがあり，また，国民生活および国民経済に重大な影響を及ぼすおそれがあることから，新型インフルエンザ等に関する事項について特別の措置を定めることにより，その対策の強化を図り，新型インフルエンザ等の発生時において国民の生命および健康を保護し，ならびに国民生活および国民経済に及ぼす影響が最小となるようにすることを目的とする（1 条）。

国・地方公共団体（3 条）・事業者・国民（4 条）の責務を定めるとともに，その対策は基本的人権を尊重するものでなければならない（5 条）。政府・都道府県・市町村は新型インフルエンザ等対策を計画するが，それは具体的には，情報提供・対策の総合的推進・特定接種などの蔓延防止措置・生活関連物資への措置・医療提供体制の確保等が挙げられている。また，現実に疾患が発生した場合には，政府に対策本部が設置され，基本的な対処方針を示すことが求められる。対策本部は，医療の提供ならびに国民生活および国民経済の安定を確保するため緊急の必要があると認めるときは，厚生労働大臣に対し，一定の立場にある者への予防接種の実施（特定接種という），運航制限，医療等の実施の要請等の措置を講ずる指示をすることができる（28 条以下）。

政府対策本部長は，新型インフルエンザ等が国内で発生し，その全国的かつ急速な蔓延により国民生活および国民経済に甚大な影響を及ぼし，またはそのおそれがあるものとして政令で定める要件に該当する事態が発生したと認めるときは，その旨の公示（新型インフルエンザ等緊急事態宣言）をし，その旨および当該事項を国会に報告する（32条）。このほか，住民に対する予防接種など，蔓延の防止に関する各種の措置が取られ（45条・46条），医療等の提供体制の確保に関する措置（47条以下），水道・物資の輸送・埋葬等に関する措置など，国民生活および国民経済の安定に関する措置（50条以下）も採られ，財政上の措置も行われる。なお，命令に従わなかった場合等には罰則もある。

新型コロナ感染症対策

2022年現在，新型コロナ対策として，ワクチン開発とそれを広く行う予防接種が実施され，また，これに対する治療薬も，次第に有望なものが現れつつある。数次にわたるワクチン接種には，少なくとも感染後の重症化を防ぐ効果が認められているとされるが，ウイルスは変異を繰り返して，世界にとって，大きな脅威として存在し続けている。多くの先進諸国では，一定数の新規感染者が現れる状態が続いていても，マスク着用の義務づけを一定の場合などに解除するなど，ゼロコロナからウィズコロナへと共存の途を模索している。

日本では，感染症対策として，新型コロナ感染症が発生し世界的に拡大した2020年春の時点で，感染症予防法と新型インフルエンザ等対策特別措置法，検疫法が存在していた。しかしながらこれらの規律を運用するだけでは，この新たな疾患に対する方策として十分なものとならなかった側面もあったことから，その状況に対応できるように，法改正が行われた（新型インフルエンザ等対策特別措置法等の一部を改正する法律・令和3年法律5号）。

改正法は，表題の特別措置法・感染症予防法・検疫法の3法を中心に，新型コロナ感染症に適切に対処できる新たな措置を設け，各種要請をするについての法律上の根拠を付与すること等を企図したものであり，これら以外にも地方自治法等の5件の法律が改められた。

具体的な改正内容としては，新型インフルエンザ等対策特別措置法については，蔓延防止等重点措置の創設（31条の4以下）とそれに基づく都道府県知事からの要請・命令と違反に対する過料等（31条の6，45条，80条ほか），緊急事態宣言中に開設できる臨時の医療施設の開設等（31条の2），緊急事態宣言中の施設の使用制限等の要請・命令と違反に対する過料（79条ほか），事業者等に対する支援（63条の2ほか），差別防止に関する国・地方公共団体の責務（13条），新型インフルエンザ等対策推進会議の内閣への設置（70条の2以下），が主なものである。日本の新型コロナ感染症への対策は，マスク・手洗い・ソーシャルディスタンスの3つを柱としたが，早い段階ではマスク不足や消毒用アルコールの品薄といった混乱が生じた。飲食・旅行業界に対する自粛要請など，社会活動の抑止につながる依頼も行われたため，国民生活全体に対しての影響は計り知れないものになり，各種の経済対策も行われてきた。

感染症予防法は，新型コロナ感染症を新型インフルエンザ等感染症と位置づけ（6条），医師の届出や国・地方公共団体の情報収集の連携（12条～15条），宿泊療養・自宅療養や患者の協力についての要請規定等（46条，50条の2など）を設け，入院勧告・措置の対象を限定し，他方でそれに応じない場合の罰則（73条以下）に関する規定を設けることなどの改正が行われた（https://corona.go.jp/news/pdf/tokuso_gaiyou_r3.pdf〔内閣官房新型コロナウイルス感染症対策ページ〕）。検疫法も，感染防止のための報告または協力を求めることについての規定が新設された（16条の2）。その後も国は，関係者の連携協力による病床や医療人材・感染症対策物資の確保強化，検査等に必要な体制・情報基盤の整備，機動的なワクチン接種実施，検疫の実効性確保等の措置に関して感染症の予防及び感染症の患者に対する医療に関する法律等の一部を改正する法律案（https://www.mhlw.go.jp/stf/topics/bukyoku/soumu/houritu/208_00002.html）を令和4年臨時国会に提出しており，コロナ対策は続けられている。

検疫——国外の感染症が国内に入ることを止めるための防護壁

検疫法（昭和26年法律201号）は，国内に常在しない感染症の病原体が船舶または航空機を介して国内に入ってくることを防止するとともに，船舶または航空機に関してその他の感染症の予防に必要な措置を講ずることを目的とする（1条）。

検疫法における「検疫感染症」とは，感染症予防法に規定する一類感染症および新型インフルエンザ等感染症のほか，国内に常在しない感染症のうち，その病原体が国内に侵入することを防止するため，その病原体の有無に関する検査が必要として政令で定めるものをいう（2条）。検疫感染症のうち，一類感染症の疑似症を呈している場合や，新型インフルエンザ等感染症の疑似症を呈しており，かつ，それに感染したおそれのあるもの，また，当該感染症の病原体を保有している者で症状を呈していない者も，この検疫感染症患者とみなされ，その者に対して検疫法が適用される（2条の2）。

感染症の国内への搬入路が航空機または船舶であることから，外国を発航し，または寄航して来航した場合等の航空機・船舶は，国内空港への着陸・港への入港は，検疫済証または仮検疫済証の交付を受けることを必要とする（4条以下）。航空機・船舶の長は，検疫を受けようとするときは，その航空機や船舶を検疫区域に入れなければならず（8条），検疫所長は，やむをえない事由がある場合を除き，すみやかに検疫を開始し（10条），質問，診察・検査を行わせることができる（12条以下）。死体の解剖についても，遺族の承諾を受けずに実施することが認められることがある（13条2項）。

検疫所長は，検疫感染症の病原体に汚染し，または汚染したおそれのある船舶等（検疫感染症の流行地域を発航し，またはその地域に寄航して来航した船舶・飛行機や，航行中に検疫感染症の患者または死者があつた船舶・飛行機，検疫感染症の患者もしくはその死体，またはペスト菌を保有し，もしくは保有しているおそれのあるねずみ族が発見された船舶等）について，合理的に必要と判断される限度で，患者の隔離，感染したおそれのある者の停留，物もしくは場所の消毒・廃棄，死体（死胎を含む）の火葬，病原体に汚染し，もしくは汚染したおそれのある物もしくは場所の使用禁止・使用制限・移動禁止，ねずみ族または虫類の駆除，予防接種等を行うことができる（14条以下）。隔離された患者が，当該感染症の病原体を保有していないことが確認されたときは，直ちに，当該隔離されている者の隔離を解かなければならない（15条2項）。検疫所長は，感染症予防法6条3項から5項まで，および8項に規定する感染症のうち検疫感染症以外の感染症の患者等を認めた場合に緊急の必要があるときは，診察，消毒等その予防に必要な応急措置を行い，または検疫官をしてこれを行わせなければならない（24条以下）。検疫所長は，外国に行こうとする者または外国から来た者に対し，検疫感染症の外国における発生の状況およびその予防の方法についての情報の提供を行い，その周知を図らなければならず，検疫感染症に関する情報の収集，整理および分析に努めなければならない（27条の2）。

検疫法は，検疫感染症以外の感染症で，これについて検疫を行わなければ，その病原体が国内に侵入し，国民の生命および健康に重大な影響を与えるおそれがあるときは，政令で，感染症の種類を指定し，一年以内の期間を限り，当該感染症について，同法の規定の全部または一部を準用することを認めている。

検疫法の規定に反する行動に対しては，一定の罰則が定められている（35 条以下）。

3 予防接種と予防接種法

予防接種法

予防接種法（昭和 23 年法律 68 号）は，伝染のおそれのある疾病の発生および蔓延を予防するために予防接種を実施し，公衆衛生の向上および増進に寄与するとともに，予防接種による健康被害の迅速な救済を図るために定められている（1 条）。

予防接種とは，疾病に対して免疫の効果を得させるため疾病の予防に有効であることが確認されているワクチンを人体に注射または接種することをいう。

発生および蔓延を予防することを目的として予防接種を行う疾病を A 類疾病といい，ジフテリア・百日ぜき・急性灰白髄炎・麻しん・風しん・日本脳炎・破傷風・結核・Hib 感染症・肺炎球菌感染症（小児がかかるもののみ）・ヒトパピローマウイルス（HPV）感染症の 11 種の疾病と，政令で定める疾病（痘そう）をさす（2 条 2 項）。これに対し，インフルエンザおよび個人の発病またはその重症化を防止し，その蔓延の予防に資することを目的として予防接種を行う疾病は B 類疾病とされる（2 条 3 項）。

市町村長は定期の予防接種を実施し（5 条），緊急時には都道府県知事が予防接種を実施する（6 条）。

予防接種を行うにあたっては，予防接種を受けようとする者については厚生労働省令で定める方法により健康状態を調べ，予防接種を受けることが適当でない者と認められた場合には，予防接種を実施してはならない（7条。なお，予防接種による事故を防止するために，予防接種ガイドライン等検討委員会により各種疾病の予防接種について詳細なガイドラインが作成されている）。今日，多くの予防接種は強制的なものにはなっていないが（8条），その反面で，予防接種を受けない人が増加して疾患に対する免疫力が低下しているという報告もある。

予防接種被害の救済に関する問題　予防接種がどの程度疾病予防に効果があるのかについては専門家によって意見が分かれており，社会防衛のために強制的に予防接種を求めることができるのかについては議論の余地がある。種痘（最判平成3年4月19日民集45巻4号367頁［9］）・三種混合・ポリオなどの予防接種によって死亡や重度障害が引き起こされるという予防接種事故が生じ，訴訟も相次いだ（最判昭和51年9月30日民集30巻8号816頁は予防接種実施医師の問診義務違反を認めた）。その後，定期予防接種により生じた健康被害に対しては，救済措置が定められている（予防15条～22条）。なお病院等の開設者または医師は，定期の予防接種を受けた者が，これを受けたことによるものと疑われる症状として厚生労働省令で定めるものを呈していることを知ったときは，その旨を厚生労働大臣に報告することが義務づけられている（12条）。定期予防接種により死亡等の重篤な結果が発生した場合には，その結果が予防接種を受けたことによると厚生労働大臣が認定したときに給付が行われ，医療費・障害児養育年金・障害年金・死亡一時金・葬祭料などが支給される。予防接種による副反応と認定されなかった場合にはこの決定を争うことができる（福島地判平成8年8月23日判タ

939号102頁は，予防接種と副反応との因果関係の有無につき，①副反応発生の医学的合理性，②時間的接着性，③他原因の方が合理的と解されない，の三つを基準として挙げる)。他方，任意の予防接種（任意予防接種）による健康被害は，給付を求める者が医薬品医療機器総合機構に請求する形となる。

乳幼児期に実施された集団予防接種で，患者毎に注射針・注射筒を取り替えることをしなかったためにB型肝炎ウィルスに曝露され，感染・発病したとして国の責任が問題とされた事案について，予防接種がB型肝炎ウィルスに感染する原因であるといえるか，予防接種から発病まで長時間が経過していることやB型肝炎ウィルスの感染力の強さから，因果関係があるかどうかが争われた。最高裁は，他原因が存在する可能性があるという抗弁は，それが抽象的に存在することを主張するだけでは不十分とし，因果関係の存在を認めた（最判平成18年6月16日民集60巻5号1997頁［12①］)。

予防接種を受けられないことによる不利益について

これまで日本では，予防接種を受けたことによって生じた被害がクローズアップされることが多く，予防接種を受けていれば罹患を防止できた可能性のある疾患に罹患してしまい，重度障害が後遺した場合や死亡した場合の問題は，あまり問題視されてこなかった。

予防接種は，重篤な疾患の罹患を回避し，あるいは，罹患は防げなくても重篤な症状に至るのを防ぐためのものであるため，感染に備えずに罹患してしまった場合に，重大な結果が生じる恐れが存することは否定できない。しかしながら日本社会全般の衛生状態・栄養状態の改善はめざましく，こうした疾患に罹る頻度が予防接種による副反応の危険よりも低いと考えれば，予防接種は選択されないことになる。他方，罹患頻度は低くとも，罹患した場合には結果が重篤なものとなる可能性があり，予防接種の副反応の危険がそれほど大きなものでなければ，予防接種を選択する人々は増えよう。

日本では予防接種によって防ぎうる感染症についての知識の普及が十分な状態とはいえず（これにつき，NPO 法人 VPD を知って，子どもを守ろうの会「VPD って何？」（http://www.know-vpd.jp/vpd/）参照），予防接種の機会を保障することについて，これまで必ずしも強い社会的要請が示されてこなかった。このため，予防効果が認められ，諸外国では通常に実施されている予防接種が，日本では実施されていない場合や，使用するワクチンの生産量が足りず接種を受けるまで長期の待機期間が存する場合があり，これに対する公的補助も各自治体によって大きな差があることもある。こうした状況から，日本の予防接種行政は非常に遅れているとして批判の対象になっている。この問題を解消してゆくためには，予防接種に関する知識の普及と，効果の確認を通じて，予防接種を受けないことによるリスクの適正な評価をなしうる環境整備を進めることが急務である。

なお，ヒトパピローマウイルス（HPV）ワクチン（子宮頸がんワクチン）については，紆余曲折の末，勧奨接種とされたところ，それまで健康であり，接種直前にも特に問題のなかった者が，接種後に継続的に強い痛み等の体調不良を訴える事例が相次いで報告された。厚生労働省はこれを受け，勧奨接種の扱いを当面中止し，接種を受けるかどうかは，当事者の決定（被接種者が未成年の場合は親権者が決することとなろう）に任せることとしたが，それが却って混乱を招いているとの批判もある。HPV ワクチンの長期的成績は，ワクチン接種が開始されてそれほど時間が経過していないことからまだ明らかでなく，ワクチンを打っても，子宮頸がんを起こすとされる原因ウィルスのすべてを排除できるものではない上，ワクチンを受けていても検診は必要であることを考えれば，リスク・ベネフィット比較において接種を受けるべきではないとの指摘がある。しかしながら他方，ワクチン接種に一定のリスクがあるとしても，その接種により子宮頸がん罹患の不利益を回避できる期待があるのであれば，ワクチン接種の機会を失うのは適当でないとの意見もある。WHOは，収集・公表している副作用情報において，日本での問題は今後もモニターを続ける必要があるとしつつ，世界的にはHPVワクチンの接種を推奨することを変更していない。日本産科婦人科学会は，接種率回復への環境整備として副反応の情報公開，慢性疼痛に対処可能な医療ネットワークの形成，インフォームド・コンセントの徹底を指摘している（「子宮頸がん予防のHPVワクチン接種の今後の展望について」平成25年12月。日本産科婦人科学会のウェブサイトは，この問題に関する学会の立場を明らかにしている（https://www.jsog.or.jp/modules/statement/index.php?content_id=17）。なお，HPVワクチンによる被害者はこれを薬害であるとして，国・製薬会社を相手として損害賠償請求訴訟を複数の裁判所に提起している（https://www.hpv-yakugai.net/history/）。

2022（令和4）年4月，厚生労働省はHPVワクチンに関する勧奨接種を再開し，また，勧奨接種が中止されていた期間に，ほとんど接種を受ける人がいなかったことから，ワクチンを無料で受ける機会を逸した年齢層（平成9年度生まれ〜平成17年度生まれ）に対しても，接種の機会が得られる手当て（キャッチアップ接種。2025年まで実施と公表されている）も行っている。

4 保健衛生法規

健康増進法

国民の健康の増進の総合的な推進に関して基本的事項を定めるとともに，国民の健康の増進を図るための措置を講じ，国民保健の向上を図る目的で，平成14年に，健康増進法が定められた。健康増進法は栄養改善法を改めたもので，国および地方公共団体に健康増進に関する知識の普及，情報収集・整理・提供などを責務として課す（3条）一方で，国民が健康な生活習慣の重要性に理解と関心を深め，自ら健康状態の増進に努めることを求める（2条）。

健康増進法は，喫煙における分煙の奨励やメタボリックシンドロームの抑制など，それ自体には批判されるべき色彩は乏しいものの，その趣旨から国民に健康であることの責務を課すことに導かれるのではないか，推奨されている健康対策が国民の実情に合致しているのか等，批判も多くなされている。なお，平成30年に，望まない受動喫煙をなくすための施策として，多数の者が利用する施設等での喫煙の禁止等を含む大規模な法改正が行われている。

アルコール健康障害対策基本法

アルコール健康障害対策基本法（平成25年法律109号）は，酒類に積極的な価値を認める一方，酒類の過剰摂取などが依存症などの健康障害をも引き起こしている負の側面もあるため，アルコールが引き起こす健康障害対策に関して基本理念を定め，国や地方公共団体等の責務を明らかにし，アルコール健康障害対策の基本となる事項を定めること等により，アルコール健康障害の発生，進行および再発の防止とアルコール健康障害を有する者等に対する支援の充実を図り，国民の健康を保護するとともに，安心して暮らすことのできる社会の実現に寄与することを目的として定められた（1条）。

同法の理念は，健康障害の段階に応じた防止対策を適切に実施するとともに，健康障害を生じた者に対する支援を行うこと，アルコール健康障害から生じる社会問題の解決のために有機的な連携とその配慮をなすとされ（3条），国・地方公共団体・事業者・国民・医師・健康増進事業実施者のそれぞれが，立場に応じて責務を負う。

具体的方策としては，アルコール健康障害対策推進基本計画等が作成され，教育の振興・不適切な飲酒の誘引の防止・健康診断および保健指導・アルコール健康障害に係る医療の充実等・アルコール健康障害に関連して飲酒運転等をした者に対する指導・各種支援策等が実施される。

各種の保健衛生法規

(1) **地域保健法**　地域保健法（昭和22年法律101号）は，地域保健対策の推進に関する基本指針，保健所の設置その他地域保健対策の推進に関して基本となる事項を定めることで，地域保健対策に関する法律による対策が地域において総合的に推進されることを確保し，地域住民の健康の保持および増進に寄与することを目的として定められている（1条）。地域住民の健康の保持および増進を目的として講じられる国および地方公共団体の施策は，地域の特性および関連施策との有機的連携に配慮しながら総合的に推進されることを基本理念とするが（2条），そこで重要な地位を与えられているのは保健所である。地域保健法は，保健所の任務として，地域保健に関する思想の普及および向上に関する事項，地域保健に係る統計に関する事項，栄養改善および食品衛生に関する事項，伝染病その他の疾病予防など，さまざまな地域住民の健康の保持および増進に関する事項を定めている（5条〜17条）。市町村は，市町村保健センターを設けることもできる（18条）。

⑵　**母子保健法**　母子保健法（昭和40年法律141号）は，母性ならびに乳児および幼児の健康保持および増進を図るため，母子保健に関する原理を明らかにし，保健指導，健康診査，医療その他の措置を講じ，国民保健の向上に寄与することを目的とする（1条）。同法は，母子保健の向上に関する措置として，都道府県および市町村に母子保健に関する知識の普及についての努力義務を課し（9条），保健指導を勧奨し（10条），また，市町村長は，新生児の保護者を医師，保健師，助産師その他の職員に訪問させ，指導を行う（11条）。市町村は，妊娠の届出をした者に対して母子健康手帳を交付しなければならない（16条）。低体重児が出生したときは保護者は届出義務があり（18条），都道府県，保健所を設置する市または特別区は養育のために入院を必要とする未熟児に対して医療給付あるいはこれに代わる費用を支給することができる（20条）。市町村はまた，必要に応じて，母子保健に関する相談に応じ，また，母性ならびに乳児および幼児の保健指導を行い，これらに併せて助産を行うことを目的とする，母子健康包括支援センターを設置する努力義務がある（22条）。

⑶　**高齢者の医療の確保に関する法律**　老人保健法は，「高齢者の医療の確保に関する法律」（昭和57年法律80号）として，名称・内容が大幅に変更され（平成18年法律83号による），平成20年4月より施行されている。老人保健法の時期より国民の自助と連帯の精神は強調されていたところであるが，高齢化社会の本格的到来により，前期高齢者（65歳以上75歳未満）の保険者間の費用負担の調整（医療保険制度の枠組みの変更），後期高齢者（75歳以上）に対する適切な医療の給付のための制度創設が不可避となり，新たに医療

費適正化のための制度（医療費適正化計画，前期高齢者にかかる保険者間の費用負担の調整等）が創設された。

法の基本的理念自体には変化はなく，国民は自助と連帯の精神に基づき，加齢に伴って生じる心身の変化を自覚して健康の保持増進に努めるとともに，高齢者の医療費を公平に負担し，他方，年齢・心身の状況等に応じて職域・地域・家庭において高齢期における健康の保持をはかるために適切な保健サービスを受ける機会が与えられる（2条）。

国は医療・公衆衛生・社会福祉その他の関連施策を積極的に推進することが義務づけられ（3条），地方公共団体もこの法律の趣旨を尊重して各種施策をなす（4条）。また，医療の担い手である医師・歯科医師・薬剤師・看護師等や医療提供施設の開設者等は，これらの措置・施策および事業に協力することが新たに規定された（6条）。医療費適正化の推進に関して，厚生労働大臣がその施策についての基本的方針（医療費適正化基本方針）を定める（8条）。都道府県も，当該基本方針に即して，6年ごとに都道府県医療費適正化計画を定める（9条）。これらの計画の進捗状況には評価が実施される（11条・12条）。

後期高齢者への医療は，高齢者の疾病，負傷または死亡に関して必要な給付を行うものとされ（47条），療養給付，入院時食事療養費等がそれにあたる（56条）。その際の一部負担金が高齢者の所得その他により違いがある（67条）。

その後，後期高齢者医療制度に対しては，負担をめぐる問題を中心に批判が強まり，その廃止と新たな制度への移行が決定された。短い時間的スパンで，新制度施行のスケジュールが組まれているが（http://www.mhlw.go.jp/stf/seisakunitsuite/bunya/kenkou_iryou/iryouhoken/koukikourei/index.html 参照），なお曲折も予想されている。

(4) **学校保健安全法**　学校保健安全法（昭和33年法律56号）は，学校における児童・生徒・学生・職員等の健康保持増進を図り，学校教育の円滑な実施とその成果の確保に資することを目的として定められている（1条）。学校とは学校教育法1条にいう幼稚園・小学校・中学校・義務教育学校・高等学校・中等教育学校・特別支援学校（盲学校・聾学校・養護学校）・大学・高等専門学校をいい，学校は児童生徒等・職員等の健康診断の実施が義務づけられている（学校保健13条以下）。

(5) **各種薬物濫用防止法など**　濫用防止法関連として，麻薬及び向精神薬取締法，覚醒剤取締法がある（アルコール濫用については130頁参照）。

麻薬及び向精神薬取締法（昭和28年法律14号）は，麻薬および向精神薬の輸入，輸出，製造，製剤，譲渡し等について必要な取締りを行い，麻薬中毒者について必要な医療を行う等の措置を講ずること等で，麻薬および向精神薬の濫用による保健衛生上の危害を防止し，もって公共の福祉の増進を図ることを目的とする法律である（1条）。本法の取締りの対象となるのは，麻薬・あへん・けしがら・家庭麻薬・向精神薬である（2条）。

覚醒剤取締法（昭和26年法律252号）は，覚醒剤の濫用による保健衛生上の危害を防止するため，覚醒剤および覚醒剤原料の輸入，輸出，所持，製造，譲渡，譲受および使用に関して必要な取締りを行うことを目的とする法律である（1条）。覚醒剤とは，フエニルアミノプロパン，フエニルメチルアミノプロパンおよび各その塩類，これらと同種の覚醒作用を有する物であって政令で指定するもの，これらの物のいずれかを含有する物である（2条）。

Column ⑰ 医療関係者の治療拒否と感染した医療関係者の職務従事の可否

エイズがわが国で出現した際に，HIV の感染力の弱さは当時から知られていたにもかかわらず，設備が整っていない，他の患者や医療従事者の理解が得られない，専門病院に転送すべきなどを理由として，感染の有無にかかわらず，血友病患者の人々を中心に，医療関係者が治療を拒否するという事例が続出した。上記の理由は治療を拒否する正当な理由にあたるとは解されないが，疾病と共に戦うはずの医療関係者においてもこうした事態が発生することは，感染症対策の難しさを示している。他方，医療関係者が感染症に罹患していた場合，職務に従事してよいかという問題も起こりうるが，これは職務の内容，問題となっている感染症の感染力と感染経路によってその可否が判断されよう。

演習

1　感染症予防法の対象とされている疾患に罹患した患者の権利は，どのように保護されているのか，その概要を説明しなさい。

2　ある疾患の予防接種の認可が外国よりも遅れ，接種を受けていれば罹患しなくても済んだか，少なくとも重篤にはならなかった蓋然性が高かったのに，予防接種を受けることができなかったために当該疾患に罹患し，重篤な障害を後遺したとする。この場合，認可が遅かった国に対して損害賠償請求をしたいとの相談に対して，何を検討するか，論じなさい。

第6章 人の出生に関わる諸問題

本章では，人の出生に関わる問題として，生殖補助医療と人工妊娠中絶の問題，さらにそれに関連する事項としての遺伝子関連や性の決定の問題を検討する。子を望む，あるいは望まないことは，どちらも女性の権利の重要課題として対立が激しいところであり，内外において多大な議論の蓄積がある。近時ようやく，生殖補助医療の親子関係に関する立法がなされたが，未確定で先送りされた課題も少なくなく，今後も議論が続けられる。

1 生殖補助医療（Assisted Reproductive Technology, ART）

生殖補助医療をめぐる問題状況

生殖と医療に関する法的課題としては，古くから人工妊娠中絶が重大な問題とされてきた。それに加えて近時は，生殖補助医療の進歩により，その利用の結果生まれた子の親子関係は誰との間に生じるのか，子を得るためであれば何でも可能なのか，人間のデザインに道を開くことになりはしまいか，といったことが問題となり，一般の人々の関心をも引くようになっている。生殖は，生物としての人（ヒト）の最も基本的な営みのひとつであるが，基本的なるがゆえに，それに対して医療が介入することには，慎重な考慮が必要と考える人々も多い。

日本では，生殖補助医療の是非について必ずしも十分な議論がなされないまま一部で現実が先行している。提供精子（AID）による出生者の数は，昭和24年からこれまでの累計で1万人を超えるといわれる。この先行した現実をまったく度外視して新たな制度を構築することには消極的な意見が大勢であり，いまや AID を法的に禁止することは現実的でないと解されている。他方では技術的には可能でありながら日本では実施が見合わせられている生殖補助医療技術もあるため，不妊で悩むカップルは，多額の費用をかけて海外で提供を受けることも行われており，海外の制度との摺り合わせも必要であることが指摘されている。

日本産科婦人科学会は，簡略な情報しか集めてこなかった従来の方針を転換し，不妊治療例の詳細な報告を求める方針に改めた（http://www.jsog.or.jp/）。

生殖補助医療の特殊性

子を欲していながら 2 年以上にわたって懐胎しない，不妊に悩むカップルは，日本では全体の約 10％を占めるといわれ，不妊原因の割合は，男女ほぼ同率とされる。不妊は，子を懐胎することができないという客観的状態と，子を得たいという希望がカップルに存在するという二つの要素が結びついた場合にのみ，医療として「治療の対象」となる点に，通常の医療と異なる側面がある。子を得るという目的は自然な欲求に根差すものであると理解されており，こうした目的を達成するために不具合がある場合に，治療を加え目的を達しようとすることは医療と評価できる。しかしながら，その際には医療の適法要件に当てはまる方法が採用されなければならず，現代医療の見地から見て妥当と解される方法による必要がある。不妊治療は女性にとって身体的・精神的に負担の大きなもので，不妊治療のために用いられた排卵誘発剤が原因となって血栓症を誘発し，女性に重度障害や死亡を引き起こした事例も報告されており，紛争も生じている（秋田地判平成 14 年 3 月 15 日判タ 1138 号 201 頁，仙台高秋田支判平成 15 年 8

月 27 日判タ 1138 号 191 頁，盛岡地判平成 27 年 4 月 10 日 LEX/DB25506272〔末梢神経障害を発症した事例〕，横浜地川崎支判平成 16 年 12 月 27 日判時 1910 号 116 頁〔卵巣過剰刺激症候群により死亡した事例〕など）。

生殖補助医療の規律のありよう

生殖補助医療は，出生に関する技術のヒトへの応用である。関係する人々も多く，技術力の担保と透明性を確保できる適切な規律がなければ，多くの問題が発生することが懸念される。多くの国において，生殖補助医療に関する制定法が存在するのは，こうした懸念を考慮しての結果にほかならない。それでも，国によってアプローチには差があり，許容される生殖補助医療技術についても，それぞれ違いがある。

親子関係に関する民法の規定

親子関係の設定について，民法第四編親族法は必ずしも自然的血縁関係が存在することを要求しておらず，子の福祉の観点から，自然的血縁関係がない親子であっても，親子関係が否定されない場合を定めている。嫡出否認の訴えは父親しか提起することができず（民 774 条），その提訴可能な期間も 1 年に限られている（同 777 条）。他方，自然的血縁関係があっても，婚姻関係外に生じた親子の場合，父親が認知しなければ親子関係は生じないこととされており，父親が任意に認知しない場合に備えて，民法は強制認知制度を定める（同 787 条）。父子関係と異なり，母子関係は分娩という事実のみで当然に発生し，母親の認知を必要としない（最判昭和 37 年 4 月 27 日民集 16 巻 7 号 1247 頁）。

男性不妊への対応

生殖補助医療として最も古くから存在するのは，男性不妊の場合の AIH（Artificial Insemination by Husband，配偶者間人工授精），AID（Artificial Insemination by Donor，非配偶者間人工授精）である。近時は法律上の婚姻に限らないという意味でAIP（Artificial Insemination by Partner）という言葉もある。

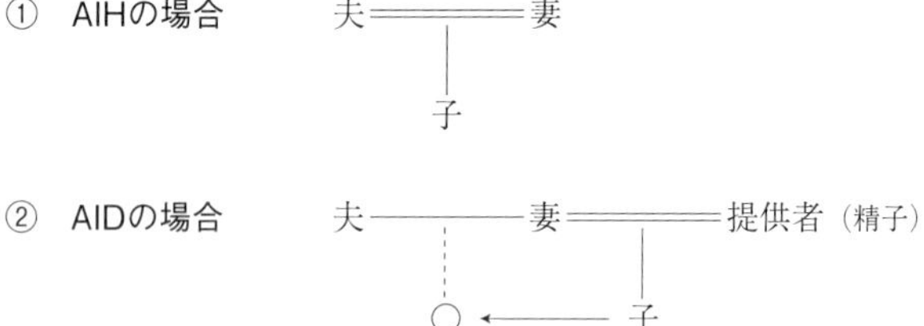

AIHに含まれる問題

AIHは，通常の性交渉では懐胎しない場合に，採取した夫の精子を用いて医学的方法により妻の体内にこれを注入して妊娠を成立させるものである。ここでは生殖に人為操作が加わるべきでないという立場以外は，あまり問題がないと解されていたが，冷凍保存された夫の精液を用いて夫の死亡後に人工授精し，懐胎・出生した場合に，亡夫の子であるとの認知を請求した事案が生じ，地裁と高裁で判断が分かれた（松山地判平成15年11月12日判時1840号85頁，高松高判平成16年7月16日判時1868号69頁）。地裁は，死後の精子の利用は自然的な受精・懐胎とかけ離れ，子の父を当然に精子提供者とする社会的認識は乏しいこと，精子提供者が死後人工授精が行われることに同意していたと認めることはできないこと，監護・養育・扶養を受けることが考えられない者との間で，法律上の父子関係を認めることが当然に子の福祉にかなうこととも言い切れないこと，死亡者の精子使用を認めると別の困難な問題も派生すること等を理由として，請求を認めなかった。高裁は，人工授精による懐胎で認知請求が認められるためには，認知を認めることを不相当とする特段の事情が存しない限り，子と父との間に自然的血縁の親子関係が存在することに加え，事実上の父が当該懐胎についての同意が存するという要件を充足することが必要でかつそれで足り，認知の訴えは懐胎時に事実上の父が生存していることを認知請求を認める要件とすることはできないとして，亡夫が保存精子を利用した懐胎に同意していたと認め，原審を取り消し，認知を認めた。この判決には賛否両論があり，また，本件に限って親子関係を認めるべきとの中間的な評価もあった。最高裁は，このような事態は法の予定していないところであり，認知による法律上の親子関係は認められないと判断したうえ，早急な立法的対応の必要性を指摘した（最判平成18年9月4日民集60巻7号2563頁［84]）。

配偶者の死後に，死亡者が残した凍結精子を用いた生殖（死後生殖）を実施しても，死亡者本人は，死後に生まれた子と接点をもつことはできない。家族法上も，配偶者の死亡によって婚姻関係は終了するため，死後に生まれた子は，その夫婦の嫡出子と扱うことはできない。さらに相続に関しては，相続人となるためには，相続が起こった時点で少なくともその者が胎児である必要があるが，死後生殖の場合は，生まれる子は相続時点でまだ胎児にもなっていない。一方，精子の凍結保存によって，本人の死亡から相当長期間の経過後に人工授精を実施することは可能であり，このことは法秩序を混乱させかねない。こうした理由から，死後生殖に対しては否定的な見解が多い。冷凍保存された配偶子が存在する場合に本人が死亡した際には，これらは廃棄処分される扱いが通常である。しかしながら，一部の国では，死亡した者が同意しているなどの一定の要件を満たしている場合に限り，こうした扱いを例外的に認めるところもある。例えば，イギリスでは Human Fertilization and Embryology（Deceased Fathers）Act 2003・5A において，自分の死後に自己の精子を利用することによって妻が懐胎し，自分が父親として扱われることについて，死者が生前に書面により同意しこれを撤回した事実がない場合には，死後生殖を認めることとしている（諸外国の法制について詳細は，林かおり「海外における生殖補助医療法の現状」外国の立法 243 号〈2010 年〉99 頁以下）。

AIH に含まれる問題②—凍結受精卵等の利用

凍結受精卵を配偶者の同意なく使用して妊娠・出産した場合に，親子関係を否定しようとする事案もある。大阪家判令和元年 11 月 28 日判例秘書 L07460033 は，嫡出推定が及ぶとした判断である。また，配偶者および医療機関を相手として損害賠償を請求した事案として，大阪地判令和 2 年 3 月 12 日判時 2459 号 3 頁があり，これは配偶者に対する賠償請求のみ認め，医療機関の責任を否定し，控訴審も賠償額を減額して請求を認めた地裁の判断を支持した（大阪高判令和 2 年 11 月 27 日判時 2497 号 33 頁［85］）。

AID に含まれる問題

(1) **AID の問題点**　AIH に対して，生殖を補助する方法を試みても懐胎せず，当事者自身の精子を用いることでは子を得るという目的達成ができない場合，また，父親の遺伝子で子を懐胎することに何らかの健康上の問題が発生しうる場合などには，当事者以外の精子を借用することで目的を達成することが代替案（AID）となる（性同一性障害のカップルにつき，175 頁参照）。これにより，カップルの片方だけでも遺伝子を共有する子孫を持つことが可能になるとすれば，カップルの希望は多少なりとも実現するといってもよいかもしれない。しかしながら，こうした当事者のカップルのものでない精子を使用することは，遺伝子上は親子でないものを親子と扱うことになるわけであるから，親子関係を誰と誰の間に設定するか，その際に考慮すべき要素としての子の利益・親の希望についてどのように折り合いをつけるかが検討の対象となることになる。

体外受精の方法（顕微授精）の進歩により，配偶者間における人工生殖の技術として AID を用いる必要性は以前より減ってきているが，海外では，AID は，同性愛者などのカップルや独身者などが専ら利用するようになっているとの報告もある。しかしながら，AIH が奏功しない場合もあり，また，AID を用いなければならない医学的理由がある場合もあることなどから，AID が不妊治療の一手段としてなお一定の役割を果たしていることは事実である。

⑵ **AID と親子関係**　日本で AID を実施している施設では，夫が AID に同意していることが実施の条件とされている。夫の同意を得て，妻が AID を受け，それにより懐胎・出産された子は，嫡出推定の及ぶ嫡出子であり，夫が自分の子ではないと主張すること，および妻が夫と子との間に親子関係がないことを主張することは許されない（東京高判平成 10 年 9 月 16 日判タ 1014 号 245 頁）。

一方，夫が AID の実施に同意しなかったにもかかわらず，妻が夫に無断で，あるいは夫の反対を押し切って AID を受けて懐胎・出産した場合は，夫は嫡出否認の訴えを提起することにより，父と子の関係を否定することができる（大阪地判平成 10 年 12 月 18 日判時 1696 号 118 頁）。もっとも，同意の不存在を立証するのは困難もありえよう。

夫が AID にいったんは同意したものの，後にこれを撤回できるか，という問題があり，同意なき AID として実際に紛争が発生する可能性が高いのは，このように夫が後に同意を撤回したいと申し出た場合であろう。AID が実施される前，あるいは実施されたが懐胎が成立しないうちであれば，その撤回は可能であろうと思われる。しかし懐胎が成立した後に撤回が許されるであろうか。撤回を認めれば，子が生まれても自分の子ではないと主張することができ，また人工妊娠中絶を妻に求めることができることになりそうであるが，これが相当な結論とは思われず，撤回を認めるべきではないと考えられる。他方，妻がAIDでいったんは妊娠したが，子を生むことを後に考え直して人工妊娠中絶を望んでいるにもかかわらず，夫が妻に出産を求めることができるかという問題もありえようが，女性の自己決定権を尊重する立場からは，こうした要求は困難であろう。

(3) **AIDと提供者**　AID実施のために精子を提供した者が，生まれた子を自分の子として認知を求めること，あるいは反対にAIDによる出生児の側から精子提供者に対して認知を求めることができるかについては，当事者の意思等からいずれも否定的に考えられている。

女性不妊への対応

自然の性交渉では妊娠できない場合，卵子を取り出し，シャーレ内で精子と受精させ，受精卵を女性の体内に戻す方法が存在する（体外受精・胚移植，IVF-ET）。この技術は1990年代に入ってから実用化されるに至っている。女性不妊の原因にもさまざまなものがあるが，卵子に起因する不妊であれば，卵子提供を受けることで妊娠が可能になる場合がある。従来は，卵子提供は提供者の身体的負担が大きいと考えられていたため，卵子提供自体が許されないとの見解が多数であった。

以下は，女性不妊に対処するために考えられる方法の例である。

① 第三者に夫の精子を人工授精し，分娩してもらう。

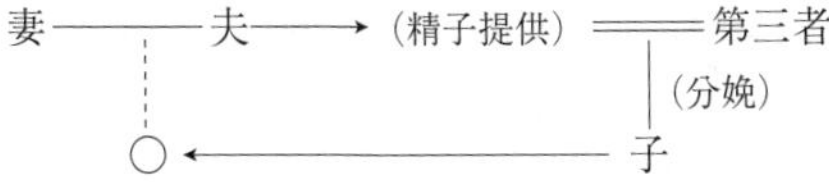

② 第三者の卵子を提供してもらい夫の精子と体外受精させ，それを妻の胎内に移植して分娩する。

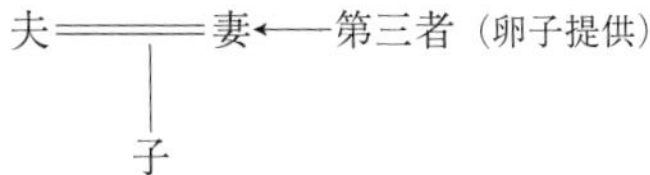

③ 夫婦の体外受精卵を第三者の胎内に移植して分娩してもらう。

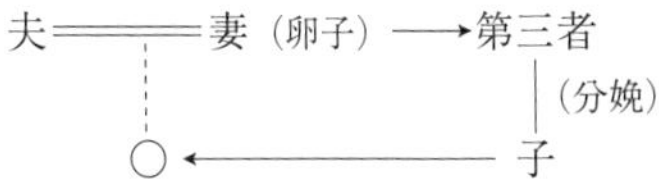

女性不妊の場合に，他の女性に対して夫の精子を用いた人工授精を実施し，生まれた子を養子として引き取るという代理母（前記①）は，AID の技術のみで実施可能である。わが国では人工授精を実施する医療機関が，その実施対象を夫婦に限定していることから，このような代理母は問題として表に出てきていない。仮に争われることになった場合，分娩した者と子の出生を望んだ依頼者とのどちらが母となるのか，子を出産して引き渡すという代理母契約が法的に有効といえるか，特に有償で契約を締結することの妥当性，子の引渡の強制と逆に子の引取の強制の問題が発生した場合の処理などが問題となる可能性がある。さらに，代理母に中絶の権利はあるのか，依頼者は代理母に中絶を要求できるかなども問題となりうるであろう。

体外受精それ自体は不妊に対する医療技術の進歩であるが，その発達は借り卵（前記②）・借り腹（前記③）などの，従前考えられなかった父母に関するバリエーションを生み出す可能性を生じさせており，一定の歯止めが必要という意見は強い。

これまで，不妊に対する対応策の規律としては，日本産科婦人科学会の自主規制（日本産科婦人科学会会告。https://www.jsog.or.jp/modules/statement/index.php?content_id=3）が存在し，体外受精・胚移植（昭和 58 年・平成 26 年改定）や，ヒト胚および卵の凍結保存と移植（昭和 63 年・平成 26 年改定），提供精子を用いた人工授精と精子提供（平成 9 年・平成 27 年改定），ヒトの体外受精・胚移植の臨床応用の範囲（平成 10 年），着床前診断（平成 10 年。平成 22 年改定），代理懐胎（平成 15 年），胚提供による生殖補助医療（平成 16 年）等，種々の問題についてそれぞれの場面で見解を表明してきた。同学会は，会員に対してその遵守を呼びかけていたが，従前より自主規制に対する違反行為を抑止する力は専門家集団としての一体感にしか存せず，実効性に疑問が指摘されており，現実に会告に反する医療関係者も現れるようになっていた。

X ら夫婦の受精卵を米国で代理母が懐胎し，出産した子を実子として出生届を提出した夫婦に対して，Y 自治体の長が嫡出関係が認められないことを理由として不受理処分の通知をした。これについて X らは Y に受理を命じることを求める申立てを行い，東京家裁は申立を却下したが，東京高裁はこれを認めた（東京高決平成 18 年 9 月 29 日家月 59 巻 7 号 89 頁）。これに対して最高裁は，民法には出生した子を懐胎，出産していない女性をもってその子の母とすべき趣旨をうかがわせる規定は見当たらず，実親子関係が公益および子の福祉に深くかかわるものであり，一義的に明確な基準によって一律に決せられるべきであることに鑑みると，現行民法の解釈としては，出生した子を懐胎し出産した女性をその子の母と解さざるをえず，その子を懐胎，出産していない女性との間には，その女性が卵子を提供した場合であっても，母子関係の成立を認めることはできないと述べて，高裁決定を覆した（最決平成19年3月23日民集61巻2号619頁［87］。その結果，これと異なる外国判決は，日本の身分法秩序の基本原則と異なるもので公の秩序に反するとして，日本での効力を否定された）。また，ここでも，前掲最判平成18年9月4日と同様に，立法による対応が求められていた。

生殖補助医療に対する国の取組み

生殖補助医療技術やその結果生まれた子を法的にいかに取り扱うかに関して，諸外国では多大な議論の蓄積があり，特別法が既に制定されている国が多く存在する。

厚生労働省厚生科学審議会は，先端医療技術評価部会に生殖補助医療技術に関する専門委員会を設置し（平成10年10月），2年にわたる議論を重ねた後，平成12年12月に報告書をまとめた（「精子・卵子・胚の提供等による生殖補助医療のあり方についての報告書」）。この報告書を受け，厚生科学審議会の下に設置された生殖補助医療部会は，法整備に向けてさらに問題点を検討し，報告書（厚生科学審議会生殖補助医療部会「精子・卵子・胚の提供等による生殖補助医療制度の整備に関する報告書」）を平成15年4月に公表した。

その後，法務省・厚生労働省から日本学術会議に対して生殖補助医療をめぐる諸問題に関する審議が依頼され，委員会が立ち上げられ（生殖補助医療の在り方検討委員会），平成20年4月にその検討結果を示した報告書が公表された（「対外報告 代理懐胎を中心とする生殖補助医療の課題――社会的合意に向けて」）。報告書は，生殖補助医療の背景やこれまでの検討，諸外国の状況を概観の上，代理懐胎の問題点を分析し，以下のような内容の提言を行った。

① 代理懐胎は，法律によって規制することが必要で，それに基

づいて原則禁止とすることが望ましい。

② 営利目的で行われる代理懐胎は，処罰する。処罰の対象は施行医，斡旋者，依頼者である。

③ 母体の保護や出生児の権利・福祉を尊重し，医学的・倫理的・法的・社会的問題を把握する必要性に鑑み，先天的に子宮をもたない女性および治療として子宮の摘出を受けた女性に対象を限定して，厳重な管理下での代理懐胎の試行的実施（臨床試験）は考慮されてよい。

④ ③の試行にあたっては，医療・福祉・法律・カウンセリングなどの専門家により構成される公的運営機関を設立し，一定期間経過後に代理懐胎の医学的安全性・社会的・倫理的妥当性等について問題の有無を検討し，その結果次第で，法改正により一定のガイドラインのもとで容認するか，試行を中止するかを決めるものとする。

⑤ 代理懐胎による出生児は，代理懐胎者を母とする親子関係を定立する。

⑥ 代理懐胎を依頼した夫婦と出生児とは，養子縁組または特別養子縁組により親子関係を定立する。

⑦ 出生児の出自を知る権利は，子の福祉を重視する観点から最大限に尊重すべきである。その場合，AID の場合を検討した上で代理懐胎の場合を判断することとし，今後の検討課題とする。

⑧ 生殖補助医療には卵子提供・死後凍結精子の使用などの議論が尽くされていない課題があるため，今後も検討を続ける必要がある。

⑨ 生命倫理に関する諸問題の重要性に鑑み，公的研究機関を創設すると共に，新たな公的常設委員会を設置して，政策立案なども含めて処理してゆくのが望ましい。

⑩ 代理懐胎をはじめとする生殖補助医療の議論の際には，生ま

れる子の福祉を最優先とすべきである。

なお，2021 年 3 月に，諸外国の生殖補助医療により生まれた子の親子法制に関する調査研究業務報告書（商事法務研究会。https://www.moj.go.jp/content/001350642.pdf）が公表されており，独仏米英墺瑞韓台での生殖補助医療による出産に関連する法律問題について，詳細な紹介がなされている。

日本でも，令和 2 年に，生殖補助医療により出生した子の親子関係について，民法の特例を定める法律（生殖補助医療の提供等及びこれにより出生した子の親子関係に関する民法の特例に関する法律・令和 2 年法律 76 号）が可決・成立し，生殖補助医療による出生に関する規律が明らかになった。

同法は，3 章 10 条からなり，その趣旨は，生殖補助医療をめぐる現状等に鑑み，生殖補助医療の提供等に関し，基本理念を明らかにし，ならびに国および医療関係者の責務ならびに国が講ずべき措置について定めるとともに，生殖補助医療の提供を受ける者以外の者の卵子または精子を用いた生殖補助医療により出生した子の親子関係に関し，民法の特例を定めるものであるとされる（1 条）。

同法は，生殖補助医療について，人工授精または体外受精もしくは体外受精胚移植を用いた医療とし，人工授精とは，男性から提供され処置された精子を，女性の生殖器に注入すること，体外受精とは，女性の卵巣から採取され処置された未受精卵を，男性から提供され，処置された精子により受精させること，体外受精胚移植とは，体外受精により生じた胚を女性の子宮に移植することをいうとする（2 条）。

同法の基本理念は，生殖補助医療について，不妊治療がその提供を受ける者の心身の状況等に応じて，適切に行われるようにするとともに，これにより懐胎および出産をすることとなる女性の健康の保護が図られなければならないとし（3条1項），生殖補助医療の実施に当たっての必要かつ適切な説明の実施と当事者の十分な理解を前提に，その意思に基づいて行われるようにしなければならないこと，生殖補助医療に用いられる精子または卵子の採取，管理等について安全性の確保が求められている（3条2項・3項）。生殖補助医療により生まれる子が心身ともに健やかに生まれ，かつ，育つことができるよう必要な配慮がなされるものとされる（3条4項）。

国は上記の基本理念を踏まえて，生殖補助医療の適切な提供等を確保するための施策を総合的に策定し，および実施する責務を有し，その際，生殖補助医療の特性等に鑑み，生命倫理に配慮するとともに，国民の理解を得る努力義務がある（4条）。また，妊娠および出産ならびに不妊治療に関する正しい知識の普及および啓発に努め（6条），必要な相談体制の整備を図り（7条），生殖補助医療の適切な提供等を確保するために必要な法制上の措置その他の措置を講じなければならない（8条）。医療関係者も，本法の基本理念を踏まえて，良質かつ適切な生殖補助医療を提供するよう努めなければならない（5条）。

同法第3章では，生殖補助医療により出生した子の親子関係に関する民法の特例が定められ，女性が自己以外の女性の卵子（その卵子に由来する胚を含む）を用いた生殖補助医療により子を懐胎し出産したときは，その出産をした女性をその子の母とすること（9条），妻が，夫の同意を得て，夫以外の男性の精子（その精子に由来する胚を含む）を用いた生殖補助医療により懐胎した子については，夫は，民法774条の規定にかかわらず，その子が嫡出であることを否認することができないこと（10条），が定められた。

このように，同法に定められた，親子関係についての民法の特例は，9条と10条だけで，ごく簡単なものである。9条が出産した女性を母親とし，依頼者や卵子提供者を母親としなかったのは，前掲最判昭和 37 年 4 月 27 日の立場を承継するものであり，10 条の同意した男性が嫡出否認を禁じられることも，下級審で認められたもの（前掲東京高判平成 10 年 9 月 16 日等）を立法化していると解される。これまで特別法が存在しない中で，一定の準則が構築されていたとはいえ，関係者間で紛争が生じれば，どのような判断がなされるかについての予測は浮動的であって確実であるとはいえなかったところ，限られた範囲であっても法が制定された意義は小さくないと解され，今後，子の地位の安定が確かなものとなることが望まれる。

もっとも，生殖補助医療において大きな問題である，①生殖補助医療およびその提供に関する規制の在り方，②生殖補助医療に用いられる精子，卵子または胚の提供（医療機関による供給を含む）またはあっせんに関する規制（これらの適正なあっせんのための仕組みの整備を含む）の在り方，③他人の精子または卵子を用いた生殖補助医療の提供を受けた者，当該生殖補助医療に用いられた精子または卵子の提供者および当該生殖補助医療により生まれた子に関する情報の保存および管理，開示等に関する制度の在り方，の諸論点については，2 年を目途として検討し，それに基づいて必要な措置が講じられるものとされ（附則 3 条），これらについての法的対応は，先送りされた形になった。これについては，2022 年 3 月に，超党派の議員で構成される議員連が，生殖補助医療を受けることができるのは法律上の夫婦に限ること，この技術を提供できるのは厚生労働大臣の認定した医療機関だけであること，出自を知る権利は情報を独立行政法人が管理し，100 年保存すること，子は成人後にその情報開示を求めることができることなどを盛り込んだ「特定生殖補助医療法案（仮称）」骨子たたき台が示され，検討の後に立法を目指すこととされていたが（新聞各紙 2022 年 3 月 7 日。https://www.tokyo-np.co.jp/article/164244 参照），当該骨子に対しては反論が多くの関係者からなされた経緯もあり，同案の国会提出は同年の秋以降に見送られることとなった。

生殖補助医療の過程での過誤　生殖補助医療の実施に際して，受精卵を取違えた可能性が否定できない事故が発生している。この種の事故の発生可能性は潜在的に常につきまとうため，生殖補助医療に携わる関係団体は，事故予防のためにガイドラインを作成し，ダブルチェックの実施等が行われ，可能な限り事故発生の危険を減らすことが行われている。なお，こうした事態が生じた場合，人工妊娠中絶を選択するのか，出産を選択してそれに対する賠償を求めるのか，そしてそれを求めることは適当なのかという問題が続くことになる。

生殖補助医療研究目的でのヒト受精胚の作成・利用　生殖補助医療の成績向上等のためにはなお研究が必要であり，ヒト受精胚尊重の原則（研究材料として使用するために新たな受精によりヒト胚を作成しないこと）の例外を認めつつ，それを必要最小限のものに限るとするための報告書が作成されている（文部科学省科学技術・学術審議会生命倫理・安全部会，厚生労働省厚生科学審議会科学技術部会「生殖補助医療研究目的でのヒト受精胚の作成・利用の在り方について」平成 21 年 4 月）。その内容は，以下のようなものである（厚生労働省「生殖補助医療研究目的でのヒト受精胚の作成・利用の在り方について」の〈報告書のポイント〉を基礎に作成）。

① 研究目的でのヒト受精胚の作成・利用は，取扱期間を原始線条の形成前までに限定し受精後 14 日以内とし，14 日以内であっても原始線条が形成された場合には取扱い対象としない（凍結する場

合はその期間を算入しない)。研究に用いたヒト受精胚は臨床に用いないこととし，受精胚を人または動物の胎内に移植することは禁止され，研究終了後直ちに廃棄される。

② 配偶子の提供は同意能力を欠く者から入手することは認められず，提供は必要経費を除き，無償とする。

③ 卵子の提供は，肉体的・精神的負担が精子の提供に比べて大きく，採卵可能数に違いがあることから，提供者の自由意思によるインフォームド・コンセントの徹底，肉体的侵襲や精神的負担の最小化，個人情報の保護の確保が条件である。卵子提供の可能性のある，㋐生殖補助医療目的で採取された未受精卵の一部利用，㋑手術等により摘出された卵巣や卵巣切片からの採取，㋒媒精したものの受精に至らなかった非受精卵の利用，㋓卵子保存目的で作成された凍結未受精卵の不要化に伴う利用，のうち，㋐については，提供者にとって不利益な事態が発生する可能性が含まれていることに配慮し，上記３条件に加え，機関内倫理審査委員会が事前および事後に，新たな侵襲を生じさせないこと，治療の詳細な記録を保存していること，治療に利用可能な卵子が減ることについての提供者のインフォームド・コンセントのあること，採取した卵子の記録保存がされていることを確認する場合に限って，提供を認める。無償ボランティアからの提供は当面の間，認めない。

④ 精子の入手に関しては，提供者からの自発的申出があった場合に限り採取を認める。

⑤ 提供者からのインフォームド・コンセントは文書により受けることとし，説明されるべき内容としては，㋐研究の内容，研究体制等，㋑提供される配偶子等の取扱い，㋒提供に関する利益・不利益，㋓個人情報の保護等が挙げられ，説明書を用いて実施することとされている。将来の研究利用のための配偶子の提供については，

具体的な研究計画が確定していない段階でインフォームド・コンセントを受けることは認められない（保存は除く）。インフォームド・コンセントの撤回は自由であるが，撤回後も研究の継続が認められる場合として，既に連結不可能匿名化されている場合，研究継続が適当と倫理審査委員会が判断し，かつ，研究実施機関の長が了承した場合，がある。なお，医療の過程でインフォームド・コンセントを受ける場合は，主治医と別に説明者を配置して，提供者が自由意思で決定できる環境を確保することが必要である。

⑥　研究実施機関・提供機関について，研究を実施する機関は，ヒト受精胚を作成し，培養するために十分な施設・設備が整備され，かつ，作成されるヒト受精胚の取扱いを適切に行うための管理体制および規則等が整備されていること，機関内倫理審査委員会の設置等が求められる。卵子の提供機関は医療機関である必要があり，精子の提供機関も原則として医療機関でなければならないこと，等が定められる。

⑦　研究の実施は，研究責任者の研究計画書の作成に始まり，機関の長に研究計画の了承を申請し，機関の長は研究倫理審査委員会の意見を求めるのを原則とする。研究機関の長は，国に研究計画の確認を申請し，国は研究計画の指針適合性について確認を行う。その後，機関の長は，研究責任者に対して，研究計画の了承を行う。

⑧　個人情報の保護について，提供機関の長は，提供者の個人情報を保護するために，機関内で匿名化の措置を講じ，個人情報を保有する研究実施機関の長は，個人情報管理者を置く。

ヒト受精胚の作成を行う生殖補助医療研究に関する倫理指針

文部科学省・厚生労働省は，平成 22 年，「ヒト受精胚の作成を行う生殖補助医療研究に関する倫理指針」を定め，生殖補助医療の向上に資する研究のうち，ヒト受精胚の作成を行うものについて，当該研究に携わる者が遵守すべき事項を示している。

同指針は研究にかかる指針であり，基本的には他の医学研究と系列を同じくする。同指針が生殖補助医療の研究であることから特に言及すべき点として，提供の基本原則は，十分な同意能力を有する者に限り，未成年者その他の同意能力を欠く者からの提供を受けてはならないこと，提供に伴って発生する実費相当額を除き無償とすること，提供を受けることができる卵子は，生殖補助医療に用いる目的で凍結保存されていた卵子で生殖補助医療に用いられなくなったもの，非凍結の卵子であって，①生殖補助医療に用いた卵子のうち受精しなかったもの，②生殖補助医療に用いる目的で採取された卵子であって，形態学的な理由その他により結果的に生殖補助医療に用いることのできない卵子，それ以外の提供者から研究に提供する旨の自発的な申出があったもの，③疾患の治療等のため摘出された卵巣から採取された卵子であって生殖補助医療に用いる目的のないもの，である。作成されたヒト受精胚は，人または動物の胎内に移植してはならず，共同研究を除き，他機関に移送することも禁じられる。また，研究期間が経過したときは，直ちに作成されたヒト受精胚を廃棄することとされている。

なお，個人情報保護法の適用により用語等やインフォームド・コンセントの取得手続等に関して，同指針でもこれらの変更に沿った改正が行われてきている（最終改正は令和 4 年 3 月）。

また，ヒト受精胚に遺伝情報改変技術等を用いる研究に関する倫理指針が平成 31 年に定められ，これらの研究について，ヒト受精胚の尊重，遺伝情報への影響その他の倫理的観点から，研究に従事する者が遵守すべき事項が示されている。ここで指針の対象となる研究は，肺の発生および発育・着床に関するもの等の生殖補助医療の向上に資するもの（生殖補助医療研究），遺伝性または先天性疾患の病態の解明および治療の方法の開発に資するもの（遺伝性または先天性疾患研究）に当面の間，限られる。ヒト受精胚を取扱う者は，ヒト受精胚が人の生命の萌芽であることに配慮し，人の尊厳を侵すことのないように誠実かつ慎重にこれを取扱うものとされ，インフォームド・コンセント，研究体制，研究手続としての研究計画書，個人情報の保護および遺伝情報の取扱い等について，遵守事項が示されている。同倫理指針の全文については，https://www.lifescience.mext.go.jp/files/pdf/n2322_07.pdf を参照されたい。

2 人工妊娠中絶

問題状況

生殖補助医療は子供が欲しいにもかかわらずなかなか懐胎しない，懐胎しても流産してしまい出産にまで至らない場合にこれを医学的に補助するものであるが，人工妊娠中絶の問題は，これと逆に，妊娠したくないのに妊娠してしまった場合にこれを医療の援助を得て中絶し，妊娠・出産に至らなくするという問題である。

日本では刑法に堕胎罪の規定があり（212 条：堕胎罪，213 条：同意堕胎罪，214 条：業務上堕胎罪，215 条：不同意堕胎罪），胎児は人と同等にではないが，法的に保護されている。堕胎とは，胎児を母体内で殺すこと，および自然の分娩期に先立って胎児を母体外に排出する行為をいう。堕胎罪の保護法益は，胎児の生命と母親の身体である。ここでは，国民の出生に関して国家も利益を有していること，堕胎によって母体に危険が増加することを抑止する必要性があり，また，人になる可能性のある存在の抹殺行為も抑止する必要性があることから，妊娠期間に限定を置かずに堕胎行為を処罰する立場を採用している。しかしながら，母体保護法の定める要件を満たす場合には，人工妊娠中絶を実施することが認められており，堕胎で処罰されることはほとんどない（処罰された例としては不同意堕胎や業務上堕胎が散見される。なお，最決昭和63年1月19日刑集42巻1号1頁）。しかしながら，母体保護法の要件を満たさないで実施された人工妊娠中絶については，堕胎罪の構成要件に該当するため，これを処罰すべきかどうか，検討の余地がある。選択的中絶・減数堕胎といった，母体保護法が許していない場合の中絶をどう評価するかという疑問も発生している。

人工妊娠中絶を認めることは，胎児保護の必要性と親の事情を考慮した結果として，人となる過程にある胎児の可能性を消し去ることであるため，人々の間に意見の相違が大きく，これに対して賛成・反対にかかわらず長い間，激しい争いが諸外国，特に欧米諸国では続けられてきた。アメリカでは人工妊娠中絶を憲法上女性の権利として認める根拠とされてきたRoe v. Wade判決（Roe v. Wade, 410 U, S. 113 (1973)）を2022年6月24日に連邦最高裁が覆し，人工妊娠中絶をする権利について憲法は沈黙しているとして，憲法上保護されているものではないとした（Dobbs v. Jackson Women's Health Organization, 2022 WL 2276808〔U. S. 2022〕）。人工妊娠中絶の問題が大きな論争となるのは，妊娠・出産は，女性なるが故の負担であることと，人の生死の最初の場面であること，の二つの理由によるように思われる。人工妊娠中絶を一切禁止するという政策は，非合法堕胎を必然的に生じさせる点で妥当でなく，また，倫理上，中絶もやむをえないという事情（母と子の命のどちらかを犠牲にしないと両者ともに生命が失われる可能性が高い場合など）があることは否定できず，これを認めざるをえないが，問題はいかなる要件で認めるかである。

人工妊娠中絶許容の要件

人工妊娠中絶が許容されるための要件は，母体保護法が規定している。それによれば，医師会の指定する医師は，以下の要件のいずれかに該当する場合には，本人と配偶者の同意を得て，母体保護指定医が人工妊娠中絶を行うことができる（14条）。

① 妊娠の継続または分娩が身体的または経済的理由により母体の健康を著しく害するおそれがある場合

② 暴行もしくは脅迫によりまたは抵抗もしくは拒絶することができない間に姦淫されて妊娠した場合

人工妊娠中絶は，胎児が母体外では生命を維持できない期間のうちに実施されなければならない（2条2項）。この期間は，母体保護法の前身である優生保護法下での厚生省保健医療局精神保健課長通知（平成2年3月）により，通常妊娠満22週未満とされる。

人工妊娠中絶の法的規制方法としては，一定の事由がある場合に限る適応規制型と，妊娠後一定期間に限って中絶を認める期間規制型とがある。日本の母体保護法は，前記のように，母体の健康を著しく害するおそれがある場合または倫理的理由が存在する場合の，適応規制型となっており，満22週未満の段階であっても，前記①，②の理由が存在しない場合には，人工妊娠中絶を行うことはできない。たとえば，胎児に障害があることが出生前の診断で判明しても，それは中絶を行いうる理由とならない。もっとも，①の「経済的理由」については，かなりの程度拡張して解することが可能であり，事実上は期間規制型となっているとも評価できる。人工妊娠中絶を実施した医師は，知事への届出を求められる（25条）。

人工妊娠中絶に反対する男性側の主張には，法に父親の同意が必要との文言が入っていること，父親は生まれていない子の直近の存在としてその子の権利を行使することが認められるべきである，父親は中絶を思いとどまらせる社会の利益代弁者である，子は半分は父親そのものであるといったことがあるが，こうした主張は女性の自己決定権に比較してほとんど顧慮されていない。

出生前診断

出生前の胎児診断の可否については，実際は不要な中絶を行うことを抑止できるという期待，出生前診断は人工妊娠中絶を目的として行うばかりでなく，事前に胎児の状況を把握することで以後の対応がスムースに進むように準備する観点からも必要であるという意見があるが，反面で，障害をもつ人々の生きる権利（生まれる権利）を奪うことにならないか，人の出生前の選別への道を開きかねないとの懸念もある。

日本産科婦人科学会は，これまでも出生前検査・診断に関して，その立場を表明してきたが，これらの技術が急激に発展していることから，改めて「出生前に行われる遺伝学的検査および診断に関する見解」を平成25年に改定した。その方針の根幹は，十分な知識を有する医療専門職が，妊婦および夫（パートナー）に対して十分に説明し，適切な遺伝カウンセリングが提供できる体制で実施すべきであるというものである（詳細は http://fa.kyorin.co.jp/jsog/readPDF.php?file=74/7/074070749.pdf#page=42）。

なお，出生前検査については，母体血を用いた非侵襲性の遺伝学的検査（NIPT〔Non Invasive Prenatal genetic Testing〕）が出現したことに伴い，厚労省は専門委員会を設置して，この技術が関係者に及ぼす影響等，そこに含まれる問題について議論を続けている。これについて，https://www.mhlw.go.jp/stf/shingi/other-kodomo_145015_00008.html を参照。

減数堕胎

減数堕胎とは，他の胎児が成長するために多胎妊娠のうち選択的にひとつかそれ以上の胎児を死亡させることをいい，母親への過重負担の軽減と子の生育障害の予防が主たる目的である。減数堕胎は，妊娠それ自体の中絶ではないので母体保護法の定める人工妊娠中絶に当てはまらず，堕胎罪に該当すると解される余地もある。しかしながら，胎児全員を分娩期に先立って体外に排出させれば母体保護法の定める中絶として違法でないのに，一部のみを死亡させることは堕胎にあたり可罰的という処理は，一部といえども生命を救ったという点からみて，均衡を失する。

本来，母体保護法の制定時にこうした問題が自覚されていれば，減数堕胎手術も含まれる形での立法がなされることになったのであり，それが定められなかったのはその問題性が当時はまだ十分に意識されていなかったためであって，法の立法趣旨から不可罰と解すべきという見解が有力に主張されている。

減数堕胎が必要になる事態が生じるのを予防するための策として日本産科婦人科学会は会告において，原則として一定数以上の受精卵を入れないようにし，また，排卵誘発剤の使用量を可能な限り抑制することを求めている。

多胎妊娠（5胎）について，その一部を減数するために実施された処置により，危険防止のために必要な注意を尽くさなかったとして賠償責任が認められた事例がある（大阪高判令和2年12月17日判時2497号23頁）。本件は大阪地裁では請求が棄却されていたものである（大阪地判令和2年1月28日判時2456号87頁）。最高裁は上告不受理決定をしている（最決令和3年9月30日 LEX/DB25591368，25591369）。

不妊手術

母体保護法は，妊娠または分娩が母体の生命に危険を及ぼすおそれがある場合，あるいは，すでに子がいて，かつ，分娩ごとに母体の健康度を著しく低下させるおそれがある場合，本人の同意および配偶者（事実婚を含む）があるときはその同意を得て，不妊手術を医師が行いうると定める（3条）。

不妊手術には，男性に対するものとして2種類（精管切除結さつ法・精管離断変位法），女性に対するものとして7種類（卵管圧ざ結さつ法・卵管角けい状切除法・卵管切断法・卵管切除法・卵管焼しゃく法・卵管変位法・卵管閉塞法）が定められている（母体保護法施行規則1条）。

かつての優生保護法は，精神障害者やハンセン病患者に対する強制的な不妊手術を認めていたが，母体保護法はこうした規定をすべて削除した。なお，こうした旧法下で実施された手術等が重大な人権侵害であったとして，諸外国の例を参考に，補償等の措置を求める意見書が，日本弁護士連合会により公にされている（「旧優生保護法下において実施された優生思想に基づく優生手術及び人工妊娠中絶に対する補償等の適切な措置を求める意見書」2017年2月。https://www.nichibenren.or.jp/activity/document/opinion/year/2017/170216_7.html）。

旧優生保護法に基づく優生手術等を受けた者に対する一時金の支給等に関する法律（平成31年法律14号）は，国が旧優生保護法が優生手術を定めていたことから，特定の疾患・障害を有することを理由等として，生殖不能にする手術または放射線照射を強制し多大な苦痛を与えたことを真摯に反省しお詫びし，これらの人々の名誉と尊厳が重んぜられるとともにこうした事態が繰り返されることのないように，相互に人格と個性を尊重し合って共生する社会の実現に向けて努力を尽くす決意を新たにするとの前文が置かれている。

法の趣旨は，旧優生保護法に基づく優生手術等を受けた者に対する一時金の支給に関し必要な事項等を定めるものであり（1条），「旧優生保護法」とは，昭和23年9月11日から平成8年9月25日までの間において施行されていた優生保護法（昭和23年法律156号）をいい，「旧優生保護法に基づく優生手術等を受けた者」とは，次に掲げる者（昭和23年9月11日以降，平成8年9月25日までの間に，優生保護法3条1項または10条の規定により行われた優生手術を受けた者で，同法3条1項4号または5号に掲げる者に該当することのみを理由として行われた優生手術を受けた者を除く者等〔優生保護法の改正が数次にわたって行われたため，改正時点における本法の救済対象者に違いがある。昭和27年5月27日以降平成8年9月25日までの間に実施された手術については上記に加え同法13条2項により実施された手術も含む〕），であって，この法律の施行の日において生存しているものをいう。ただし，母体の保護・子宮がんその他の疾病または負傷の治療・本人が子を有することを希望しない・本人が当該生殖を不能にする手術または放射線の照射を受けることを希望した場合は除く（2条）。

国は，この法律の定めるところにより旧優生保護法に基づく優生手術等を受けた者に対し，一時金を支給するが（3条），その一時金の額は320万円である（4条）。一時金に係る認定等は，内閣総理（令和4年法76号）大臣が請求に基づき，都道府県知事を経由して行い，認定を受けた者には一時金が支給される。請求は本法施行後5年を過ぎるとできなくなる（5条）。手術等を受けた者が請求後死亡した場合，その者が受けるべき一時金の支払を受けなかったときは，一時金は配偶者（内縁配偶者を含む），子，父母，孫，祖父母または兄弟姉妹であって，その者の死亡の当時その者と生計を同じくしていたものに支給し，支給すべき遺族がないときは，当該死亡した者の相続人に支給する（6条）。

これらに関する手続・調査等に係る規定，譲渡禁止などが7条以下で定められ，旧優生保護法一時金認定審査会についての規定が16条〜20条までである。また国は，特定の疾病や障害を有すること等を理由として生殖を不能にする手術または放射線の照射を受けることを強いられるような事態を二度と繰り返すことのないよう，すべての国民が疾病や障害の有無によって分け隔てられることなく相互に人格と個性を尊重し合いながら共生する社会の実現に資する観点から，旧優生保護法に基づく優生手術等に関する調査その他の措置を講じ（21条），この法律の趣旨および内容について，広報活動等を通じて国民に周知を図り，その理解を得るよう努める（22条）。

こうした新法が定められたが，上記訴訟の判断が出始めており，地裁レベルでは，旧優生保護法の違法性を肯定しつつも除斥期間の経過を理由として賠償請求を否定されていた（仙台地判令和元年5月28日判時2413・2414合併号3頁，札幌地判令和3年1月15日判時2480号62頁，神戸地判令和3年8月3日賃金と社会保障1795号23頁。なお，大阪地判令和2年11月30日判時2506・2507合併号69頁，東京地判令和2年6月30日 LEX/DB25585269も請求を棄却した事案であるが，後述の控訴審で破棄された事案）。しかしながらそれらの控訴審では，除斥期間をそのまま適用することは正義に反するとしてその適用を制限し，国の賠償責任を肯定したことが報道されている（大阪高判令和4年2月22日賃金と社会保障1798号46頁，東京高判令和4年3月11日賃金と社会保障1800号5頁）。

3 遺伝子をめぐる諸問題

問題の背景　人の設計図の完全解読が完了するなど，遺伝子をめぐる社会状況の急変振りには目を見張るものがあるが，遺伝子に関連する技術の医療への応用の問題は，これまで人類が克服しえなかった多くの問題を大幅に改善する可能性を秘めている。しかしそれは同時に，人類が経験したことのないリスクも含まれており，それらへの対応を考えておく必要がある。利益とリスクとのバランスによって問題を考慮する必要があることは医事法の問題一般に共通するが，遺伝子関連医療の進展は，多くの点でこれまでの医療と異なる側面を持つ。すなわち，遺伝子はその人にとって一生変わることのないデータであるが，遺伝子の何らかの欠損が将来罹患する可能性のある疾患が未だ発病する以前の段階での対応を可能にし，生活改善・原因物質への接近回避・早期の徴候の認知等を通じて，発病を先延ばしすることが可能になる。しかしながら遺伝病は大半が現在の医療では治療・治癒が不可能である。このことは，本人のプライバシーの問題に深刻な影響を与える上，遺伝子は血縁者や将来生まれる子の生命も規定するため，血縁者全体に影響が及ぶ点で，極めて特異的である。ワトソン・クリックらの二重らせんの理論が現れてそれほど時期を経ることなく，遺伝子によるスクリーニング（ふるいわけ）や犯罪予防を目的とした遺伝子データバンクの可能性，遺伝カウンセリングなどが既に論じられていたが，今日では，これらをはるかにしのぐ多様な問題が現れている。

疾病とは何か

遺伝子解析の伸展の結果，新たに生じたのが，疾病とは何か，という「疾病の定義」の問題である。アメリカでは，遺伝子診断で乳がん・卵巣がんの家系と判明した「患者」が，将来，乳がんまたは卵巣がんを発病するリスクが，そうではない女性に比べて35倍高いと評価されたため，未だ発病前の段階で生殖器の切除手術を実施したことに対して，医療保険会社が給付を拒否したことが契約違反として訴訟となり，結論として支払を命じた事件がある（Katskee v. Blue Cross / Blue Shield of Nebraska, 515 N. W.2d 645〈1994〉）。日本でも，簡易生命保険契約特約約款の別表で定める手術保険金の支払対象としての子宮観血手術に，流産後の子宮内容除去術も含まれるとした事案が現れている（最判平成 21 年 10 月 1 日判時 2067 号 27 頁）。ここでは保険給付される「疾病」「観血手術」の定義に関する条項の解釈というレベルで結論が出された。

こうした保険給付以外の問題として，疾病に該当するかどうかで，遺伝子情報を根拠として実施される行為が医療行為と認められるか否かについて，結論が変わることもある。

遺伝学的検査

遺伝性疾患には，性染色体上のものか，常染色体上のものかにより，さまざまな組合せが生じる。遺伝学的検査の種類には，遺伝医学関連学会「遺伝学的検査に関するガイドライン」（平成 15 年，https://www.neurology-bri.jp/wp-content/uploads/2016/11/specialtest_03.pdf）の分類によれば，①発症者を対象とする検査，②保因者の判定を目的とする検査，③発症予測を目的とする検査，④薬物に対する反応性の個体差を判定することを目的とする検査，⑤出生前検査と出生前診断，などがあり，③はさらに発症前検査，易罹患性検査，家族性腫瘍に関する検査等に分かれる。遺伝性疾患の多くがまだ治せない状況であっても，なぜ遺伝学的検査が実施されるのかは，上記の分類で明らかなように，疾病の診断確定のためや，疾病原因の追究，将来の疾病予測をして現在は徴候すらなかったとしても将来の発病の可能性と予防手段をとること，遺伝学的検査により，テーラーメイドな治療方針を決定することなどを目的として実施されている。

もっとも，たとえば遺伝学的検査からどの程度患者の将来の発病可能性を予測できるかは，疾病のもととなる遺伝子の種類によりさまざまであり，100％発病が確実なものから，低い確率のものまで幅があるため，深刻さの程度において大きな開きがある。また，予防手段はどの程度有効かについても，生活習慣の改善・精神論から予防的手術まで，その評価の対象の幅は広い。しかし，検査の結果いかんによっては大きな苦悩を被験者に与えることも確かであり，安易な検査の普及には警鐘をならす必要があり，十分なカウンセリングを含めたフォロー体制が不可欠である。遺伝性疾患が本人だけの問題ではない点から，特にこのことは重要である。その後，日本医学会は，平成23年に，「医療における遺伝学的検査・診断に関するガイドライン」を公表し，医師等が留意すべき基本的事項と原則をまとめている（http://jams.med.or.jp/guideline/genetics-diagnosis.pdf）。

こうした遺伝性腫瘍の問題については，米国人著名女優が乳房・生殖器官等の切除手術を実施したことから，その予防的処置の存在が日本でも知られるようになった。遺伝性腫瘍には大腸がん・皮膚がん・脳腫瘍などさまざまなものがあり，遺伝カウンセリングを通じて適切な判断をすることが推奨されている（国立がん研究センターがん対策情報センター「遺伝性腫瘍・家族性腫瘍　4．遺伝相談（遺伝カウンセリング）」http://ganjoho.jp/public/cancer/data/genetic-familial.html）。

遺伝子解析研究に対する日本のスタンス　日本では，科学技術会議生命倫理委員会による「ヒトゲノム研究に関する基本原則」（平成12年）が示された。その後，これに基づき，また，厚生科学審議会の「遺伝子解析研究に付随する倫理問題等に対応するための指針」（平成12年）を参考として，厚生労働省，文部科学省，経済産業省は，三省指針といわれる「ヒトゲノム・遺伝子解析研究に関する倫理指針」（平成13年）を公にし，ヘルシンキ宣言の倫理規範を踏まえて，①人間の尊厳の尊重，②インフォームド・コンセント，③個人情報の保護の徹底，④人類の知的基盤，健康および福祉に貢献する社会的に有益な研究の実施，⑤個人の人権の保障の科学的または社会的利益に対する優先，⑥指針に基づく研究計画の作成および遵守，独立の立場に立った倫理審査委員会による事前の審査および承認による研究の適正性の確保，⑦研究の実施状況の第三者による実地調査と研究結果の公表を通じた研究の透明性の確保，⑧研究に関する啓発活動等による国民および社会の理解の増進ならびに研究内容を踏まえて行う国民との対話，を基本方針とする。これらはすべてのヒトゲノム・遺伝子解析研究現場で遵守されるべき指針であるとされていた。この倫理指針は，人を対象とする生命科学・医学系研究に関する倫理指針が定められたことにより，現在は廃止されている。

遺伝学的検査結果の告知

遺伝学的検査の性格からみて，検査結果を告げられるかどうかについては，患者の選択権を尊重することが極めて重大であり，知る権利と同様に，知らないでいる権利も認められなければならないであろう。また，それに加えて，こうした情報提供はいつの段階でなされるべきかという問題もある。人の人生に，成人時，婚姻前，懐胎前などいくつかの転機があるとすれば，そうした節目で検査結果を知るかどうかについての判断をする，ということが考えられるかも知れない。

倫理指針では，研究責任者に対して，提供者が自己の遺伝情報の開示を希望している場合には原則として開示をしなければならないとし，提供者本人の同意がない場合には，提供者の遺伝情報を提供者本人以外の人に対して原則として開示してはならないとする。また，正確な情報を提供し，不安や悩みに答える遺伝カウンセリングの機会を提供することも検討されている。

遺伝情報保護のあり方

遺伝情報それ自体は単なる情報に過ぎず，これに意味を付与するのは周囲・社会である。しかしながら，その情報が利用可能になることで予想される社会的な負の反応としては，妊娠・出産が躊躇（ちゅうちょ）されたり，遺伝子を理由とする差別（生命保険・医療保険・傷害保険での加入制限・拒否，就労制限・拒否，離婚時の親権者決定，養子縁組における情報提供など）が起こったりすることが考えられるため，その取扱いは慎重にすべきということになろう。もっとも，その慎重さのあり方にも，実際には意見の相違がある。

遺伝情報を他の医療情報と格段に区別して保護する必要があるとの主張は，その重要性に鑑みて保護の必要性を説く。これに対して，遺伝情報を別枠で保護する必要はないという主張は，通常の医療情報からも多くの情報がもたらされること，現在の遺伝情報解析能力で獲得しうる将来予測は非常に限られた範囲に過ぎないこと，遺伝病で単一の遺伝子から発症する場合はまれであり，多くの疾患は複数，場合によっては多数の遺伝子が関与しており単純な予測は現在の技術では困難であること，同一疾患が一方は環境的要因が主たる理由で発症し，他方が遺伝的要因が主たる理由で発症した場合に，二人の患者の情報の価値の優劣をつけることは公正とはいえないこと等を理由とする。

遺伝情報に関するいくつかの論点

遺伝情報には，以上のような問題のほか，遺伝情報の収集方法のあり方（各種研究指針で十分か，本人の同意があれば収集できるか，同意獲得のために提供されるべき情報はいかなるものがあるか等），遺伝情報の伝達方法のあり方（遺伝情報に関する正確な知識を有する専門家の育成，本人の意向の確認方法，患者に対する追跡義務の有無等），遺伝情報の伝達先（本人だけでなく血縁者を含むか），などが検討すべき課題であると思われる。なお，遺伝性の難病である PM（ペリツェウス・メルツバッヘル）病の出産可能性についての情報を正しく伝えなかった医療関係者の責任が認められた事例がある（東京地判平成 15 年 4 月 25 日判時 1832 号 141 頁，結論は控訴審（東京高判平成 17 年 1 月 27 日判時 1953 号 132 頁[23]）でも肯定された。同事件は上告受理申立がなされたが，最高裁は上告を不受理とした）。

遺伝子治療

遺伝子治療は，従来の方法では改善が難しかった疾患に対して有効な治療法となる可能性を秘めているとされるが，なお実験的な要素が大きく，その実施に際しては，具体的患者の利益を損ねることのないように，慎重な配慮が必要とされる。十分な科学的な裏づけのない遺伝子治療は，医療行為の適法要件を欠き，患者との関係で法的責任が発生する可能性があろう。文部科学省・厚生労働省は，平成 14 年に，「遺伝子治療臨床研究に関する指針」を作成し，その後，平成 27 年に「遺伝子治療等臨床研究に関する指針」（厚生労働省）と改められその遵守を求めてきた。

この指針は，遺伝子治療等の臨床研究に関し遵守すべき事項を定めることにより，遺伝子治療等臨床研究の医療上の有用性および倫理性を確保し，社会に開かれた形での適正な実施を図ることを目的とする。

この指針で特に問題となる定義は，以下のようなものである。

遺伝子治療等とは，疾病の治療や予防を目的として遺伝子または遺伝子を導入した細胞を人の体内に投与することをいう。

試料とは，血液，体液，組織，細胞，排泄物およびこれらから抽出したDNA 等，人の体の一部であって研究に用いられるものをいい，死者に係るものも含む。

最終産物とは，被験者に投与する最終的に作製された疾病の治療または予防のための遺伝子が組み込まれたDNA またはこれを含むウイルスその他の粒子（以下「組換え遺伝子等」という）等をいう。

研究者等および研究機関の長は，個人情報の不適正な取得および利用の禁止，正確性の確保など，遺伝子治療等臨床研究における個人情報等の取扱いに関して，この指針の規定のほか，個人情報保護法に規定する個人情報取扱事業者や行政機関等に適用される規律，条例等を遵守することが基本的責務として定められている。また，試料の取扱いについても，個人情報等と同様に，必要かつ適切な措置を講ずることが努力義務として明らかにされている。これは死者の試料・情報の保護についても同様とされる。

有害事象とは，実施された遺伝子治療等臨床研究との因果関係の有無を問わず，被験者に生じたすべての好ましくないもしくは意図しない傷病またはその徴候（臨床検査値の異常を含む）をいい，重篤な有害事象とは，有害事象のうち，①死に至るもの，②生命を脅かすもの，③治療のための入院または入院期間の延長が必要となるもの，④永続的または顕著な障害・機能不全に陥るもの，⑤子孫に先天異常を来すもの，のいずれかをいう。

この指針は，一部を除き，日本の研究機関により実施され，または日本国内において実施される遺伝子治療等臨床研究に適用されるほか，日本国外で実施される研究にも適用されることがある。

遺伝子治療等臨床研究の対象となるためには，①その治療・予防効果が，現在可能な他の方法と比較して同等以上であることが十分予測されるものであること，②被験者にとって遺伝子治療等臨床研究により得られる利益が，不利益を上回ることが十分予測されるものであること，また，当該遺伝子治療等臨床研究が予防を目的とする場合には，利益が不利益を大きく上回ることが十分予測されるものであること，が必要である。さらに，遺伝子治療等臨床研究は，有効かつ安全なものであることが十分な科学的知見に基づき予測されるものに限られる。

人の生殖細胞または胚の遺伝的改変を目的とした遺伝子治療等臨床研究および人の生殖細胞または胚の遺伝的改変をもたらすおそれのある遺伝子治療等臨床研究は，行ってはならない。当該研究に際して，厚生労働大臣は，研究機関の長の求めに応じ，予め遺伝子治療等臨床研究の実施または当該遺伝子治療等臨床研究の重大な変更に関し意見を述べる。厚生労働大臣は，意見を求められた場合において，複数の有識者の意見を踏まえ，当該遺伝子治療等臨床研究が，新規の疾病を対象としている場合など，指針第 24 の 3 に掲げられた 4 つの事項のいずれかに該当すると判断するときは，当該遺伝子治療等臨床研究の医療上の有用性および倫理性について厚生科学審議会の意見を聴く。

なお，インフォームド・コンセントの確実な確保，公衆衛生上の安全の十分な確保，データベースへの登録と情報の適切かつ正確な公開，被験者の慎重な選定が特に明記されている。研究者・研究責任者・研究機関等の報告・研究計画書作成等のなすべきことや責務等，研究計画書への記載事項や倫理審査委員会の設置と役割・審査等の規定や，個人情報保護の規定が置かれているのは，他の倫理指針等と共通している。

性の決定問題

問題の背景

人の性別がどのように決まるかについては，性染色体を性別決定の決め手とする理解がおそらく一般的であり（名古屋高決昭和 54 年 11 月 8 日判時 955 号 77 頁：男性から女性へ性転換手術を受けた者の戸籍訂正申立を却下），そうであれば，人の性別は一生変わらないと解するのが当然の結論である。しかしながら染色体の組合せと身体的特徴とが一致するとは限らず，また，近時，性同一性障害に対する社会一般の理解が浸透し，法の定める要件を満たせば，戸籍上の性別の変更が認められるようになった（後述の「性同一性障害者の性別の取扱いの特例に関する法律」）。

性同一性障害とは，生物学的には性別が明らかであるにもかかわらず，心理的にはそれとは別の性別であるとの持続的な確信を持ち，かつ，自己を身体的および社会的に他の性別に適合させようとする意思を有する者であって，そのことについてその診断を的確に行うために必要な知識および経験を有する二人以上の医師の一般に認められている医学的知見に基づき行う診断が一致しているものをいう（性同一性障害 2 条）。

性転換手術の社会的相当性

性同一性障害者の性別の取扱いの特例に関する法律は，次に述べるように，性別の変更の審判を求めるためには，生殖腺の機能がないことを要求している。しかし，生殖腺の除去は，相当な医療行為と評価でき刑法上の傷害罪に当たらないといえるのか，また，母体保護法 28 条にいう故なく生殖腺を除去する場合ではないのかが，問題となりうる。

旧法下のものであるがこの問題が争われた判例（東京地判昭和 44

年2月15日判時551号26頁）では，優生保護法28条違反により同34条の責任を問われた。判決は被告人を有罪とし，控訴審（東京高判昭和45年11月11日判時639号107頁）も有罪を支持した。ここでの問題は，性転換手術の実施が，「故なく」という場合にあたるかどうかであり，医学的適応があれば故がないとはいえないので，性同一性障害を手術の理由とする場合は，医学的適応があると評価できる。

戸籍の性別変更

性転換手術は生殖能力の除去のみならず，それと同時に他の性の外形を備える手術も行われることから，性転換手術により，性別の変動を認めるべきかどうか，そのための方策はいかなるものかが争われてきた。諸外国においても，たとえばオランダでは，未婚・性転換手術を受けていること・医学専門家の意見の添付等を要件として，判決により出生証明の性別を変更することができるといった規定を有している。

日本の場合は，戸籍法113条に定める錯誤を理由とする戸籍訂正の精神を類推すべき（審判例として札幌高決平成3年3月13日家月43巻8号48頁）という主張がなされていたが，前記事件（名古屋高決昭和54年11月8日）をはじめとして，戸籍の変更は訂正手続では不可能とするのが実務の大勢であった。そこで，そのための特別法の制定が望まれていたところ，「性同一性障害者の性別の取扱いの特例に関する法律」（平成15年法律111号）が平成16年7月16日より施行され，性転換手術を受けた上家庭裁判所の審判により戸籍上の性の変更が可能となった。

同法の定める戸籍変更のための要件は，①20歳以上であること，②現に婚姻をしていないこと，③現に未成年の子がいないこと，④生殖腺がないことまたは生殖腺の機能を永続的に欠く状態にあること，⑤身体について他の性別に係る身体の性器に係る部分に近似する外観を備えていること，の五つの要件をいずれも満たす場合に，医師の診断書を添えて，家庭裁判所に対する請求によって，性別の取扱いの変更の審判を求めることになる（3条）。この審判を受けることによって，その性別について，法律に別段の定めがある場合を除き，性別について他の性別に変わったものとみなされる（4条）。本法施行後，東京，沖縄など多くの都道府県で性別の変更を認める決定がされた旨の報道がなされている。なお，性別の変更に伴って，名を男性名から女性名または女性名から男性名に変更することが必要となる場合も少なくないと思われるが，名の変更については正当な理由が存するものと認めた事例がある（高松高決平成22年10月12日家月63巻8号58頁，大阪高決平成21年11月10日家月62巻8号75頁など）。

性同一性障害を理由として手術を受け，性別が女性から男性に変更された後，婚姻した夫婦が，第三者から精子提供を受けて子を得た場合に，その子との続柄について，父欄を空欄としたことに対して，戸籍訂正の許可を求めたところ，原審はこの申立てを却下したが，最高裁は，性別の取扱いの変更の審判（性同一性障害3条1項）を受けた者は，以後，法令の規定の適用について男性とみなされるため，民法の規定に基づき夫として婚姻することができるのみならず，婚姻中にその妻が子を懐胎したときは，民法772条の規定により，当該子は当該夫の子と推定されるというべきであるとした（最決平成25年12月10日民集67巻9号1847頁［88］）。

性同一性障害への治療を実施して性別を変更後に，変更前の性に戻りたいとの希望を改めて抱いたとしても，現行法上はそのために性を戻す仕組みは準備されていない。このため近時，変更後は元に戻れない現行法制の仕組みを問題視する報道もなされている。性の変更自体が認められなかった状況から変化し，認められるようになったからこそ生じるようになった問題であるが，現時点では議論の蓄積も十分ではない。日本の現行法は性的マイノリティーの権利保障の観点から十分ではないとして，日本学術会議法学委員会は，令和2年9月に，新法を制定することを提言している（日本学術会議法学委員会社会と教育におけるLGBTIの権利保障分科会「性的マイノリティの権利保障をめざして(II)――トランスジェンダーの尊厳を保障するための法整備に向けて」2020年9月23日）。

男女以外の第三の性

現行法制は，人の性別を男性か女性かのどちらかに振り分けているが，近時，どちらでもない（non-binary）「第三の性」に対応する国が増加している。第三の性の問題は，外性器からは男女どちらとも分類しがたい場合や，性を決定する遺伝子を欠いている場合などが典型的であるとされ，性同一性障害の問題とは異なる側面がある。人が男女どちらかの性別に振り分けられることが当然の前提となっている現行法制度は，いずれにも属さないと感じて生きる人々に対して，その本意と異なる選択を強要したり，そもそも割り当てるものであり，不備があると指摘される。どちらにも属さないとすれば，性差に基づく差別との主張が難しい場面が生じることもあり，法的保護を受けるに際して大きな障壁になることも起こりうるため，近時，諸外国では，このことに関する議論が増えている。これについては，インド，オーストラリアでは既に2014年に判決が存在すること，ドイツでも2017年11月8日，連邦憲法裁判所が第三の選択肢がない現行制度を違憲として2018年末までに立法することを求めたことなど，多くの報道がある。アメリカでもカリフォルニア州では，州の発行する身分証明や運転免許証に，自己が男性か女性かを確定しない

Non-binary という選択肢を準備する州法に知事が署名したことが2017年 10月に報道されており，当該州法 Gender Recognition Act, Senate Bill No. 179 は，2019年1月1日から発効している。

演習

AB夫婦の夫Aの精子の状態不良を理由として，医師から提供精子による生殖補助医療を提案された。Aは，提供精子による生殖補助医療に当初は賛成していたものの，後に当初の考えを翻し，やはり提供精子による生殖補助医療には賛成できないとして，それを受けないようにBに頼んでいた。Bは，Aが翻意したことを医師にも伝えず，生殖補助医療を受けて妊娠し，子Cを分娩した。Aは今後，Cの父親としてCを育てていかなければならないか。Aが翻意した時期がいつかなど，問題となる点を挙げて検討しなさい。

ひと口メモ ③　子宮移植について

2021年7月，日本医学会は子宮移植倫理に関する検討委員会報告書を公表した（https://jams.med.or.jp/news/059_2.pdf，https://jams.med.or.jp/news/059_1.pdf（概要版））。同報告書は，諸外国で実施例が報告されつつある子宮移植が，日本においても容認できるかどうかを検討し，従来の移植医療や生殖補助医療の単純な延長線上にはないことに留意しつつ検討したとし，脳死体からの子宮移植については課題が多くまだ時期尚早だが，生体からの子宮移植については，最善の準備を整えた上で，症例数を限定して臨床研究として実施することを容認することとした。近時の子宮移植についての海外の状況については，木須伊織・阪埜浩司「子宮移植の臨床応用の現状」周産期医学52巻7号967頁以下（2022）など参照。

第7章　医学研究と医薬品をめぐる問題

本章では，医学研究・医薬品をめぐる諸問題と，その周辺領域として，人体組織の法律上の課題，ヒトクローンおよび動物実験の問題を扱う。医学研究の成果は，具体的には，医薬品となって形に現れることが多いので，そこに至るまでのプロセスを検討することもここに含まれる。また，「薬事法」が「薬機法」に変わるなど，医療機器が医療に占める重要性も近時大きくなってきていることから，医療機器の問題もここで併せて解説する。

1　医学研究・普及に関する国家方針とその決定

健康・医療戦略推進法の制定とその内容

平成26（2014）年に制定された，健康・医療戦略推進法（平成26年法律48号）は，国民が健康な生活および長寿を享受することのできる社会を形成するため，健康・医療に関する先端的研究開発および新産業創出に関し，基本理念，国等の責務，その推進を図るための基本的施策その他基本となる事項について定め，健康・医療戦略を推進し，もって健康長寿社会の形成に資することを目的とするものである（1条）。健康・医療に関する先端的研究開発および新産業創出は，基礎的な研究開発から実用化まで，一貫して世界最高水準の医療の提供に資するとともに，新たな産業活動の創出およびその活性化等により，海外の医療の質の向上にも寄与しつつ，日本経済の成長に資することを旨とすることを基本理念とする（2条）。

国は，法の基本理念にのっとって，健康・医療に関する先端的研究開発および新産業創出に関する施策を総合的かつ計画的に策定・実施する責務を負い（3条），地方公共団体も同様な責務を負う（4条）。研究機関・医療機関・事業者も研究に際しての責務を負い，連携協力することが求められている。

研究に関する国の基本的施策は，研究開発の推進（10条）・研究開発環境の整備（11条）・研究開発の公正・適正な実施の確保（12条）が謳われ，法令・行政指導指針を遵守し，生命倫理への配慮と個人情報の適切な管理に必要な施策が講じられる。また国は，研究開発成果を実用化するための審査体制の整備（13条），新産業の創出および海外展開の促進（14条），教育の振興（15条），人材の確保等（16条）の施策を行う。

健康・医療戦略の推進を図るために，健康・医療戦略推進本部が内閣に置かれ（20条。主任大臣は内閣総理大臣である。28条），健康・医療戦略案の作成および実施の推進，医療分野研究開発推進計画の作成および実施の推進，医療分野の研究開発およびその環境の整備に関する予算，人材その他資源配分の方針の企画および立案ならびに総合調整，日本医療研究開発機構法により意見を述べることをその所掌職務とし，このほか健康・医療に関する先端的研究開発および新産業創出に関する施策で重要なものの企画および立案ならびに総合調整に関する事項も含む。

健康・医療戦略は，政府が総合的かつ長期的に講ずべき健康・医療に関する先端的研究開発および新産業創出に関する施策の大綱，政府が講ずべき健康・医療に関する先端的研究開発および新産業創出に関する施策を総合的かつ計画的に推進するために必要な事項を定め，内閣総理大臣は，健康・医療戦略推進本部の作成した健康・医療戦略の案について閣議の決定を求め，閣議の決定があったときは，遅滞なく，健康・医療戦略を公表する。また，健康・医療戦略推進本部は，政府が講ずべき医療分野の研究開発ならびにその環境の整備および成果の普及に関する施策の集中的かつ計画的な推進を図るため，健康・医療戦略に即して，医療分野研究開発等施策の推進に関する計画を作成する。そして，医療分野研究開発推進計画は，国立研究開発法人日本医療研究開発機構が，研究機関の能力を活用して行う医療分野の研究開発およびその環境の整備ならびに研究機関における医療分野の研究開発およびその環境の整備の助成において中核的な役割を担うよう作成する（19条）。

再生医療に特化して研究開発・提供と普及の促進の施策について定めるのが，再生医療を国民が迅速かつ安全に受けられるようにするための施策の総合的な推進に関する法律（平成25年法律13号）である。その目的・基本理念・国ほか関係者の責務と環境・体制整備等が，健康・医療戦略推進法と同様の枠組みで定められている。

また，医療機器に関しては，国民が受ける医療の質の向上のための医療機器の研究開発及び普及の促進に関する法律（平成26年法律99号）が定められている。その内容は，上記の法律と概要は大きくは異ならず，目的・基本理念・国・医療機器の製造販売事業者・医師等の関係者の責務・法制上の措置・基本計画等について定めている。この法律は，医療およびその周辺を，国の成長政策のひとつとして位置づけるものであり，それ以前には存在しなかったものである。

2 医学研究の一般原則

医学研究に対する規制の必要性とその拡大傾向

人類は，医学の進歩により多くの恩恵を受けてきたが，人体や疾病のメカニズムには未解明の部分が少なくない。医学の進歩は日進月歩であるが，その背景には絶え間のない激しい競争にさらされた研究が存在する。医学は人を対象とするものであり，最終的にはヒトを対象にした臨床研究が不可欠である。

医学研究は従前，現実に人（患者）に対して実施される場合にのみ法的に問題となったが，近時は，人から分離された臓器や組織，人になる前の配偶子や受精卵の研究，さらには動物実験などに対しても，法的な規制の必要性が指摘されており，現実に規制が行われている領域もある。ここでも，学問・研究の自由と，患者・社会との緊張関係が存在している。最近は，動物実験のあり方に対しても，一定のルールの下に実施されるべきことになっている。

ヒトを対象とする医学研究の倫理的原則——ヘルシンキ宣言

人を対象とする医学研究は，従来は，医学関係者に対する信頼を背景として，自由に行われてきたといわれる。しかしながら，第二次世界大戦におけるナチスドイツの医療関係者の蛮行が戦後明らかになると，ニュールンベルグ綱領（Nuremberg Code, 1947 年）が定められ，被験者の同意なしにいかなる医学研究もなされてはならないことが確認された。また，世界医師会もヘルシンキ宣言（1964 年）を起草し，被験者の同意が必須という医学研究の原則を明らかにした。ヘルシンキ宣言は対象となる医学研究者・保護範囲等についてたびたび修正されている。このヘルシンキ宣言の立場には批判もないわけではないが，医学研究のあり方として基本的に受け入れられているといってよい。

日本医師会も，「医師の職業倫理指針」を平成 16（2004）年 2 月に定め（平成 20 年・平成 28 年にも改定されている），人を対象とする医学研究について国際的に共有されているルールを「患者・被験者の福利の優先」「患者・被験者の人権の擁護」「本人の自発的・自由意思による参加・撤回」「参加同意，重要事項についてのインフォームド・コンセントの取得」「独立の第三者委員会による事前審査，承認，監視の継続」「研究結果発表の正確性と研究に関する透明性の確保」とし，医学研究に携わる医師は，医療専門職の研究者として，これらの項目を熟知し，遵守しなければならないとする（日本医師会のウェブサイトからダウンロードできる。http://dl.med.or.jp/dl-med/teireikaiken/20161012_2.pdf）。

人を医学研究の対象とすることの問題点　医療には常に実験的要素が含まれるとはいえ，多くの疾患に対しては何らかの標準的な治療法が存在するのが一般的であり，医療行為が適法とされるのは，こうした標準的な医療を具体的患者に適用することによる（医療行為の適法要件）。標準的治療法をはずれた医療行為は，適法とはいえず，当該医療行為が傷害などの刑事責任が問われうる行為と評価される可能性がある。しかしながら，疾患によっては標準的治療が存在しないことがある。その場合に実施される医療行為は実験的な性格を帯びることになるが，医療が標準的医療に収斂（しゅうれん）してゆくためには，ヒトを対象とした研究が適切に行われることが必要であり，患者の十分な説明を受けた上での同意によって，こうした標準と異なる医療行為も実施可能となりうる。

医学研究実施のための諸条件

医学研究が研究である以上，そこには何らかの未知の危険が生じるおそれも十分にありうる。ヘルシンキ宣言は，医学研究を実施するための諸条件を明らかにしている。

- 研究は被験者の利益を最優先にすべきこと
- 研究は科学的な根拠を有し，動物実験にも配慮をすべきこと
- 研究の実施前に研究計画書を作成し，独立した倫理審査委員会により評価検討されるべきこと
- 研究計画書には倫理的配慮についての言明を明示すること
- 研究は科学的な見地からの監督下で，事前の危険の予測と利益との比較考量のもとで，被験者の危険と負担よりも得られる利益が上回る場合にのみ実施されるべきこと
- 被験者は研究の目的，方法，研究に参加することで期待される利益と危険，研究への参加の取りやめ・同意の撤回は不利益なしに自由に行いうること等について十分な説明を受け，可能ならば文書による同意を得ること
- 未成年者や制限行為能力者のインフォームド・コンセントについては特に配慮が必要なこと

医療として研究段階の医療を患者に提案する場合には，それが予防・診断または治療上，意義があると評価される範囲でのみ可能である。新しい治療方法から得られる可能性のある利益・不利益は，現在のところ最善とされる方法と比較した上で決定される必要がある。医師は研究に関連する処置を患者に十分説明しなければならず，患者が研究参加を拒否したとしても，患者に不利益が与えられてはならない。

臨床研究に対する法規制の導入をめぐって　研究に対する法規制は従来，特定の研究内容に限って禁止するクローンを規制する法律があるのみであったが，研究における不祥事が生じたことが機縁となって，臨床研究法が制定され，研究に対する法的規律が前面に出ることとなった。また，COVID-19 に有効な薬剤となる可能性となる情報がビッグデータによって探索され多数の候補が見いだされ，また消えていったという状況で示されたように，医療に含まれるデータが医薬品開発に有益なことから，その利活用の規律を定める法律である次世代医療基盤法もある。これは医学研究そのものへの法規制ではないが，その前提となる情報を規律するものである。

臨床研究法について　臨床研究法（平成 29 年法律 16 号）は，臨床研究の対象者をはじめとする国民の臨床研究に対する信頼の確保を図ることを通じてその実施を推進し，もって保健衛生の向上に寄与することを目的とするものであり，臨床研究の実施の手続，認定臨床研究審査委員会による審査意見業務の適切な実施のための措置，臨床研究に関する資金等の提供に関する情報の公表の制度等を定めるものである（1 条）。

「臨床研究」とは，医薬品等を人に対して用いることにより当該医薬品等の有効性または安全性を明らかにする研究をいい，「特定臨床研究」とは，臨床研究のうち，①医薬品等製造販売業者またはその特殊関係者から研究資金等の提供を受けて実施する臨床研究，②医薬品等を用いる臨床研究のうち，薬機法の定める承認を受けているもの・受けていないものの一部をいう（2 条）。

臨床研究の実施については，厚生労働大臣が実施基準（実施体制・施設の構造設備・実施状況の確認等の 6 項目）を定めなくてはならず（3 条），研究実施者にはその遵守への努力義務，特定臨床研究の実施者は基準を順守する義務がある（4条）。

特定臨床研究の実施者は，特定臨床研究ごとに法定事項を記載した詳細な実施計画書を作成し厚生労働大臣に提出し，認定臨床研究審査委員会の意見を聴かなければならない（5条）。この実施計画は拘束力が強く（7条），計画を変更するにすぎない場合であっても届出が必要である（6条）。

特定研究の対象者からは予め同意を得ておくことが必要で（9条），提供すべき情報として，当該特定臨床研究の目的および内容，用いる医薬品等の概要，当該医薬品等の製造販売業者またはその特殊関係者から研究資金等の提供を受けて実施する場合の事項がある。また，個人に関する情報であって，当該情報に含まれる氏名等の記述により特定の個人を識別することができるものである個人情報を保護するための管理措置も必要で（10条），研究に関与した者には秘密保持義務もある（11条）。対象者毎に記録を作成・保存する義務があり（12条），特定臨床研究の実施に起因するものと疑われる疾病，障害もしくは死亡または感染症の発生を知ったときは，その旨を認定臨床研究審査委員会に報告し，また当該特定臨床研究実施者は必要な措置をとらなければならない（13条）。厚生労働大臣に報告が必要な場合もある（14条）。

厚生労働大臣は，研究実施により保健衛生上の危害の発生・拡大防止のため必要と認めるときは，研究実施者に対し研究停止その他の応急措置をとることを命ずることができ（19条・緊急命令），規定または命令違反が認められるときは研究実施者に対して，実施計画の変更その他当該違反の是正に必要な措置をとることを命じることができ（20条），これらの規律は，臨床研究の実施者にも準じて適用される（21条）。

医薬品等製造販売業者またはその特殊関係者が，特定臨床研究に関して研究資金等の提供をする場合，厚生労働省令で定める事項を定める契約を締結しなければならず（32条），これに関する情報等は公表が必要である（33条，34条）。

「人を対象とする生命科学・医学系研究に関する倫理指針」について

(1)「人を対象とする生命科学・医学系研究に関する倫理指針」（文部科学省・厚生労働省・経済産業省）　この倫理指針は，人を対象とする生命科学・医学系研究についての倫理指針としてまとめられたものであり，令和3年3月に告示された（令和3年文部科学省・厚生労働省・経済産業省告示1号）。

(a)　**本指針の目的・基本方針**　本指針は，人を対象とする生命科学・医学系研究に携わる全関係者が遵守すべき事項を定めることで，人間の尊厳および人権が守られ，研究の適正な推進が図られることを目的とする。全関係者は，①社会的および学術的意義を有する研究を実施すること，②研究分野の特性に応じた科学的合理性を確保すること，③研究により得られる利益および研究対象者への負担その他の不利益を比較考量すること，④独立し公正な立場にある倫理審査委員会の審査を受けること，⑤研究対象者への事前の十分な説明を行うとともに，自由な意思に基づく同意を得ること，⑥社会的に弱い立場にある者への特別な配慮をすること，⑦研究に利用する個人情報等を適切に管理すること，⑧研究の質および透明性を確保すること，を基本方針として，本指針を遵守することが求められている（第1）。

(b)　**用語の定義**　本指針で用いられる用語の定義は，以下のようになっている。

・人を対象とする生命科学・医学系研究　人を対象として，①傷病の成因（健康に関するさまざまな事象の頻度および分布ならびにそれらに影響を与える要因を含む）の理解，②病態の理解，③傷病の予防方法の改善または有効性の検証，④医療における診断方法および治療方法の改善または有効性の検証を通じて，国民の健康の保持増進，患者の傷病からの回復，生活の質向上に資する知識を得る，または，人由来の試料・情報を用いて，ヒトゲノムおよび遺伝子の構造または機能，遺伝子の変異または発現に関する知識を得ること，を目的として実施される活動をいう。

・侵襲　研究目的で行われる，穿刺，切開，薬物投与，放射線照射，心的外傷に触れる質問等によって，研究対象者の身体または精神に傷害または負担が生じることをいう。侵襲のうち，傷害または負担が小さいものを「軽微な侵襲」という。

・介入　研究目的で，人の健康に関するさまざまな事象に影響を与える要因（健康の保持増進につながる行動および医療における傷病の予防，診断または治療のための投薬，検査等を含む）の有無または程度を制御する行為（通常の診療を超える医療行為であって，研究目的で実施するものを含む）をいう。

・試料　血液，体液，組織，細胞，排泄物およびこれらから抽出したDNA等，人の体から取得されたものであって，研究に用いられるもの（死者に係るものを含む）をいう。

・研究に用いられる情報　研究対象者の診断および治療を通じて得られた傷病名，投薬内容，検査または測定の結果等，人の健康に関する情報その他の情報であって研究に用いられるもの（死者に係るものを含む）をいう。

・試料・情報　試料および研究に用いられる情報をいい，既存試料・情報とは，試料・情報のうち，①研究計画書が作成されるまでに既に存在する試料・情報，または②研究計画書の作成以降に取得された試料・情報であって，取得の時点においては当該研究計画書の研究に用いられることを目的としていなかったもの，のいずれかに該当するものをいう。

・遺伝情報　試料・情報を用いて実施される研究の過程を通じて得られ，または既に試料・情報に付随している子孫に受け継がれ得る情報で，個人の遺伝的特徴および体質を示すものをいう。

・研究対象者　①研究を実施される者（研究を実施されることを求められた者を含む），または②研究に用いられることとなる既存試料・情報を取得された者，のいずれかに該当する者（死者を含む）をいう。

・研究機関　研究が実施される法人もしくは行政機関または研究を実施する個人事業主をいう（研究に関する業務の一部についてのみ委託を受けて行われる場合を除く）。

このほか，共同研究機関，研究協力機関，試料・情報の収集・提供を行う機関，学術研究機関等に関する定義があり，また，多機関共同研究とは，一の研究計画書に基づき複数の研究機関において実施される研究をいう。

・研究者等　研究責任者その他の研究の実施に携わる者をいい（例外がある），研究責任者とは，研究の実施に携わるとともに，所属する研究機関において当該研究に係る業務を統括する者をいう。研究代表者とは，多機関共同研究を実施する場合に複数の研究機関の研究責任者を代表する研究責任者をいう。このほか，研究機関の長についても定めがある。

・倫理審査委員会　研究の実施または継続の適否その他研究に関し必要な事項につき倫理的および科学的な観点から調査審議するために設置された合議制の機関をいう。

・インフォームド・コンセント（以下，IC）　研究の実施または継続（試料・情報の取扱いを含む）に関する研究対象者等の同意であって，当該研究の目的および意義ならびに方法，研究対象者に生じる負担，予測される結果（リスクおよび利益を含む）等について研究者等または既存試料・情報の提供のみを行う者から十分な説明を受け，それらを理解した上で自由意思に基づいてなされるものをいう。

・代諾者　　生存する研究対象者の意思および利益を代弁できると考えられる者で当該研究対象者がICを与える能力を欠くと客観的に判断される場合に研究対象者の代わりに，研究者等に対してICを与えることができる者をいう。

・インフォームド・アセント（以下IA）　　ICを与える能力を欠くと客観的に判断される研究対象者が，実施または継続されようとする研究に関し，理解力に応じた分かりやすい言葉で説明を受け当該研究を実施または継続されることを理解し賛意を表することをいう。

・個人情報　　個人情報保護法2条1項に規定する個人情報をいい，このほかの個人情報もその多くが，個人情報保護法に規定されているものと同じである（個人識別符号：同条2項に規定，要配慮個人情報：同条3項に規定，仮名加工情報：同条5項に規定，匿名加工情報：同条6項に規定，個人関連情報：同条7項に規定，削除情報等：同法41条2項に規定）。なお，個人情報等というときは，個人情報・仮名加工情報・匿名加工情報・個人関連情報をいう。

・有害事象　　実施された研究との因果関係の有無を問わず，研究対象者に生じたすべての好ましくないまたは意図しない傷病もしくはその徴候（臨床検査値の異常を含む）をいう。

・重篤な有害事象　　有害事象のうち，①死に至るもの，②生命を脅かすもの，③治療のための入院または入院期間の延長が必要となるもの，④永続的または顕著な障害・機能不全に陥るもの，⑤子孫に先天異常を来すもの，のいずれかに該当するものをいう。

・予測できない重篤な有害事象　　重篤な有害事象のうち，研究計画書，IC の説明文書等において記載されていないものまたは記載されていてもその性質もしくは重症度が記載内容と一致しないものをいう。

・モニタリング　　研究が適正に行われることを確保するため研究の進捗状況・本指針および研究計画書に従って行われているかについて研究責任者が指定した者に行わせる調査をいう。

・監査　　研究結果の信頼性を確保するため研究が本指針および研究計画書に従って行われたかについて，研究責任者が指定した者に行わせる調査をいう。

・遺伝カウンセリング　　遺伝医学に関する知識・カウンセリングの技法を用いて，研究対象者等または研究対象者の血縁者に対し対話と情報提供を繰り返しながら，遺伝性疾患をめぐり生じ得る医学的または心理的諸問題の解消または緩和を目指し，研究対象者等または研究対象者の血縁者が自らの意思で，選択・行動できるよう支援・援助することをいう。

(c)　**本指針の適用範囲**　　本指針は，日本の研究機関により実施され，または日本国内において実施される人を対象とする生命科学・医学系研究を対象とする。日本国外での研究実施については別に定めがある。

(d)　**研究者等の責務等**　　研究対象者の生命，健康および人権を尊重して研究を実施することが求められている。

法令・指針等を遵守し，倫理審査委員会の審査および研究機関の長の許可を受けた研究計画書に従って適正に研究を実施する。研究実施に当たっては，原則として予め IC を受け，研究対象者等およびその関係者からの相談・問合せ・苦情等に適切かつ迅速に対応する。

研究の実施に携わる上で知り得た情報を，正当な理由なく漏らしてはならず，地域住民等一定の特徴を有する集団を対象に当該地域住民等の固有の特質を明らかにする可能性がある研究を実施する場合には，研究対象者等および当該地域住民等を対象として研究に対する理解を得るよう努める。

研究の実施に先立ち，研究に関する倫理ならびに当該研究の実施に必要な知識および技術に関する教育・研修を受けなければならず，研究期間中も適宜継続して，教育・研修を受けることが必要である。

1 研究機関の長の義務

研究機関の長は，研究の適正な実施に必要な監督の実施責任を負い，研究が本指針および研究計画書に従って適正に実施されていることを確認し，関係者に研究対象者の生命，健康および人権を尊重して研究実施することを周知徹底する。業務上知り得た情報を漏えいすることは禁止されている。また，研究の適正な実施に必要な体制・規程を整備し，研究対象者に健康被害が生じた場合の補償その他の必要な措置や，研究対象者等およびその関係者の人権または権利利益の保護のために必要な措置と，研究に関する情報の適切な公表の確保を行う。

研究機関の長は，研究が本指針に適合していることについて必要に応じて自ら点検および評価を実施し，また，倫理審査委員会が行う調査に協力し，倫理・研究の実施に必要な知識および技術に関する教育・研修を当該研究機関の研究者等が受けることを確保する。

研究責任者から研究の実施の許可を求められたときには，倫理審査委員会の意見を尊重しつつ，当該研究の実施の許可または不許可その他研究に関し必要な措置について決定する。倫理審査委員会が研究の実施について不適当である旨の意見を述べたときは当該研究の実施を許可しない。

研究機関で行われている研究の継続に影響を与えると考えられる事実を知りまたは情報を得た場合，必要に応じて速やかに研究停止，原因究明等の適切な対応をとり，研究の実施の適正性もしくは研究結果の信頼を損なうもしくはそのおそれのある事実を知りまたは情報を得た場合には，速やかに必要な措置を講じる。

2 研究責任者の義務

研究責任者は，予め研究計画書を作成し，この内容と異なる研究を実施しようとするときは，予め研究計画書を変更する。この作業では，研究の倫理的妥当性および科学的合理性が確保されるよう考慮し，研究対象者への負担ならびに予測されるリスクおよび利益を総合的に評価するとともに，負担およびリスクを最小化する対策を講じなければならない。

研究責任者は，侵襲（軽微な侵襲を除く）を伴う研究で通常の診療を超える医療行為を伴うものを実施しようとする場合には，当該研究に関連して研究対象者に生じた健康被害に対する補償を行うため，予め保険への加入その他の必要な措置を適切に講じる。

研究責任者は，研究の実施の適否につき倫理審査委員会の意見を聴かなければならず，原則として，多機関共同研究に係る研究計画書について一の倫理審査委員会による一括した審査を求めなければならない。

研究責任者は，倫理審査委員会に意見を聴いた後，結果および当該倫理審査委員会に提出した書類，その他研究機関の長が求める書類を研究機関の長に提出し，当該研究機関における当該研究の実施について，許可を受ける。

3 緊急に研究の実施が必要なとき

公衆衛生上の危害の発生または拡大を防止するため緊急に研究を

実施する必要があると判断される場合には，当該研究の実施について倫理審査委員会の意見を聴く前に研究機関の長の許可のみをもって研究を実施できる。研究責任者は，許可後遅滞なく倫理審査委員会の意見を聴くものとし，倫理審査委員会が研究の停止もしくは中止または研究計画書の変更をすべき旨の意見を述べたときは，当該意見を尊重し研究を停止もしくは中止し，または研究計画書の変更など適切な対応をとらなければならない。

4 データベースへの登録等

研究責任者は，多機関共同研究について個別の倫理審査委員会の意見を聴く場合には，共同研究機関における研究の実施の許可，他の倫理審査委員会における審査結果および当該研究の進捗に関する状況等の審査に必要な情報についても当該倫理審査委員会へ提供する。

研究責任者は，介入研究につき，厚生労働省が整備するデータベース（Japan Registry of Clinical Trials: jRCT）等の公開データベースに研究概要を登録し，更新する（例外がある）。

研究責任者は，研究計画書に従って研究が適正に実施され，その結果の信頼性が確保されるように関係者を指導・管理する。侵襲を伴う研究の実施において重篤な有害事象の発生を知った場合は，速やかに必要な措置を講じなければならない。

研究責任者は，研究を終了（中止を含む）したときは，その旨および研究結果の概要を文書または電磁的方法により，遅滞なく倫理審査委員会および研究機関の長に報告する。また，研究責任者は，研究終了後，当該研究の結果を公表しなければならない。侵襲（軽微な侵襲を除く）を伴う研究であって，介入を行うものについて結果の最終の公表を行ったときは，遅滞なく，研究機関の長へ報告する。

研究責任者は，介入研究を終了したときは，当該研究の概要を登録した公開データベースに遅滞なく，当該研究の結果を登録しなければならない。

研究責任者は，通常の診療を超える医療行為を伴う研究を実施した場合には，当該研究を終了した後においても，研究対象者が当該研究の結果により得られた最善の予防，診断および治療を受けることができるよう努めなければならない。

5　研究計画書について

研究計画書に記載すべき事項は，倫理審査委員会の意見を受けて研究機関の長が許可した事項以外には，原則として以下のとおりとする。

①研究の名称，②研究の実施体制（研究機関の名称および研究者等の氏名を含む），③研究の目的および意義，④研究の方法および期間，⑤研究対象者の選定方針，⑥研究の科学的合理性の根拠，⑦IC を受ける手続等（IC を受ける場合には，同規定による説明および同意に関する事項を含む），⑧個人情報等の取扱い，⑨研究対象者に生じる負担ならびに予測されるリスクおよび利益，これらの総合的評価ならびに当該負担およびリスクを最小化する対策，⑩試料・情報（研究に用いられる情報に係る資料を含む）の保管および廃棄の方法，⑪研究機関の長への報告内容および方法，⑫研究の資金源その他の研究機関の研究に係る利益相反および個人の収益その他の研究者等の研究に係る利益相反に関する状況，⑬研究に関する情報公開の方法，⑭研究により得られた結果等の取扱い，⑮研究対象者等およびその関係者が研究に係る相談を行うことができる体制および相談窓口（遺伝カウンセリングを含む），⑯代諾者等から IC を受ける場合には手続（代諾者等の選定方針ならびに説明および同意に関する事項を含む），⑰ IA を得る場合には手続（説明に

関する事項を含む)，⑱第８の８（研究対象者に緊急かつ明白な生命の危機が生じている状況における研究の取扱い）の規定による研究を実施しようとする場合には，同規定に掲げる要件のすべてを満たしていることについて判断する方法，⑲研究対象者等に経済的負担または謝礼がある場合にはその旨・その内容，⑳侵襲を伴う研究の場合，重篤な有害事象が発生した際の対応，㉑侵襲を伴う研究の場合，当該研究によって生じた健康被害に対する補償の有無およびその内容，㉒通常の診療を超える医療行為を伴う研究の場合，研究対象者への研究実施後における医療の提供に関する対応，㉓研究に関する業務の一部を委託する場合，当該業務内容および委託先の監督方法，㉔研究対象者から取得された試料・情報につき，研究対象者等から同意を受ける時点では特定されない将来の研究のために用いられる可能性または他の研究機関に提供する可能性がある場合，その旨と同意を受ける時点において想定される内容，㉕モニタリングおよび監査を実施する場合，その実施体制および実施手順，である。

試料・情報の収集・提供を実施する場合の研究計画書に記載すべき事項は，原則として以下のとおりである（例外がある)。

①試料・情報の収集・提供の実施体制（試料・情報の収集・提供を行う機関の名称および研究者等の氏名を含む)，②試料・情報の収集・提供の目的および意義，③試料・情報の収集・提供の方法および期間，④収集・提供を行う試料・情報の種類，⑤ IC を受ける手続等（IC を受ける場合には，同規定による説明および同意に関する事項を含む)，⑥個人情報等の取扱い（加工する場合にはその方法，仮名加工情報または匿名加工情報を作成する場合にはその旨を含む)，⑦研究対象者に生じる負担ならびに予測されるリスクおよび利益，これらの総合的評価ならびに当該負担およびリスクを最小化する

対策，⑧試料・情報の保管および品質管理の方法，⑨収集・提供終了後の試料・情報の取扱い，⑩試料・情報の収集・提供の資金源等，試料・情報の収集・提供を行う機関の収集・提供に係る利益相反および個人の収益等，研究者等の収集・提供に係る利益相反に関する状況，⑪研究対象者等およびその関係者からの相談等への対応，⑫研究対象者等に経済的負担または謝礼がある場合にはその旨およびその内容，⑬研究により得られた結果等の取扱い，⑭研究対象者から取得された試料・情報について，研究対象者等から同意を受ける時点では特定されない将来の研究のために他の研究機関に提供する可能性がある場合には，その旨と同意を受ける時点において想定される内容，である。

6 ICを受ける手続等

研究者等が研究を実施しようとするときまたは既存試料・情報の提供のみを行う者が既存試料・情報を提供しようとするときは，研究実施について研究機関の長の許可を受けた研究計画書に定めるところにより，それぞれの手続に従って，原則として予めICを受けなければならない（外国にある者に提供する場合は別枠）。ただし，法令の規定により既存試料・情報を提供する場合または既存試料・情報の提供を受ける場合については，この限りでない。

・新たに試料・情報を取得して研究を実施しようとする場合　研究者等は，侵襲を伴う研究の場合，説明事項を記載した文書により，ICを受けなければならない。研究協力機関は，当該手続が行われていることを確認しなければならない。

侵襲を伴わない研究であるが介入研究の場合，および介入を行わない研究で試料を用いる研究では，研究者等は，必ずしも文書によりICを受けることを要しないが，文書によりICを受けない場合には，説明事項について口頭によりICを受け，説明の方法および内容ならびに受けた同意の内容に関する記録を作成しなければならない。

試料を用いない研究でも，要配慮個人情報を取得する場合，研究者等は，必ずしもICを受けることを要しないが，ICを受けない場合には，原則として研究対象者等の適切な同意を受けなければならない。

上記以外の場合，研究者等は，必ずしもICを受けることを要しないが，ICを受けない場合には，当該研究の実施について一定の事項を研究対象者等に通知し，または研究対象者等が容易に知り得る状態に置き，研究が実施または継続されることについて，研究対象者等が拒否できる機会を保障しなければならない。

・自らの研究機関において保有している既存試料・情報を研究に用いる場合　研究者等は，研究の方法により，必ずしも文書によりICを受けることを要しないが，文書によりICを受けない場合には，説明事項について口頭によりICを受け，説明の方法および内容ならびに受けた同意の内容に関する記録を作成しなければならない（例外がある）。

・他の研究機関に既存試料・情報を提供しようとする場合　他の研究機関に対して既存試料・情報の提供を行う者は，提供しようとする内容により，一定の手続をふむ必要がある。このほか，外国にある者へ試料・情報を提供する場合についても定めがある。

研究者等は，研究対象者等の本人確認を適切に行い，説明内容に関する質問をする機会を確保・回答し，ICを受けた後もIC説明事項を含め同意事項を容易に閲覧できるようにし，特に研究対象者等が求める場合には文書を交付することで，電磁的方法によりICを受けることができる。

7 記録の保管

試料・情報の提供に関する記録は，その提供を行う場合には提供を行った日から3年を経過した日までの期間，保管する。試料・情報の提供を受ける場合には，提供を行う者によって適切な手続がとられていること等を確認し，提供に関する記録を作成したうえ，当該研究の終了について報告された日から5年を経過した日までの期間，その記録を保管しなければならない。

研究者等は，研究計画書を変更して研究を実施しようとする場合には，変更箇所について，原則として改めてICの手続等を行わなければならない（例外がある）。

8 説明すべき事項

ICを受ける際に研究対象者等に対し説明すべき事項は，原則として以下のとおりとする（例外がある）。

①研究の名称および当該研究の実施について研究機関の長の許可を受けている旨，②当該研究対象者に係る研究協力機関の名称，既存試料・情報の提供のみを行う者の氏名および所属する機関の名称ならびにすべての研究責任者の氏名および研究機関の名称，③研究の目的および意義，④研究の方法（研究対象者から取得された試料・情報の利用目的および取扱いを含む）および期間，⑤研究対象者として選定された理由，⑥研究対象者に生じる負担ならびに予測されるリスクおよび利益，⑦研究が実施または継続されることに同意した場合であっても随時これを撤回できる旨（研究対象者等からの撤回の内容に従った措置を講ずることが困難となる場合があるときは，その旨およびその理由を含む），⑧研究が実施または継続されることに同意しないことまたは同意を撤回することによって研究対象者等が不利益な取扱いを受けない旨，⑨研究に関する情報公開の方法，⑩研究対象者等の求めに応じ，他の研究対象者等の個人情報等の保護および当該研究の独創性の確保に支障がない範囲内で研究計画書および研究の方法に関する資料を入手または

閲覧できる旨ならびにその入手または閲覧の方法，⑪個人情報等の取扱い（加工する場合にはその方法，仮名加工情報または匿名加工情報を作成する場合にはその旨を含む），⑫試料・情報の保管および廃棄の方法，⑬研究の資金源その他の研究機関の研究に係る利益相反および個人の収益その他の研究者等の研究に係る利益相反に関する状況，⑭研究により得られた結果等の取扱い，⑮研究対象者等およびその関係者からの相談等への対応（遺伝カウンセリングを含む），⑯研究対象者等に経済的負担または謝礼がある場合にはその旨およびその内容，⑰通常の診療を超える医療行為を伴う研究の場合には，他の治療方法等に関する事項，⑱通常の診療を超える医療行為を伴う研究の場合には，研究対象者への研究実施後における医療の提供に関する対応，⑲侵襲を伴う研究の場合には，当該研究によって生じた健康被害に対する補償の有無およびその内容，⑳研究対象者から取得された試料・情報について，研究対象者等から同意を受ける時点では特定されない将来の研究のために用いられる可能性または他の研究機関に提供する可能性がある場合には，その旨と同意を受ける時点において想定される内容，㉑侵襲（軽微な侵襲を除く）を伴う研究であって介入を行うものの場合には，研究対象者の秘密が保全されることを前提として，モニタリングに従事する者および監査に従事する者ならびに倫理審査委員会が，必要な範囲内において当該研究対象者に関する試料・情報を閲覧する旨

研究対象者等に通知しまたは研究対象者等が容易に知り得る状態に置くべき事項は，以下のとおりとする。

①試料・情報の利用目的および利用方法（他の機関へ提供される場合はその方法を含む），②利用しまたは提供する試料・情報の項目，③試料・情報の提供を行う機関の名称およびその長の氏名，④提

供する試料・情報の取得方法，⑤提供する試料・情報を用いる研究に係る研究責任者（多機関共同研究では研究代表者）の氏名および当該者が所属する研究機関の名称，⑥利用する者の範囲，⑦試料・情報の管理について責任を有する者の氏名または名称，⑧研究対象者等の求めに応じ研究対象者が識別される試料・情報の利用または他の研究機関への提供を停止する旨，⑨⑧の研究対象者等の求めを受け付ける方法

研究者等は，研究対象者等から同意を受ける時点で想定される試料・情報の利用目的等について可能な限り説明した場合であって，その後，利用目的等が新たに特定されたときは，研究計画書を作成または変更した上で，新たに特定された利用目的等についての情報を研究対象者等に通知し，または研究対象者等が容易に知り得る状態に置き，研究が実施されることについて，原則として，研究対象者等が同意を撤回できる機会を保障しなければならない。

9 研究対象者に緊急かつ明白な生命の危機が生じている状況における研究の取扱い

研究者等は，予め研究計画書に定めるところにより，次に掲げる要件のすべてに該当すると判断したときは，研究対象者等の同意を受けずに研究を実施することができる。当該研究を実施した場合，速やかに，IC 説明事項を記載した文書または電磁的方法により IC の手続を行わなければならない。

① 研究対象者に緊急かつ明白な生命の危機が生じていること

② 介入研究の場合には，通常の診療では十分な効果が期待できず，研究の実施により研究対象者の生命の危機が回避できる可能性が十分にあると認められること

③ 研究の実施に伴って研究対象者に生じる負担およびリスクが必要最小限のものであること

④　代諾者または代諾者となるべき者と直ちに連絡を取ることができないこと

⑩　IC 手続等の簡略化と同意の撤回等

①研究の実施に侵襲（軽微な侵襲を除く）を伴わず，②手続簡略化が研究対象者の不利益とならず，③手続を簡略化しなければ，研究実施が困難でまたは研究の価値を著しく損ね，④社会的に重要性が高い研究と認められる場合，の要件をすべて満たす場合，広報や事後的説明等の方法によって，IC 手続の簡略化が認められる。

研究者等は，研究対象者等から同意の撤回または拒否があった場合には，遅滞なく撤回または拒否の内容に従った措置を講じその旨を当該研究対象者等に説明する（例外がある）。

⑪　代諾者等から IC を受ける場合の手続等

研究者等が代諾者等から IC を受ける場合，研究計画書に①代諾者等の選定方針，②代諾者等への説明事項が記載され，研究対象者が未成年者，または，成年であって，IC を与える能力を欠くと客観的に判断される者である，あるいは死者であることが必要である。

ただし，研究対象者が中学校等の課程を修了，または 16 歳以上の未成年者で，研究を実施されることに関する十分な判断能力を有すると判断される場合で当該研究の実施について倫理審査委員会の意見を聴き，研究機関の長の許可を受けたときは，代諾者ではなく当該研究対象者から IC を受ける。

⑫　IA の手続等

研究者等が，代諾者から IC を受けた場合であって，研究対象者が研究を実施されることについて自らの意向を表することができると判断されるときには，IA を得るよう努めなければならない。ただし研究対象者から IC を受けるときは，この限りでない。研究責任者は，IA の手続を行うことが予測される研究を実施しようとする場合には，予め研究対象者への説明事項および説明方法を研究計画書に記載しなければならない。

13 研究により得られた結果等の取扱い

研究責任者は，実施しようとする研究および当該研究により得られる結果等の特性を踏まえ得られる結果等の研究対象者への説明方針を定め，研究計画書に記載する。当該方針を定める際には，①当該結果等が研究対象者の健康状態等を評価するための情報として精度や確実性が十分か，②当該結果等が研究対象者の健康等にとって重要な事実か，③当該結果等の説明が研究業務の適正な実施に著しい支障を及ぼす可能性があるか，を考慮する。

研究者等は，倫理審査委員会の意見を踏まえ研究対象者等に対し，十分な説明を行った上で，当該研究対象者等の意向を確認し，なお説明を希望しない場合には，説明してはならない。

14 研究に係る相談実施体制等

研究責任者は，研究により得られた結果等を取り扱う場合，結果等の特性を踏まえ，医学的または精神的な影響等を十分考慮し，研究対象者等が当該研究に係る相談を適宜行うことができる体制を整備する。

15 研究に係る適切な対応と報告

研究者等は，研究の倫理的妥当性・科学的合理性を損なうまたはそのおそれがある事実を知りまたは情報を得た場合，速やかに研究責任者に報告し，研究の実施の適正性または研究結果の信頼を損なうまたはそのおそれがある事実を知り情報を得た場合，研究に関連する情報の漏えい等，研究対象者等の人権を尊重する観点または研究の実施上の観点から重大な懸念が生じた場合には，速やかに研究機関の長および研究責任者に報告する。

研究責任者は，研究の実施に係る必要な情報を取得するなど，研究の適正な実施および研究結果の信頼性の確保に努める。

研究責任者は，研究の実施で当該研究により期待される利益よりも予測されるリスクが高いと判断される場合，または当該研究により十分な成果が得られたもしくは十分な成果が得られないと判断される場合には，当該研究を中止しなければならない。

研究責任者は，研究計画書により，研究の進捗状況および研究の実施に伴う有害事象の発生状況を倫理審査委員会および研究機関の長に報告する。

研究責任者は，多機関共同研究を実施する場合には，共同研究機関の研究責任者に対し，当該研究に関連する必要な情報を共有しなければならない。

⑯　大臣への報告等

研究機関の長は，研究機関が実施しまたは過去に実施した研究について，本指針に適合していないことを知った場合には，速やかに倫理審査委員会の意見を聴き，必要な対応を行い，不適合の程度が重大なときは，対応状況・結果を厚生労働大臣（文部科学省の所管する研究機関では文部科学大臣および厚生労働大臣，経済産業省の所管する研究機関では厚生労働大臣および経済産業大臣）に報告・公表しなければならない。

⑰　利益相反の管理

研究者等は，研究を実施するときは，個人の収益等，当該研究に係る利益相反に関する状況について研究責任者に報告し，透明性を確保するよう適切に対応しなければならず，IC を受ける手続において研究対象者等に説明しなければならない。研究責任者は，商業活動に関連し得る研究を実施する場合には，当該研究に係る利益相反に関する状況を把握し，研究計画書に記載する。

⑱　研究に係る試料および情報等の保管

研究者等は，研究に用いる情報および当該情報に係る資料（研究に用いる試料・情報の提供記録を含む）を正確なものにする。研究責任者はこれらを保管するときは，手順書に基づき，研究計画書に方法を記載し，研究者等が情報等を正確なものにするよう指導・管理し，試料および情報等の漏えい・混交・盗難・紛失等が起こらないように必要な管理を行い，管理の状況について研究機関の長に報告する。

研究機関の長は，試料および情報等の保管に関する手順書を作成し，研究に係る試料および情報等が適切に保管されるよう必要な監督を行い，可能な限り長期間保管されるよう努める。侵襲（軽微な侵襲を除く）を伴う研究であって介入を行うものを実施する場合，少なくとも当該研究の終了報告日から5年を経過した日または当該研究の結果の最終の公表について報告された日から3年を経過した日のいずれか遅い日までの期間，適切に保管されるに必要な監督を行う。研究機関の長は，試料および情報等を廃棄する場合には，特定の個人を識別できないようにするための適切な措置に必要な監督を行う。

19 モニタリングおよび監査

研究責任者は，研究の信頼性の確保に努め，侵襲（軽微な侵襲を除く）を伴う研究で介入を行うものを実施する場合，モニタリングおよび必要に応じて監査を実施する。適切にモニタリングおよび監査が行われるようにモニタリング従事者および監査従事者に対し必要な指導・管理を行う。モニタリング従事者および監査従事者には守秘義務がある。

20 重篤な有害事象への対応

研究者等は，侵襲を伴う研究の実施で重篤な有害事象の発生を知った場合，手順書等に従い，研究対象者等への説明等必要な措置を講じ，速やかに研究責任者に報告する。研究責任者は，侵襲を伴う研究を実施しようとする場合は，予め研究計画書に重篤な有害事象が発生した際に研究者等が実施すべき事項に関する手順を記載し，これに従って適正かつ円滑に対応が行われるよう必要な措置を講じる。侵襲を伴う研究の実施で重篤な有害事象の発生を知った場合，速やかに当該有害事象や研究の継続等について倫理審査委員会に意見を聴き，その旨を研究機関の長に報告し適切な対応を図り，当該研究の実施に携わる研究者等に対し当該有害事象の発生に係る情報を共有しなければならない。

研究代表者は，多機関共同研究で実施する侵襲を伴う研究の実施において重篤な有害事象の発生を知った場合には，速やかに当該研究を実施する共同研究機関の研究責任者に対して，当該有害事象の発生に係る情報を共有しなければならない。

侵襲（軽微な侵襲を除く）を伴う研究で介入を行うものの実施において予測できない重篤な有害事象が発生し，当該研究との直接の因果関係が否定できない場合，当該有害事象が発生した研究機関の研究責任者は，研究機関の長に報告した上で，速やかに対応状況および結果を厚生労働大臣に報告・公表しなければならない。

研究機関の長は，侵襲を伴う研究を実施しようとする場合には，予め重篤な有害事象が発生した際に研究者等が実施すべき事項に関する手順書を作成し，適正かつ円滑に対応が行われるよう必要な措置を講じる。

(e) **倫理審査委員会**　倫理審査委員会の設置者は，①審査に関する事務を的確に行うための能力があること，②倫理審査委員会を継続的に運営する能力があること，③倫理審査委員会を中立的かつ，公正に運営する能力があること，の3要件のすべてを満たしていなければならない。

倫理審査委員会の設置者は，その組織および運営に関する規程を定め，当該規程によって倫理審査委員会の委員およびその事務に従事する者に業務を行わせなければならない。倫理審査委員会が審査を行った研究に関する審査資料は当該研究の終了報告日までの期間，侵襲（軽微な侵襲を除く）を伴う研究であって介入を行うものに関する審査資料にあっては，当該研究の終了が報告された日から5年を経過した日までの期間，適切に保管しなければならない。倫理審査委員会の組織および運営に関する規程ならびに委員名簿は倫理審査委員会報告システムにおいて公表し，年1回以上，当該倫理審査委員会の開催状況および審査の概要について当該システムで公表する（例外がある）。また，審査および関連する業務に関する教育・研修を受けることを確保するため必要な措置を講じる。

倫理審査委員会の役割・責務として，研究責任者から研究の実施の適否等について意見を求められたときは，本指針に基づき，倫理的観点および科学的観点から，当該研究に係る研究機関および研究者等の利益相反に関する情報も含めて中立的かつ公正に審査を行い，文書または電磁的方法により意見を述べる。その際，研究責任者に対して，研究計画書の変更，研究の中止その他当該研究に関し必要な意見を述べる。倫理審査委員会の委員，有識者およびその事務に従事する者等は，守秘義務があり，その業務に従事しなくなった後も同様である。倫理審査委員会の委員およびその事務に従事する者は，審査を行った研究に関連する情報の漏えい等，研究対象者等の人権を尊重する観点ならびに当該研究の実施上の観点および審査の中立性もしくは公正性の観点から重大な懸念が生じた場合には，速やかに倫理審査委員会の設置者に報告しなければならない。また，教育・研修を受ける。

倫理審査委員会の構成は，研究計画書の審査等の業務を適切に実施できるように，①医学・医療の専門家等，自然科学の有識者，②

倫理学・法律学の専門家等，人文・社会科学の有識者，③研究対象者の観点も含めて一般の立場から意見を述べることのできる者，④倫理審査委員会の設置者の所属機関に所属しない者，⑤男女両性で構成，⑥5名以上，でなければならない。審査対象となる研究の実施に携わる研究者等は，倫理審査委員会の審議および意見の決定に同席してはならないが，当該倫理審査委員会の求めに応じて出席し，当該研究に関する説明を行うことはできる。倫理審査委員会の意見は，全会一致をもって決定する努力義務がある。

倫理審査委員会は，①多機関共同研究で既に当該研究の全体について倫理審査委員会の審査を受け適当との意見を得ている場合，②研究計画書の軽微な変更，③侵襲を伴わない研究で介入を行わないもの，④軽微な侵襲を伴う研究であって介入を行わないもの，の審査については，当該倫理審査委員会が指名する委員による審査（迅速審査）を行い，意見を述べることができる。

(f) 個人情報・試料および死者の試料・情報等の扱いについての遵守事項　研究者等および研究機関の長は，個人情報の不適正な取得および利用の禁止，正確性の確保等，安全管理措置，漏えい等の報告，開示等請求への対応などを含め，個人情報等の取扱いに関して，この指針の規定のほか，個人情報保護法に規定する個人情報取扱事業者や行政機関等に適用される規律，条例等を遵守しなければならないとされている。

また，試料の取扱いに関して，研究者等および研究機関の長は，この指針の規定のほか，個人情報保護法，条例等の規定に準じて，必要かつ適切な措置を講ずることに努めなければならない。さらに死者の試料・情報についても，死者の尊厳および遺族等の感情に鑑み，死者について特定の個人を識別することができる資料・情報に関しても，生存する個人に関する情報と同様に，この指針の規定のほか，個人情報保護法，条例等の規定に準じて，必要かつ適切な措置を講ずることに努めなければならないとされる（第9章）。

個人情報の保護等にかかる本章は，個人情報保護法の令和3年改正によって，学術研究機関に対しても同法が適用されることになったことを理由として，倫理指針としてはこれまでの規定が大幅に削除・簡略化された（経済産業省ウェブサイト：https://www.meti.go.jp/press/2021/03/20220310006/20220310006.html）。

⑵　**ヒト幹細胞を用いる臨床研究に関する指針（平成18年7月，平成22年，平成25年全部改正。厚生労働省）**　この指針は再生医療等の安全確保等に関する法律の施行に伴い，平成26年11月21日に廃止された（平成26年厚生労働省告示425号。平成26年11月24日以前に着手した臨床研究については適用）。再生医療法については232頁参照。

⑶　**ヒトゲノム・遺伝子解析研究に関する倫理指針（平成13年3月，平成16年全部改正，平成17年改正，平成20年改正，平成25年全部改正，平成29年一部改正。文部科学省，厚生労働省，経済産業省）**　この倫理指針は，令和3年6月30日限りで廃止された。

⑷　**遺伝子治療等臨床研究に関する指針（平成15年3月，平成16年全部改正，平成20年改正，平成26年改正，平成29年，令和4年3月一部改正。文部科学省，厚生労働省）**　この指針については，170頁参照。

臨床試験の適切さが争われた判例　これまでも，臨床試験においてインフォームド・コンセントが不十分とされたり（名古屋高金沢支判平成17年4月13日裁判所ウェブサイト［42］），遵守すべきプロトコールに従わなかった（名古屋地判平成12年3月24日判時1733号70頁［38］）といった事例があり，いずれも何らかの形で医療側の責任が認められている（ただし，どれも民事責任に関するものである）。

被験者の属性による配慮

正常な精神状態にある成人の場合は，実験的な側面があることについての十分な情報提供と，それに対する被験者の任意の同意によって，医学研究に参加することが基本的に適法なものとされる。しかしながら，被験者が未成年者の場合や，意思能力に疑問が存し，その結果同意の有効性に疑問が生じる場合で，しかしそうした者を対象としなければならない医学研究も存在するため，特別な考慮が要請されることがある。

(1) **未成年者**　未成年者は発達過程にある存在であり，成人とは異なる医学的反応を医薬品や治療に対して起こすことがあるため，子供を用いないでも研究が可能な場合には，それを認める理由はないが，子供特有の疾患に対しては子供を対象とした医学研究がどうしても必要な場合がある。反面において，研究の実施により有益な情報が得られない場合には，研究を実施する意味がないことは成人の場合でも同様である。

両親は子供の受ける利益と危険のバランスを十分に考慮したうえで，同意するか否かを決することになるが，具体的な場面では問題が生じることもある。

未成年者自身が当該臨床試験の危険性と利益とを理解でき，それらを斟酌のうえ同意することが可能ならば，未成年者の同意であっても，有効な同意として評価することが認められよう。未成年者の同意の有効性の判断には，年齢とその理解力，当該試験の危険性等を考慮に入れることになるが，成人とは別に，未成年者の理解を助ける同意説明文書を作成する等の配慮が必要と思われる。しかしその場合でも，親権者の同意も実際には求められることが多いと思われ，親権者と未成年者との意見が合致している場合には困難は少ない。

親権者も未成年者も同意しない場合，たとえ当該研究が人類に対して貢献する内容を有しているとしても，その拒絶に抗して研究を実施することは許されないと考えられ，結論に至るのは比較的簡明な筋道である。

これに対して，未成年者は同意しているが親権者が同意しない場合，親権者が同意しているが未成年者が同意しない，または未成年者に同意能力がない場合には，そうした研究を未成年者に対して実施できるかどうかは，未成年者への医療行為における利益状況と類似するものがある。ただし，医療行為の場合，未成年者への実施は，当該患者に対して利益が生じることを期待しうるが，研究の場合，その内容が未成年者本人にまったく利益を生じることが期待できない場合もある。この場合は，代諾権者の同意の性質がいかなるものであるかによって，結論が異なりうる可能性がある。すなわち，代諾権者は子供の最善の利益を実現するために行動が認められるのか，患者本人の意思を推定するための手段として問い合わせが行われるのか，によるであろう。

⑵　**意思能力が不十分な患者**　　意思能力が不十分な患者の場合は，代諾者の同意で研究が可能になる場合がある。意思能力が不十分となる理由は疾病・医薬品の影響・加齢などさまざまであるが，これらの人々に対しても，研究が必要な場合は存在する。この場合も，未成年者を対象とする研究と同様に，他に代替的手段がない場合に限って一定の手続を履践することで認められよう。

医療分野の研究開発に資するための匿名加工医療情報に関する法律について

医療分野の研究開発に資するための匿名加工医療情報に関する法律（次世代医療基盤法，医療ビッグデータ法と略称される）は，平成29年に可決成立した（法律28号）。その目的は，医療分野の研究開発に資するための匿名加工医療情報に関し，国の責務の明確化，基本方針の策定，匿名加工医療情報作成事業を行う者の認定，医療情報等および匿名加工医療情報の取扱いに関する規制等について定めることにより，健康・医療に関する先端的研究開発および新産業創出を促進し，もって健康長寿社会の形成に資することである（1条）。このため国は，健康・医療に関する先端的研究開発および新産業創出に関する施策の一環として，医療分野の研究開発に資するための匿名加工医療情報に関し，必要な施策を講ずる責務を有する（3条）。

同法は，定義規定として，「医療情報」とは，特定の個人の病歴その他の当該個人の心身の状態に関する情報で，当該心身の状態を理由とする当該個人またはその子孫に対する不当な差別，偏見その他の不利益が生じないようにその取扱いに特に配慮を要するものとして政令で定める記述等に記載され，もしくは記録され，または音声，動作その他の方法を用いて表された一切の事項（個人識別符号（個人情報保護法2条2項に規定する個人識別符号をいう））であるものが含まれる個人に関する情報のうち，①当該情報に含まれる氏名，生年月日その他の記述等により特定の個人を識別することができるもの（他の情報と容易に照合することができ，それにより特定の個人を識別することができることとなるものを含む）（2条1項1号），②個人識別符号が含まれるもの（2条1項2号），のいずれかに該当するものをいうとする。医療情報について「本人」とは，医療情報によって識別される特定の個人をいい（2条2項），「匿名加工医療情報」とは，特定の個人を識別することができないように医療情報を加工して得られる個人に関する情報であって，当該医療情報を復元することができないようにしたものをいう（2条3項)。①2条1項1号に該当する医療情報は，当該医療情報に含まれる記述等の一部を削除すること（当該一部の記述等を復元することのできる規則性を有しない方法により他の記述等に置き換えることを含む）によって，②2条1項2号に該当する医療情報は，当該医療情報に含まれる個人識別符号の全部を削除すること（当該個人識別符号を復元することのできる規則性を有しない方法により他の記述等に置き換えることを含む）ことによって，それぞれ加工される。

「匿名加工医療情報作成事業」とは，医療分野の研究開発に資するよう，医療情報を整理し，および加工して匿名加工医療情報（匿名加工医療情報データベース等（匿名加工医療情報を含む情報の集合物であって，特定の匿名加工医療情報を電子計算機を用いて検索することができるように体系的に構成したものその他特定の匿名加工医療情報を容易に検索することができるように体系的に構成したものとして政令で定めるものをいう）を構成するものに限る）を作成する事業をいい（2条4項)，「医療情報取扱事業者」とは，医療情報を含む情報の集合物であって，特定の医療情報を電子計算機を用いて検索することができるように体系的に構成したものその他特定の医療情報を容易に検索することができるように体系的に構成したものとして政令で定めるもの（44条において「医療情報データベース等」という）を事業の用に供している者をいう（2条5項)。

政府は，医療分野の研究開発に資するための匿名加工医療情報に関する施策の総合的かつ一体的な推進を図るため，医療分野の研究開発に資するための匿名加工医療情報に関する基本方針を定めなければならないが，その際，①医療分野の研究開発に資するための匿名加工医療情報に関する施策の推進に関する基本的な方向，②国が講ずべき医療分野の研究開発に資するための匿名加工医療情報に関する措置に関する事項，③匿名加工医療情報の作成に用いる医療情報に係る本人の病歴その他の本人の心身の状態を理由とする本人またはその子孫その他の個人に対する不当な差別，偏見その他の不利益が生じないための措置に関する事項，④ 8 条 1 項および 28 条の認定に関する基本的な事項，⑤その他医療分野の研究開発に資するための匿名加工医療情報に関する施策の推進に関する重要事項を含む必要がある（4 条 1 項・2 項）。

国は，医療分野の研究開発に資することを目的とする匿名加工医療情報について国民の理解を深めるために必要な措置を採るとともに（5 条），医療情報・匿名加工医療情報の規格の適正化（6 条）・匿名加工医療情報作成のための情報システムの整備などに努める（7 条）。

匿名加工医療情報作成事業を行う法人は，一定の事項を記載した申請書を提出することで，匿名加工医療情報作成事業を適正かつ確実に行うことができるものと認められる旨の主務大臣の認定を受けることができる（8 条）。認定を受けた事業者のみが，認定匿名加工医療情報作成事業者の名称を独占できるとされる（14 条）。

認定匿名加工医療情報作成事業者は，医療情報の提供を受けた場合には，当該医療情報が医療分野の研究開発に資するために提供されたものであるという趣旨に反することのないように，認定事業の目的の達成に必要な範囲を超えて当該医療情報を取り扱ってはならず（17 条），匿名加工医療情報を作成するときは，特定の個人を識別することおよびその作成に用いる医療情報を復元することができないようにするために必要なものとして主務省令で定める基準に従い，当該医療情報を加工しなければならない。また，匿名加工医療情報を作成して自ら当該匿名加工医療情報を取り扱うに当たっては，当該匿名加工医療情報の作成に用いられた医療情報に係る本人を識別するために，当該匿名加工医療情報を他の情報と照合してはならない，などの定めがある（18条）。認定匿名加工医療情報作成事業者は，認定事業に関し管理する医療情報等または匿名加工医療情報を利用する必要がなくなったときは，遅滞なく，当該医療情報等または匿名加工医療情報を消去しなければならない（19条）。さらに，認定事業に関し管理する医療情報等または匿名加工医療情報の漏洩，滅失または毀損の防止その他の当該医療情報等または匿名加工医療情報の安全管理のために必要かつ適切なものとして主務省令で定める措置を講じなければならない（20条）。他の認定匿名加工医療情報作成事業者に対して医療情報を提供することも必要な限度で認められている（25条。ただし制限があることにつき26条）。

認定匿名加工医療情報作成事業者は，主務省令で定めるところにより，事業に関して管理する医療情報等または匿名加工医療情報の取扱いに関する苦情を適切かつ迅速に処理しなければならず，そのための必要な体制を整備しなければならない（27条。これらの業務を委託する事業者について28条以下で定められている）。

医療情報取扱事業者による認定匿名加工医療情報作成事業者に対する医療情報の提供については，本人またはその遺族（死亡した本人の子，孫その他の政令で定める者）から求めがあるときは，当該本人が識別される医療情報の認定匿名加工医療情報作成事業者への提供を停止することとしている場合であって，30条1項各号に掲げる事項について，予め，本人に通知するとともに，主務大臣に届け出たときは，当該医療情報を認定匿名加工医療情報作成事業者に提供することができる（30条。31条以下は書面の交付・記録の作成等も定める）。もっとも，①30条1項または2項の規定による通知または届出が行われていない医療情報や② 31 条 1 項に規定する求めがあった医療情報については，認定匿名加工医療情報作成事業者は，法令に基づく場合を除き，医療情報取扱事業者から提供を受けてはならない（34 条）。

主務大臣には監督の一環として，認定匿名加工医療情報作成事業者等に対し必要な報告を求め，事務所その他の事業所に立ち入り，帳簿，書類その他の物件を検査させ，もしくは関係者に質問させることができるなど（35 条），監督・指導および助言・是正命令を命じる権限が与えられている（36 条・37 条）。

この法律における主務大臣は，内閣総理大臣，文部科学大臣，厚生労働大臣および経済産業大臣であり（39 条 1 項），主務大臣，個人情報保護委員会および総務大臣は，この法律の施行に当たっては，医療情報等および匿名加工医療情報の適正な取扱いに関し相互に緊密に連絡し，協力しなければならない（38 条）。

個人情報の漏洩等，一定の禁止違反に対しては，罰則が定められている（44 条以下）。

以上見たように，医療ビッグデータ法は，個人情報保護法とその内容は多くが共通しているものの，医療情報が生存する人に限られていないことなどに違いがある。

Column ⑱　研究における比較の必要性

新しい手法が過去・現在の方法に比べて有効であることを確認するためには，これを行わなかったものとの比較をする必要がある。そのためには，プラセボ（プラシーボ・偽薬）を投与する方法や実薬を投与する方法など各種あるが，いかなる方法を採用するかによっては問題を生じるものがある。たとえばプラセボとは，薬効のない物質（小麦粉や砂糖）を薬剤として投与し，心理的影響をみる方法である。これは心理的影響の排除のために本来受けられるはずの投薬がなされないことになるが，へルシンキ宣言は，標準的治療の存在しないところでの研究において，プラセボを使用することを排除していない。研究は，基本的に一定の期間を区切って実施されるべきで，そうでない場合でも，新しい方法が旧来の方法よりも適切である，あるいは適切でないという結果が得られれば，直ちに研究は中止されるべきである。

3 医薬品・医療機器をめぐる諸問題

医薬品の恩恵と被害

薬が疾病を克服することで人類にもたらされた恩恵は計り知れない。しかしながら，研究・試験が不十分な欠陥医薬品や，強力な効能を持つ医薬品の使い方を誤ったために，本来の薬効を引き出せず副作用から患者の健康被害を招来してしまう事例も後を絶たない。サリドマイドによる障害，スモン病，クロロキン網膜症，血液凝固因子製剤による HIV 感染・C 型肝炎ウィルス感染など，集団的な薬害事件の多発は，医薬品が決して安全ではないことを示しており，また，最近になっても各種医薬品が原因とみられる事故が報告されていることは，現在の制度枠組みでも完全に医薬品が原因となる事故を防ぎうるわけではないことを裏打ちしている。

医薬品の開発には数百億円規模の投資が行われることも普通であり，それらのうちで実用にまでこぎつけられるのはごくひと握りである。開発競争は激烈を極める一方，商業ベースに乗らない医薬品の開発も促進する必要がある。こうしたことから，医薬品，医薬部外品，化粧品，医療機器の品質，有効性および安全性の確保のために必要な規制を行い，医療上特に必要性が高い医薬品および医療機器の研究開発の促進のために必要な措置を講じることで保健衛生の向上を図ることを目的とする法律として薬機法（昭和35年法律145号）がある。薬機法の前身である薬事法は，戦時経済統制下の昭和18年に制定されたが（昭和18年法律48号），内容は主に薬剤師の業務等に関するものであった。昭和23年に新たに薬事法が制定されたが（昭和23年法律197号），それも薬剤師の身分にかかわるものが多くを占めていたところ，現在の薬機法のもととなった薬事法が昭和35年に制定され，薬剤師の身分に関する規律は分離されて薬剤師法となり，薬事法は医薬品の規制が中心となった。日本の薬事行政はこの薬事法によって担われてきたが，近時，医療器具などの重要性が増してきた。平成25年に，医薬品，医療機器，再生医療等製品等の安全，かつ迅速な提供の確保をはかるため，これらについての安全対策を強化し，また，医療機器等の特性を踏まえた規制措置を構築することが必要とされたことから，大幅な改正がなされ，法律名も「薬事法」から，「医薬品，医療機器等の品質，有効性及び安全性の確保等に関する法律」（薬機法，医薬品医療機器等法などと略称される）と改められた。この薬機法は，医薬品，医薬部外品，化粧品，医療機器および再生医療等製品などの「医薬品等」の品質，有効性および安全性の確保ならびにこれらの使用による保健衛生上の危害の発生および拡大の防止のために必要な規制を行うとともに，指定薬物の規制に関する措置を講ずるほか，医療上特にその必要性が高い医薬品，医療機器および再生医療等製品の研究開発の促進のために必要な措置を講ずることにより，保健衛生の向上を図ることを目的とするものである（薬機1条）。このため，開設許可をはじめとする薬局についての規制・医薬品等の製造販売等の規制・医薬品等の取扱い・医薬品等の広告・安全対策，監督等について定め，また，国・都道府県・医薬品等関連事業者・医療関係者の責務と，国民の役割についても，法の冒頭に定めている（同1条の2～1条の

6）。

医薬品・医療機器に対する規制

薬機法で「医薬品」とは，①日本薬局方に収められている物，②人または動物の疾病の診断，治療または予防に使用されることが目的とされている物であって，機械器具等でないもの，③人または動物の身体の構造または機能に影響を及ぼすことが目的とされている物であって，機械器具等でないものをいう（薬機2条1項）。「医薬部外品」とは，吐き気その他の不快感または口臭もしくは体臭の防止，あせも，ただれ等の防止，脱毛の防止，育毛または除毛のために使用される物であって人体に対する作用が緩和なもの等である（同条2項）。「化粧品」とは，人の身体を清潔にし，美化し，魅力を増し，容貌を変え，または皮膚もしくは毛髪を健やかに保つために，身体に塗擦，散布その他これらに類似する方法で使用されることが目的とされている物で，人体に対する作用が緩和なものをいう（同条3項）。

「医療機器」とは，人もしくは動物の疾病の診断，治療もしくは予防に使用されること，または人もしくは動物の身体の構造もしくは機能に影響を及ぼすことが目的とされている機械器具等であって，政令で定めるもの（同条4項），「高度管理医療機器」とは，医療機器であって，副作用または機能の障害が生じた場合において人の生命および健康に重大な影響を与えるおそれがあることからその適切な管理が必要なものとして，厚生労働大臣が薬事・食品衛生審議会の意見を聴いて指定するもの（同条5項），「管理医療機器」とは，高度管理医療機器以外の医療機器であって，副作用または機能の障害が生じた場合において人の生命および健康に影響を与えるおそれがあることからその適切な管理が必要なものとして，厚生労働大臣が薬事・食品衛生審議会の意見を聴いて指定するもの（同条6項），

「一般医療機器」とは，高度管理医療機器および管理医療機器以外の医療機器であって，副作用または機能の障害が生じた場合においても，人の生命および健康に影響を与えるおそれがほとんどないものとして，厚生労働大臣が薬事・食品衛生審議会の意見を聴いて指定するもの（同条7項），「特定保守管理医療機器」とは，医療機器のうち，保守点検，修理その他の管理に専門的な知識および技能を必要とすることからその適正な管理が行われなければ疾病の診断，治療または予防に重大な影響を与えるおそれがあるものとして，厚生労働大臣が薬事・食品衛生審議会の意見を聴いて指定するものである（同条8項）。

「再生医療等製品」とは，①ⓐ人または動物の身体の構造または機能の再建，修復または形成，もしくは，ⓑ人または動物の疾病の治療または予防に使用されることが目的とされている物のうち，人または動物の細胞に培養その他の加工を施したもの，②人または動物の疾病の治療に使用されることが目的とされている物のうち，人または動物の細胞に導入され，これらの体内で発現する遺伝子を含有させたもの（同条9項），「生物由来製品」とは，人その他の，植物を除く生物に由来するものを原料または材料として製造をされる医薬品，医薬部外品，化粧品または医療機器のうち，保健衛生上特別の注意を要するものとして，厚生労働大臣が薬事・食品衛生審議会の意見を聴いて指定するもの（同条10項），「特定生物由来製品」とは，生物由来製品のうち，販売し，貸与し，または授与した後において当該生物由来製品による保健衛生上の危害の発生または拡大を防止するための措置を講ずることが必要なものであって，厚生労働大臣が薬事・食品衛生審議会の意見を聴いて指定するもの（同条11項）をいう。

また，「体外診断用医薬品」とは，専ら疾病の診断に使用されることが目的とされている医薬品のうち，人または動物の身体に直接使用されることのないもの（同条12項），「希少疾病用医薬品」とは，77条の2第1項の規定による指定を受けた医薬品を，「希少疾病用医療機器」とは，同項の規定による指定を受けた医療機器を，「希少疾病用再生医療等製品」とは，同項の規定による指定を受けた再生医療等製品をいう（同条16項。なお，希少疾病用医薬品については，230頁参照）。

「物」には，プログラムを含む（薬機2条18項）。

医薬品・医薬部外品等は，それぞれの種類に応じて，厚生労働大臣の許可を受けた者でなければ，業として医薬品，医薬部外品，化粧品の製造販売をしてはならず（薬機12条），製造の許可のためには，製造所が一定の要件を満たしている必要がある（同13条）。厚生労働大臣は，医薬品等のうち，政令で定めるものにかかる許可または許可の更新につき，独立行政法人医薬品医療機器総合機構（PMDA）に調査を行わせることができる（同13条の2）。

医薬品・医薬部外品，厚生労働大臣の指定する成分を含有する化粧品または医療機器の製造販売の承認はこれを求める者からの申請があったときに，厚生労働大臣が品目ごとに承認を与えるが，承認に際しては，申請にかかる医薬品等の名称，成分，分量，構造，用法，用量，使用方法，効能，効果，性能，副作用等を審査して行うものとされる。申請には，臨床試験の試験成績に関する資料その他の資料を添付して申請しなければならず，医薬品が厚生労働省令で定める医薬品である場合は，この資料は，厚生労働大臣の定める基準に従って収集・作成されたものでなければならない（薬機14条3項）。

医薬品製造の承認は，申請があったときに審査が行われ品目ごとに与えられる。申請には，臨床試験の試験成績に関する資料その他を添付しなければならず，資料は，厚生労働大臣の定める基準に従って収集・作成されたものでなければならない（薬機 14 条）。この資料収集のための臨床試験の実施方法が GCP（Good Clinical Practice）と呼ばれる。医薬品等に関する審査等についても，厚生労働大臣は機構に行わせることができる（同 14 条の 2 の 3）。

なお，①国民の生命および健康に重大な影響を与えるおそれがある疾病のまん延その他の健康被害の拡大を防止するため緊急使用されることが必要な医薬品で，かつ，当該医薬品の使用以外に適当な方法がなく，②用途に関し，医薬品の品質，有効性および安全性を確保する上でわが国と同等の水準にあると認められる医薬品の製造販売の承認の制度またはこれに相当する制度を有している外国において販売・授与または販売若しくは授与の目的で貯蔵し，もしくは陳列することが認められている医薬品である場合には，厚生労働大臣は，薬事・食品衛生審議会の意見を聞いて承認を与えることができ，これを特例承認という（薬機 14 条の 3）。

なお，国民の間に急速に広まってしまった新型コロナ感染症への対応から，薬機法における医薬品承認の改正が行われ，緊急承認の規定が追加された（医薬品，医療機器等の品質，有効性及び安全性の確保等に関する法律等の一部を改正する法律。令和 4 年法律 47 号）。それによれば，医薬品製造承認の申請者が製造販売しようとする物が①国民の生命および健康に重大な影響を与えるおそれがある疾病の蔓延その他の健康被害の拡大を防止するため緊急に使用されることが必要な医薬品であり，かつ，当該医薬品の使用以外に適当な方法がない，②申請に係る効能または効果を有すると推定されるものである，③申請に係る効能または効果に比して著しく有害な作用を有することにより医薬品として使用価値がないと推定されるものでない，のいずれにも該当する医薬品として政令で定めるものである場合は，厚生労働大臣は，薬事・食品衛生審議会の意見を聴いて，その適正使用の確保のために必要な条件および2年を超えない範囲内の期限を付して，その品目にかかる承認を与えることができるものとした（薬機14条の2の2）。同法の修正ではこの緊急承認のほか，電磁的方法による処方箋の提供推進なども盛り込まれている。なお，新医薬品・新医療機器等は，製造販売承認後一定期間内に申請して厚生労働大臣の再審査を受けなければならず（同14条の4），さらに，厚生労働大臣が薬事・食品衛生審議会の意見を聴き医薬品または医療機器の範囲を指定して再評価を受けるべき旨を公示したときは，その指定に係る医薬品等は厚生労働大臣の再評価を受けなければならない（同14条の6）。

医薬品等の表示・広告

薬機法は，薬局開設者等が，処方箋の交付を受けた者以外に医薬品を販売することを原則として禁止する（49条）。また，医薬品等について取扱い方法（容器等のラベル（50条）・添付文書等の記載事項（52条）と記載方法（53条），販売・授与の禁止（55条））等を法定し，また，添付文書に虚偽や誤解を招くおそれのある事項，承認を受けていない効能・効果等を記載してはならないこととしている（54条）。この規律は医療機器についても同様である（63条〜65条の5）。

医薬品等の性質に鑑みて，明示・黙示の虚偽または誇大な記事を広告・記述・流布したり，不適切な宣伝・承認前の医薬品等の広告を禁止する（66条〜68条）。効能・効果等について保証したものと誤解されるおそれがある記事を広告・記述・流布することも禁止事項にあたる（66条）。

医薬品等の安全対策

医薬品等の製造業者等は，その有効性・安全性に関する事項その他，適正な使用のために必要な情報を収集し，および検討するとともに，薬局開設者や病院等に対してこれを提供するように，また，薬局開設者・病院等は，医薬品等の適正な使用のために必要な情報の収集に協力するように努めなければならない（薬機 68 条の 2）。国，都道府県，保健所を設置する市および特別区は，関係機関・関係団体の協力の下に，医薬品，医療機器および再生医療等製品の適正な使用に関する啓発および知識の普及に努め（同 68 条の 3），再生医療等製品取扱医療関係者は，再生医療等製品の有効性・安全性その他再生医療等製品の適正な使用のために必要な事項について，当該再生医療等製品の使用の対象者に対し適切な説明を行い，その同意を得て当該再生医療等製品を使用するよう努めなければならない（同 68 条の 4）。人の体内に植え込む方法で用いられる医療機器その他の医療を提供する施設以外において用いられることが想定されている医療機器であって保健衛生上の危害の発生または拡大を防止するためにその所在が把握されている必要があるものとして厚生労働大臣が指定する医療機器である，特定医療機器・再生医療等製品に関しては，それに関する情報の記録および保存が定められている（同 68 条の 5 以下）。

医薬品等の使用によって保健衛生上の危害が発生・拡大するおそれがあることを医薬品等の製造業者等が知ったときは，これを防止するために廃棄，回収，販売の停止，情報の提供その他必要な措置を講じなければならず，薬局開設者，病院等は，製造販売業者等が行う必要な措置の実施に協力するよう努めなければならない（薬機 68 条の 9）。製造業者等・薬局開設者・病院等は，その製造販売をする医薬品等について，当該品目の副作用その他の事由によるものと疑われる疾病，障害または死亡の発生，その使用によると疑われる感染症の発生その他の医薬品等の有効性・安全性に関する事項において，厚生労働省令で定めるものを知ったときは，その旨を厚生労働大臣に報告しなければならない（同 68 条の 10）。製造業者等は，医薬品等を回収するときは，回収に着手した旨および回収の状況を厚生労働大臣に報告しなければならない。なお，再生医療等製品に関しては，感染症定期報告が求められているほか（同 68 条の 14），生物由来製品については，その性質に鑑み，添付文書をはじめとして別枠での特例が定められている（同第 12 章）。このほか，毒薬および劇薬の取扱い，指定薬物についても法は定めている。

監督と情報収集，応急措置等

厚生労働大臣または都道府県知事は，医薬品等の製造業者等が，命令を遵守しているかどうかを確かめるために必要があると認めるときは，必要な報告をさせ，または当該職員に，当該製造業者等が医薬品等を業務上取り扱う場所に立ち入り，その構造設備もしくは帳簿書類その他の物件を検査させ，もしくは従業員その他の関係者に質問させることができる（薬機 69 条）。これは機構に行わせることもできる（同 69 条の 2）。

厚生労働大臣は，医薬品等による保健衛生上の危害の発生または拡大を防止するため必要があると認めるときは，医薬品等の製造業者等に対して，医薬品等の販売もしくは授与，医療機器の貸与もしくは修理または医療機器プログラムの電気通信回線を通じた提供を一時停止することその他保健衛生上の危害の発生または拡大を防止するための応急の措置を採るべきことを命じることができる（薬機 69 条の 3）。また，厚生労働大臣または都道府県知事は，医薬品等を業務上取り扱う者に対して，廃棄，回収その他公衆衛生上の危険の発生を防止するに足りる措置を採るべきことを命ずることができ，厚生労働大臣，都道府県知事，保健所を設置する市の市長または特別区の区長は，この命令を受けた者がその命令に従わないとき，または緊急の必要があるときは，当該職員に，同項に規定する物を廃棄させ，もしくは回収させ，またはその他の必要な処分をさせることができる。このほか，検査命令（同 71 条），改善命令（同 72 条）等も定められ，厚生労働大臣は，承認を与えた医薬品等が，一定の事由に該当するときには，薬事・食品衛生審議会の意見を聴いて，その承認を取り消し，またはその承認を与えた事項の一部について，変更を命じることができること，医薬品等の許可の取消し・登録の取消し等も定められている（同 75 条以下）。

厚生労働大臣は医薬品等の保健衛生上の危害の発生を防止するため必要があると認めるときは，保健衛生上の危害の発生または拡大を防止するための応急の措置（薬機 69 条の 3）・廃棄（同 70 条）・検査命令（同 71 条）・改善命令等（同 72 条〜72 条の 3）をとるべきことを命ずることができる。承認の取消しも可能である（同 74 条の 2）。

薬機法は，第 11 章として，68 条の 2 以下に医薬品等の安全対策を定めている。

そこには多様なものが含まれ，たとえば，医薬品，医療機器もしくは再生医療等製品の製造・流通に関わる者には，それらの製品の有効性・安全性に関する事項その他医薬品，医療機器または再生医療等製品の適正な使用のために必要な情報を収集・検討するとともに，医師・歯科医師・薬剤師・獣医師その他の医薬関係者や薬局開設者，病院等に対してこれらの情報を提供するように努める努力義務が課されている（薬機 68 条の 2 第 1 項）。

また，国・都道府県・保健所を設置する市および特別区は，関係機関および関係団体の協力の下に，医薬品，医療機器および再生医療等製品の適正な使用に関する啓発および知識の普及に努めることとされているほか（薬機68条の3），特定医療機器承認取得者等，再生医療等製品承認取得者等については，医薬品等の情報の収集・提供と記録の保存や指導・助言，守秘義務などが定められている（同68条の5以下）。

さらに，医薬品の製造業者等は，承認を受けた医薬品・医薬部外品や医療機器または再生医療等製品の使用により保健衛生上の危害が発生し，または拡大するおそれがあることを知ったときは，これを防止するために廃棄，回収，販売の停止，情報の提供その他必要な措置を講じなければならず（薬機68条の9），当該品目の副作用その他の事由によるものと疑われる疾病，障害または死亡の発生，当該品目の使用によるものと疑われる感染症の発生その他の医薬品，医薬部外品，化粧品，医療機器または再生医療等製品の有効性および安全性に関する事項で厚生労働省令で定めるものを知ったときは，その旨を厚生労働大臣に報告しなければならない（副作用等の報告，同68条の10）。

そのほか，回収報告（薬機68条の11），薬事・食品衛生審議会への報告等（同68条の12）や機構による調査（同68条の13）に加え，自然人・法人に対する各種罰則（同83条の6～90条）なども定められている。

希少疾病用医薬品等の指定

厚生労働大臣は，その用途にかかる対象者の数が厚生労働省令で定める人数に達せず，製造販売の承認が与えられればその用途に関して特に優れた使用価値を有する物である医薬品・医療機器・再生医療等製品につき，申請があるときは，薬事・食品衛生審議会の意見を聴いて，申請にかかる医薬品等を希少疾病用医薬品・希少疾病用医療機器・希少疾病用再生医療等製品として指定することができる（薬機77条の2）。

国はこうした医薬品等の試験研究を促進するのに必要な資金の確保に努めるものとされ（同77条の3），そのための必要な措置がとられる（同77条の4以下）。

医療機器について　医療機器についてはさまざまなものがあり，その種類や範囲も非常に幅が広い。

薬機法2条4項が定める，政令で定める医療機器は，薬機法施行令1条の別表第1に挙げられている。それによれば，機械器具として手術台・医療用照明器・医療用消毒器・聴診器・体温計・血圧検査または脈波検査用器具・医療用はさみ・医療用ピンセット・医療用鉗子・視力補正用レンズなど84件，医療用品としてエックス線フィルム・縫合糸・副木など6件，歯科材料として歯冠材料・歯科用印象材料など9件，衛生用品として月経処理用タンポン・コンドームなど4件，プログラムとして疾病診断用プログラム・疾病治療用プログラム・疾病予防用プログラムの3件，プログラムを記録した記録媒体として同じく3件，動物専用医療機器として14件，が挙げられている。

なお医療機器には，改善のため細かい仕様変更を行うことが一般的であるなど，医薬品とは異なる特性があることが認められるため，その特性に応じた仕組みが準備されている（変更計画の事前確認〔23条の2の10の2〕，先駆的審査指定制度，条件付き早期承認制度〔23条の2の5〕など。薬機法の一部を改正する法律〔令和元年法律63号〕）。

治験の扱い　医薬品としての承認を受けるためには，当該物の有効性や安全性を裏付ける科学的な根拠が必要であり（薬機14条3項），そのために提出すべき資料のうち臨床試験の試験成績に関する資料の収集を目的とする試験の実施のことを治験という（同 2 条 17 項）。

治験は，いくつかの段階を経て実施される。

① 第一相試験（臨床薬理試験） 治療効果をみることを目的としない＝健常者（ただし抗悪性腫瘍薬）に対する投与により安全性と薬物動態の解明。

② 第二相試験（探索的試験） 患者への治療効果の探索が主要な目的＝少数の患者に実施し有効性と安全性を検討する前期試験と適切な用量を検索する後期試験。

③ 第三相試験（検証的試験） 治療上の利益を証明・確認することが目的＝数百人規模での安全性と有効性を確認する。

第三相試験後，厚生労働大臣の承認を経て製造・販売が開始される。

④ 第四相試験（治療的使用） 市販後臨床試験＝長期使用の安全性，併用薬試験など。

治験は医薬品の開発に不可欠のものであるが，反面で未知の危険もあるため，一定の手続に従って行われる必要があり，そのための基準として，医薬品の臨床試験の実施の基準に関する省令（いわゆる GCP。平成 9 年厚生省令 28 号）が定められている。

この省令は，平成 9 年の制定後，数度にわたり大きく改正されている。この省令は薬機法 14 条 3 項，14 条の 4 第 4 項，14 条の 6 第 4 項の「厚生労働省令で定める基準」のうち医薬品の臨床試験の実施にかかるもの，薬機法 80 条の 2 に規定する「厚生労働省令で定める基準」を定めるもので，治験の準備・管理・実施・依頼等についての基準が設けられている。たとえば，治験の準備は，治験を依頼しようとする者が行う場合（GCP 4 条～15 条）と，治験を自ら実施する者が行う場合（同 15 条の 2 ～15 条の 9）とで分けられて規定される。いずれの場合も，所定の業務に関する手順書を作成し，必要な専門的知識を有する者を確保する必要がある（同 4 条・15 条の

2）。治験に使用する被験薬は，品質・毒性・薬理作用に関する試験その他必要な試験を終了していなければならず，また，治験の目的・治験薬の概要・治験の方法等を記載した治験実施計画書や説明文書等を作成しなければならない（同7条〜9条・15条の4〜15条の6）。治験により被験者に生じた健康被害の補償のために，保険その他の必要な措置を講じることも必要である（同14条・15条の9）。管理についても，副作用情報の提供の定め等が置かれている（同16条〜26条の12）。治験の実施に関しては，治験を実施する医療機関について，治験審査委員会の設置・その構成・会議のあり方等の規定があるほか（同27条〜34条），当該医療機関の設備・人員等や治験を責任をもって実施する医師に求める要件（同35条〜49条），さらに，被験者に対する説明文書の内容についての規定が定められている（同51条）。

治験は新規の薬剤の恩恵を受けることが期待できる反面，未知の危険と隣り合わせであることも事実であり，誰もが治験の申出に同意するわけではない。このため，治験をいかに国民の間に理解してもらい，協力をとりつけるかが急務となっており，治験活性化のための施策も実施されている。具体的には，文部科学省・厚生労働省「新たな治験活性化5カ年計画」（平成19年），そしてその後の文部科学省・厚生労働省「臨床研究・治験活性化5か年計画2012」（平成24年）であり，症例集積性の向上，治験手続の効率化，人材育成および確保，国民・患者への普及啓発，コストの適正化，IT技術の更なる活用等のこれまでの活性化計画の更なる飛躍と自立，日本発の革新的な医薬品，医療機器等創出に向けた取組みとして，臨床研究・治験の実施体制の整備，臨床研究等における倫理性および質の向上，開発が進みにくい分野への取組みの強化等，大規模災害が発生した際の迅速な対応，が示されている。

再生医療等の安全性の確保等に関する法律

再生医療においては，薬機法とは別に，再生医療が，医薬品でも医療器具でもないという特性に応じて，安全性確保のための特別法である「再生医療等の安全性の確保等に関する法律」(平成25年法律85号) が定められている。これは，再生医療等に用いられる再生医療等技術の安全性の確保，および生命倫理への配慮に関する措置その他の再生医療等を提供しようとする者が講ずべき措置を明らかにするとともに，特定細胞加工物の製造の許可等の制度を定めること等により，再生医療等の迅速かつ安全な提供および普及の促進を図り，医療の質および保健衛生の向上に寄与することを目的とする (再生医療1条。このほか，再生医療を国民が迅速かつ安全に受けられるようにするための施策の総合的な推進に関する法律につき，181頁参照)。

再生医療等とは，再生医療等技術を用いて行われる医療で，再生医療等技術とは，医療に用いることが目的とされる医療技術で，細胞加工物を用いるもののうち，安全性確保等に関する措置その他のこの法律で定める措置を講ずることが必要なものとして政令で定めるものをいう。法は再生医療についての基準作成権限を厚生労働大臣に与え，省令により再生医療等の提供に関する基準を定めなければならないとし，再生医療等技術について，それが人の生命および健康に与える影響の存否およびおそれを考慮して危険性の大きいものから順に，第一種再生医療等技術・第二種再生医療等技術・第三種再生医療等技術にこれを分けその提供基準等について規制を設けている。基準は，提供病院等に関する施設事項，品質管理に関する事項，健康被害の補償方法に関する事項がそれであり，さらに，基準に沿った提供計画の予めの提出と審査と種別に沿った特則が定められている。

また，法では再生医療を受ける者に対する再生医療等技術の安全性の確保等その他再生医療等の適正な提供のために必要な事項について適切な説明を行い，その同意を得なければならないとし，細胞を提供する者に対しても，再生医療等を受ける者以外の者から再生医療等に用いる細胞の採取を行うにあたって，原則として当該細胞を提供する者に対し，採取した細胞の使途その他当該細胞の採取に関し必要な事項について適切な説明を行い，その同意を得なければならないとするとともに，個人情報の保護の徹底を図っている（再生医療 15 条）。さらに，記録および保存，疾病・障害・死亡もしくは感染症の報告も義務づけられ，危害発生の予防・拡大を防止するために必要があると認めるときは，緊急命令も発せられることがある（同 22 条）。

再生医療については，再生医療等委員会が関与し，また，特定細胞加工物を製造しようとする場合等，いくつかの規制があり，厚生労働大臣の許可が必要とされる場合もある。

このように，再生医療については事前の規制・事後の届出・危険な事態が生じた場合の対応策・全体としての透明性の確保に配慮された内容となっている。

ひと口メモ ④　ヒト ES 細胞をめぐる指針の変遷

「ヒト ES 細胞の樹立及び使用に関する指針」（平成 13 年）は，「ヒト ES 細胞の使用に関する指針」と「ヒト ES 細胞の樹立及び分配に関する指針」と分けて規律することに変更されたが（平成 21 年），その後，再生医療に関連する事項を中心に，薬事法の改正・再生医療等の安全性の確保等に関する法律の制定など，ヒト ES 細胞の研究に係る環境も変化し，基礎的研究と臨床利用とをどのように結びつけるかの段階となった。これらの指針が再度整理され，新たな仕組みとして整備されたのが「ヒト ES 細胞の樹立に関する指針」と，「ヒト ES 細胞の分配及び使用に関する指針」である（平成 26 年）。これらの指針は，平成31年に，海外機関への臨床目的での分配を可能とし，手続の整理等をするなどの改正が行われ，現在は，「ヒトES細胞の樹立に関する指針」，「ヒトES細胞の分配機関に関する指針」，「ヒトES細胞の使用に関する指針」，の3つの指針に再整理された（https://www.mext.go.jp/b_menu/houdou/31/04/1414990.htm）。

先進医療

先進医療とは，従来の高度先進医療の仕組みを変更したものであり，医療技術ごとに一定の施設基準を設定した上，それに該当する保険医療機関において，患者からの希望があり，それについて医師により必要性と合理性が認められた場合に，保険診療の枠組みに先進医療が上乗せされるというものである。令和4年7月現在，先進医療は84種類が認められている（http://www.mhlw.go.jp/stf/seisakunitsuite/bunya/kenkou_iryou/iryouhoken/sensiniryo/index.html）。

医薬品により惹起された事故の救済

医薬品は，疾病を有する患者に対して，特定の効能を発揮することを期待して投与されるが，人体は複雑なメカニズムを持っており，薬剤がなぜ効くかは必ずしもわかっていない面も少なくないとされる。また，医薬品の主作用と副作用とを比較して，副作用の危険やマイナス面を考慮してもなお投与すべきと判断される場合もある。このため，医薬品の投与により健康被害が生じる場合もまれではない。その多くは軽微なものであるが，場合によっては重篤な副反応が生じることもある。十分な動物実験や追跡調査を行わなかったために，危険な医薬品が流通し，あるいは回収されずにおかれたりすることもある。さらに，患者の状態観察を適確に行わなかった結果として，具体的患者に不適切な投与の方法が採られることもある。このように医薬品は，さまざまな原因によって事故に結びつくため，その救済を考えるに際しても，複数の方策が存在している。

⑴　**医薬品被害と製造物責任**　医薬品や医療器具等が製造・流通当時の科学技術の水準から見て相当な安全性を欠いているとされる場合には，「欠陥」ありとされ，製造物責任法により賠償責任を負う結果になりうる。かつて問題となった，クロロキン網膜症・スモン・サリドマイドなどでは，製造物責任法（平成6年法律85号）の制定前の事件であったため，製薬会社の過失責任を追及することの困難さが大きな問題であった（クロロキンにつき，横浜地判昭和54年9月26日判時944号8頁，東京地判昭和57年2月1日判時1044号19頁，東京高判昭和63年3月11日判時1271号3頁，最判平成7年6月23日民集49巻6号1600頁［11］，スモンにつき，金沢地判昭和53年3月1日判時879号26頁，福岡地判昭和53年11月14日判時910号33頁，広島地判昭和54年2月22日判時920号19頁，札幌地判昭和54年5月10日判時950号53頁，京都地判昭和54年7月2日判時950号87頁，前橋地判昭和54年8月21日判時950号305頁，東京高判平成2年12月7日判時1373号3頁，新潟地判平成6年6月30日判タ849号279頁など）。製造物責任法の制定によって，この点はかなりの程度緩和されたといえるが，医薬品の場合は，開発危険の抗弁の存在により，責任追及は容易ではない。なお，医薬品の規制主体が国であることから，医薬品による被害が生じた場合には，国家賠償法1条に基づいて国の責任が追及されうる。昭和54年以前の薬事法では，医薬品の安全性に関する国の対応の定めがなかったことから，権限不行使による薬害の発生・放置として国の責任問題についての議論があったが，薬事法の改正により国の権限が明確化され，薬機法でも，国の権限を定め，国に安全確保義務違反が認められる場合には，賠償責任が認められうる（肺がんに対する分子標的治療薬イレッサ〔ゲフィチニブ〕につき，

東京地裁は国・製薬会社の責任の双方を認め（東京地判平成23年3月23日判時2124号202頁），大阪地裁は添付文書の記載不備を理由に製薬会社の責任のみを認めたが（大阪地判平成23年2月25日訟月58巻3号1132頁），高裁では国・製薬会社双方の責任が否定され（東京高判平成23年11月15日判時2131号35頁），最高裁もそれを支持した（最判平成25年4月12日民集67巻4号899頁［58］。大阪については上告不受理））。

問題が発生した当時は医薬品の使い方の誤りという個別医師の医療過誤と解されていたものが，後に薬害であるとされて，医師に対する責任追及から製薬会社への責任追及へと変わることもある。これは同種事件が多発することにより，医薬品それ自体の欠陥が明らかになってくるという場合である（ストマイ難聴につき，東京高判昭和56年4月23日判時1000号61頁）。

(2) **医薬品医療機器総合機構による健康被害救済制度**　医薬品を適正に使用したとしても，医薬品の副作用により健康被害が生じることがある。この場合には製造者や医療関係者の賠償責任を追及することは困難であるが，被害を受けた者には，医療費や障害手当，遺族年金，遺族一時金等を給付するニーズがあり，このような被害に対する給付の仕組みが，医薬品医療機器総合機構による医薬品副作用被害救済制度である（https://www.pmda.go.jp/relief-services/adr-sufferers/0001.html）。この制度は薬害が社会問題化した昭和55年に創設されたものであり，医薬品を適正に使用したにもかかわらず，発生した疾病・障害・死亡を救済の対象とするもので，被害原因は問題とされないが，賠償責任が明らかな者が存在する場合には給付は行われない。給付に必要な費用は医薬品製造業者等からの拠出金により支えられており，機構の事務費用の一部には国から補助金も出されている。

給付の対象とされる健康被害は，未知の副作用が原因となったものに限られないが，入院を必要とするような一定程度重い被害である必要があり，給付対象とならない除外医薬品（厚生労働大臣が指定する）の副作用でないこと，賠償責任が明らかな場合でないこと，などの要件を満たす必要がある。被害が発生した場合は，被害者が医薬品医療機器総合機構に給付の請求をなすと，機構は厚生労働大臣に対して判定の申出を行い，厚生労働大臣は薬事・食品衛生審議会に諮問し，審議会は給付の有無について判定を行うことになる。なお，生物製剤については，生物由来製品感染等被害救済制度が設けられ，通常の医薬品とは別枠で救済が定められている（https://www.pmda.go.jp/relief-services/infections/0001.html）。

制度上，こうした救済の対象に含まれるかどうかが法廷で争われることもある。インフルエンザに対するタミフル投与後の異常行動によって年少者が死亡した事案につき因果関係を否定する判断がなされている（東京地判平成 28 年 10 月 14 日判時 2335 号 4 頁，最決平成 28 年 9 月 6 日 LEX/DB25544420 など）。また，ガンマ-グロブリン製剤および血漿分画製剤の投与により C 型肝炎に罹患したとして救済法の趣旨に照らして給付対象とすべきとの主張が斥けられた事例（最決平成 27 年 9 月 17 日 LEX/DB25541742）などもある。

ひと口メモ ⑤　ヒト細胞に由来する医薬品等の指針

ヒトの細胞に由来する医薬品に関しては，厚生労働省が平成 24 年に品質確保等に関して指針をまとめ，各都道府県に通知している（ヒト（自己）体性幹細胞加工医薬品等の品質及び安全性の確保に関する指針，ヒト（同種）体性幹細胞加工医薬品等の品質及び安全性の確保に関する指針，ヒト ES 細胞加工医薬品等の品質及び安全性の確保に関する指針，ヒト（自己）iPS（様）細胞加工医薬品等の品質及び安全性の確保に関する指針，ヒト（同種）iPS（様）細胞加工医薬品等の品質及び安全性の確保に関する指針）。

*Column*⑲ 薬害C型肝炎訴訟とその立法的解決

大阪・福岡・東京・名古屋・仙台の各地裁に，製薬会社・国の感染責任を問題とした薬害C型肝炎訴訟が提起されたが，国・製薬会社の責任の存否・範囲等について判断に幅のある結果となった（大阪地判平成18年6月21日判時1942号23頁，福岡地判平成18年8月30日判時1953号11頁，東京地判平成19年3月23日判時1975号2頁，名古屋地判平成19年7月31日訟月54巻10号2143頁，仙台地判平成19年9月7日訟月54巻11号2571頁）。高裁段階で和解案が示された後，政治決着の方向が探られ，紆余曲折の末，議員立法による「特定フィブリノゲン製剤及び特定血液凝固第Ⅸ因子製剤によるC型肝炎感染被害者を救済するための給付金の支給に関する特別措置法」が，衆議院，参議院で全会一致により，平成20年1月に可決成立した。その内容は，政府の薬害予防措置の不十分さの責任を認め（前文），獲得性の傷病の治療等のため特定フィブリノゲン製剤または特定血液凝固第Ⅸ因子製剤の投与によりC型肝炎ウィルスに感染した者が（2条3項），国を相手とする確定判決または和解，調停その他確定判決と同一の効力を有するものの正本または謄本を提出することにより，医薬品医療機器総合機構に対して，給付金の支給を求めることができるものである（4条）。被害者が死亡している場合には，相続人が自己の名で請求できる（3条2項）。しかし，この特別法で救済される患者は，予想される全体数に比してごく小さい割合にとどまることなどが予測されており，本件は，感染後10年以上経過して初めて症状が発現することがまれでない慢性疾患の救済の難しさを示している。こうした事態の再発を防ぐためには，診療記録の保存期間を現行の5年よりも延長し，電子ファイル化等により永久保存できる環境を早期に整えること，医院・病院の廃業・廃院等による資料の散逸化を防ぐための手当てを充実させることなどの周辺領域の整備が，医薬品行政のあり方一般の再検討に加えて，必要と思われる。なお，その後の法改正により，給付金の請求期限は法施行後15年に改められ2023年1月16日とされた。

4 人体組織をめぐる法律関係

問題状況　人の身体組織や臓器を法的にどのように扱うかについて，社会の関心が高まっている。手術によって取り出された病変部位や人体組織を研究に用いるためにはいかなる手続が必要か，生殖補助医療に用いるために提供された卵子や精子が患者の懐胎・出産により不要になった場合に医療機関がこれらを独自の判断で処分してよいのか，移植用の臓器にいかなる法的地位を与えるべきか等，医学・医療において人体組織が関連する場合は少なくない。それぞれの場面の利益状況は大きく異なっているが，法は統一的な基準を定めておらず，アプローチは一定していない。これらの問題は，以下のように四つの面にまとめることができるとされる。

① 研究のための保存・利用：研究に供するための手続・研究成果の帰属先・身体組織に含まれる「情報」の保護

② 移植のための保存・利用：臓器移植用の臓器の確保

③ 生殖補助医療に用いられる精子・卵子・受精卵の転用：保存期間・情報提供等

④ 使用後の処分：遺体・医療廃棄物をめぐる問題

これらはそれぞれ独立に存在する問題であるが，「人体組織」という観点から眺めたときには相互に関連しあう側面を有する。これ以外の整理の方法として，組織の性質や本人との関わりの濃さの違い，組織の由来する場による分類，保管状況による分類などがありうる（以上につき，唄孝一ほか「ヒト由来物質の医学研究利用に関する問題(上)」ジュリスト 1193 号〈2001 年〉36 頁以下参照）。

人体組織に関する現行法上の規律

刑法は，死体，遺骨，遺髪または棺に納めてある物を損壊し，遺棄し，または領得した者を3年以下の懲役に処するとし（刑190条），損壊とは，死体を物理的に損傷，毀壊する場合をいう（最判昭和23年11月16日刑集2巻12号1535頁）。しかしながら，患者の死因を確かめ，疾患の原因や影響その他医学的な検討とその進歩向上のためには，遺体を解剖する必要性は極めて高く，解剖を適法とする特別法が定められている。

「死体解剖保存法」（昭和24年法律204号）は，死体の「解剖及び保存並びに死因調査の適正を期することによって公衆衛生の向上を図」り，医学・歯学の教育または研究に資することを目的とする（1条）と定める。しかし同法は行路病死者の死因解明がそもそもの制定理由であり，その保存も専ら資料としての保存が主たる目的で，今日のような，人体組織の積極的利用を視野に入れていたとはいえない。同法は，7条において解剖に関する遺族の承諾を求め，17条では大学病院長等が死体の全部または一部を標本として保存することができるとし，これにかかる遺族の承諾の必要性を定める。また，厚生労働大臣の認定医，医学部解剖学・病理学・法医学の教授・准教授，監察医等の解剖の権限ある者（2条）も，死体の一部を標本として保存することができる旨が定められているが，遺族から引渡要求があった場合はこれを拒めない（18条）。以上の場合以外の死体の全部または一部の保存には，遺族の承諾を必要とし，かつ，都道府県知事の許可も得なければならない。このように死体解剖保存法は，遺族の意向のみが問題とされ，解剖される死者の生前の意思には言及がない。

他方，「医学及び歯学の教育のための献体に関する法律」（昭和58年法律56号，献体法）は，系統解剖用の遺体の確保を目的として定められたものであるが，死亡者が献体の意思を書面により表示しており，かつ，遺族が解剖を拒まない場合には遺族の承諾は不要とされる（4条)。以上の説明からもわかるように，死体解剖保存法と献体法との守備範囲の線引きが不明確である点は否めない。

また，「臓器の移植に関する法律」(平成9年法律104号，臓器移植法）は，死亡者が提供の意思を書面で表示し，遺族が臓器摘出を拒まないときと定め（6条)，本人の意思を最優先しつつ，遺族に拒否の権限，さらに平成21年の改正により本人の意思が不明の場合に遺族に承諾する権限を与えた。なお，同法施行規則は，使用されなかった臓器は病院・診療所の管理者が焼却処分する義務を規定し(同法施行規則4条)，臓器を提供する・したことの対価としての財産上の利益の供与を禁止する（臓器移植11条)。

なお，「ヒトに関するクローン技術等の規制に関する法律」(平成12年法律146号，クローン規制法）は，特定胚を譲渡できる旨の規定があるが（6条)，所有権に関する規定や，破壊した場合の処理の規定は同法には存在しない。そこで，私法の一般法である民法では，所有権の帰趨（きすう）としての加工の規定（民246条)，および相続の規定が関連する可能性がある。

紛 争 例

人体組織が大きな価値を持つことがクローズアップされた問題としては，カリフォルニア州で起きたムーア事件が，外科手術で摘出された患者の脾臓から作られたセルラインの帰属が争われたものとして著名である(Moore v. Regents of University of California, 793 P.2d 479〈Cal, 1990〉)。この事件は，主治医の説明義務を尽くしたかの問題という形で和解で終了したが，人体組織に所有権が成立するかどうかという論点を世に知らしめた点で注目を浴びた。その後，Washington University v. Catalona, 490 F.3d 667 (8th Cir. 2007) などが現れている。わが国では，[1] 病理解剖後の組織の返還請求・損害賠償請求がなされた事例，および，[2] 患者死亡後に患者遺族の承諾なく組織を採取したことに対する不法行為が問題とされた事例が存在する。

[1] 事件は，原告 X が X の母 A の遺体の解剖を実施した被告 Y に対して，所有権に基づいて Y が保存している A の臓器等の返還を求めて認められたもの①（東京地判平成 12 年 11 月 24 日判時 1738 号 80 頁［99］。確定）と，返還が遅かったこと等による慰謝料請求は認められなかったもの②（東京地判平成 14 年 8 月 30 日判時 1797 号 68 頁（控訴審・東京高判平成 15 年 1 月 30 日判例集未登載)），がある。

本件では解剖の範囲・対象部位に対する説明が必ずしも十分ではなかった点が紛争の原因であり，①判決では，遺体の解剖・保存に対する遺族の承諾の基礎には，解剖・保存を実施する側と遺族との間に，互いの目的と感情を尊重し合う高度の信頼関係が存在することが不可欠とし，これが剖検時における被告側の事情により破壊されたと認められ，承諾と同時にされた寄付（贈与）または使用貸借契約を将来に向かって取り消すことができるとした。他方，②判決では，病理解剖は医師間では，骨髄は内臓に含まれると理解され，一般に剖検に際して，骨や骨髄の採取の承諾を特別に求めていなかったこと，病理解剖という言葉から，一般人でも死体から内臓等を採取して病理組織学的観察を行い，死因等について考察を行うことはある程度理解が可能であること，遺族に対し，着衣しても隠れない部分および脳についてのみ，特別に解剖の承諾を求めるという対応には一応の合理性が認められること，昭和 63 年当時，死者の病理解剖についての遺族に対するインフォームド・コンセント自体観念されていなかったと考えられることなどの事情を総合考慮すると，剖検に際し骨および骨髄を採取するについて，原告らの個別の承諾を求めずに，内臓に対する承諾のみをもって，当然に内臓に含まれるものと理解されていた骨および骨髄を採取した行為を，違法であるということはできないとされた。

[2] 事件は，医師が患者の死因の解明という医学の研究のため，患者遺族らの同意を得ずに，死体の一部である肝細胞を採取し，標本として保存した行為が問題となった事例であるが，裁判所は，医師の行為は遺族の同意がないため死体解剖保存法 17 条，または 19 条に反する違法な行為であり，私法上も遺族の追悼の感情を違法に害する不法行為に他ならず，このことは肝細胞の採取の目的が死因の解明という正当な目的を有することによって左右されるものではないとし，精神的損害を認めている（両親に対して各 300 万円。福岡高宮崎支判平成 12 年 2 月 1 日判タ 1045 号 240 頁）。

法的観点からの検討課題

(1) **さまざまなアプローチ**　この問題は，人体組織の所有権の問題としてとらえるか，人体組織に人格権が及ぶ問題としてとらえるか，アプローチの差もある。

人の身体に所有権は成立するかについて，日本では，生存する人の身体の一部には成立しないことは，人格の否定につながるからとして一致をみているものの，ヒト由来組織に所有権が成立するのかは，所有権を認めた上でその譲渡等には公序良俗による制限がかかる場合があるとする見解が有力である一方で，法の欠缺状態とする見解や，物である以上所有権が成立し，加工の規定により規律する，あるいは所有権は成立せず事実上保持しているだけという理解など，見解は統一するに至っていない。他方，これを所有権の問題と考えるのではなく，ドイツの学説のように，人格権侵害の問題としてとらえる見解もある。なお，人体組織に財産的価値を認めると，人の全体・部分に対して値段がつくことになり，個体として値段が設定されることになるがそれが望ましいことなのか，そういう社会をわれわれは受け入れることができるのか，反面において，なぜ価値ある自分の人体組織を無償で差し出さなければならないのか，ということも考える必要がある。

(2) **望ましい解決へ向けて**　これらを勘案すると，現行法の規定を人体組織に適用することで結論を出すよりも，後記のインフォームド・コンセント原則，無償原則，本人の決定権の優先等を明らかにした新法を制定することが望まれる。

人体組織の利用に関するインフォームド・コンセント

治療に際して医師は患者からインフォームド・コンセントを取得する必要があり，その際には，疾患に関する情報の提供が中心となる。しかし，組織の利用に関する患者本人のインフォームド・コンセントや，解剖・臓器摘出についての遺族のインフォームド・コンセントは，これと異なる内容の情報を提供する必要がある。「ヒト組織を用いた研究開発の在り方に関する専門委員会報告書について」(平成10年，https://www.mhlw.go.jp/www1/shingi/s9807/s0703-2.html）は，医療行為の前に，施術者が十分な説明を行った上で，文書による同意を得ることを提言している。その場合の説明の内容は，組織の一部が研究開発に利用されること，そのために非営利の組織収集・提供機関に提供されること，これへの同意の有無は治療に影響を受けることはなく，不利益を受けることは一切ないこと，が指摘されている。これに加えて，匿名化の方法・知的財産権の帰属先・研究終了後の試料の処分方法や保存方法・保存期間，同意撤回の権利なども含まれるとの見解もある。大学病院などでは，手術の場合，切除された切片などを研究に用いるということについての承諾書を手術承諾書と並行して提出してもらうのが通常であるといわれる。

なお，派生的な問題として，自己の提供した組織から有価物が作成された場合の提供者の権利のあり方や，提供した組織を勝手に遺伝子解析されて何らかの社会的不利益が生じる可能性がないか，といったことも問題となりうるため，ガイドラインにおいては，こうしたこともインフォームド・コンセントの内容に含ませられることになっている。

死亡した胎児・新生児の問題

日本産科婦人科学会は，「死亡した胎児・新生児の臓器等を研究に用いることの是非や許容範囲についての見解」を公表し（昭和 62 年），①妊娠期間のいかんにかかわらず死亡した胎児・新生児の取扱いは死体解剖保存法が定めているところに従い，②死亡した胎児・新生児の臓器等を研究に用いることは，それ以外に研究の方法がなく，かつ期待される研究成果が極めて大きいと思われる場合に限るべきであり，③研究実施者は原則として医師でなければならず，④研究に用いようとする場合には予めその目的を母親および父親によく説明の上，その許可を得ておく必要があって，胎児・新生児および両親等のプライバシーは十分尊重されなければならないとする。その後平成 13 年に，死亡した胎児・新生児の臓器に存在する組織幹細胞を再生医療に応用することについて，学会はこれを禁止するものではなく，研究の意義を十分に理解した上で自主的に協力の可否を判断することを求める解説が追加されている。

遺体を用いた手術手技等の研修について

医療は人体に対して施されるものであるため，新人の医師が実際に患者の身体に触れる前に，処置について予め十分に習練することは困難なこともある。また，模型や動物等を用いて疑似体験することにも限界があり，遺体を用いて手術手技を実習すること，あるいは研究に利用することにより，医療の安全性を高めることが望まれている。

こうした遺体を用いた手術手技等の研修（サージカルトレーニング）は，諸外国では広く行われているが，日本では，死体解剖保存法・献体法の規律するところかどうかについて疑念もないわけではない。献体法は系統解剖についての規律でしかなく，トレーニングのための利用は想定されていないとも考えうる。そこで日本外科学会と日本解剖学会は，合同して，遺体を用いた手術手技研修の社会的正当性を確保するためのルールと考え方をガイドラインとして示している（日本外科学会・日本解剖学会「臨床医学の教育及び研究における死体解剖のガイドライン」〈平成 24 年〉）。それによれば，遺体利用は，臨床医学の教育・研究を通じて医療安全の向上を図り，国民福祉への貢献を目的とするものであり，医学教育，医学研究の一環として医科大学において，死体解剖保存法，献体法の範疇で実施するものであり，①死亡した献体登録者が生前に自己の身体が解剖教育に加え，医師（歯科医師を含む）による手術手技研修等の臨床医学の教育・研究に使用されることについての書面による意思表示をしていること，②家族がいる場合には家族からも理解と承諾が得られていること，③実施にあたり，大学の倫理委員会に諮り，実施内容を十分に検討し承認を得ていること，を遵守すべき要項として提示し，現行法下でも適法に施行されることを明確にしているとされる。その後，この「臨床医学の教育及び研究における死体解剖のガイドライン」は，当初発表後の社会情勢の変化や法改正に対応する主体として，日本外科学会，日本解剖学会ならびに関連する団体で構成される日本外科学会 CST 推進委員会が対応するとし，利益相反に関する報告に関しての規律の追加，ガイドラインの項目について，詳細な文言の追加・変更等が加えられる改定がなされている（平成30年）。

5 ヒトクローンの規制

法制定の背景

1997年，クローン羊のドリーの誕生は，ヒトクローンの創出を可能とする技術がすぐ目前まで至っていることを人々に認識させた。動物のクローンは，①希少生物の種の保存，②家畜の品種改良，③ヒト遺伝子を組み込んだ動物の臓器移植への応用，タンパク質の産出等を目的として作成され，人間についても，各種領域への応用が可能ではないかと考えられている。生殖補助医療技術の普及により，こうした技術に利用できる配偶子等の余剰も生じているため，クローン技術の人への応用を規制する法律が多くの国において急遽（きゅうきょ）つくられることとなり，わが国の場合は平成12年に，「ヒトに関するクローン技術等の規制に関する法律」（法律146号，クローン規制法）が制定された。

人間のクローンを禁止する理由と禁止に対する批判

クローンは，単純な生殖補助医療とは，世代を超えた双子となるという点で異なっている。人間のクローンを禁止する理由としては，以下のような諸点が指摘されている。すなわち，男女両性の関与がない無性生殖であることから，人間の命の創造に関する基本認識から逸脱する点，家族秩序の混乱などの社会的弊害が予想される点，両親のうち一方の遺伝子しか受け継いでいないことは，親や家族の地位を低下させかねない点，技術の成功率を上昇させるにはヒト胚を利用した実験が必須であるがそうした実験を許容することはできない点，などである。

しかしながら，クローンが，世代を超えた双子に過ぎないのであれば，人格が遺伝と環境の相互作用で形成されることに鑑みれば，同じ人格に成長する可能性は極めて低く，問題となることはほとんどないのではないか，といえるし，遺伝子が同一の存在がいると，なぜその人の人格が害されるといえるのか合理的な説明はなく，これが懸念に過ぎないのであれば，懸念だけで個人の選択を制限してよいのか，クローンもプライバシーの権利行使の一態様として認められるのではないかとの批判がなされている。

幼くして死亡した我が子のクローンをつくりたいという親の希望や，骨髄移植の提供者としてつくろうとする場合，不妊症のカップルが少なくとも一方の遺伝子を引き継ぐことを欲する場合，あるいは自分の病気を治す手段としてクローンをつくりたいという患者の希望が主張された場合など，これらのうちどれが考慮に値するものでどれがそうでないのか，場合によっては評価が困難なことも生じるかも知れない。

クローン規制法の規制内容

クローン規制法は，クローン技術の人への無原則な応用が，人の尊厳の保持，人の生命・身体の安全確保，社会秩序の維持に重大な影響を与える可能性を考慮し，クローン技術等のうちクローン技術または特定融合・集合技術により作成される胚を人または動物の胎内に移植することを禁止することで，人クローン個体および交雑個体・これに類する個体生成の防止を図るものである（1条）。

具体的に禁止される行為は，人クローン胚，ヒト動物交雑胚，ヒト性融合胚，ヒト性集合胚を人または動物の胎内に移植することである（3条）。胚に関する用語の定義は2条が定めている。

文部科学大臣は，特定胚の作成，譲受，輸入およびこれらの行為後の取扱いの適正を確保するため，特定胚の取扱いに関する指針を定める（4条）。特定胚を取り扱う者は，文部科学大臣に届出等の義務を定める（6条）。これらの規制に違反した場合には罰則（違反の種類により，10年以下の懲役もしくは1000万円以下の罰金から50万円以下の罰金等がある）が適用される（16条～20条）。

ヒト胚の位置づけ　クローン規制法の附則2条は，ヒト受精胚の人の生命の萌芽としての取扱いの在り方に関する総合科学技術会議等における検討結果を踏まえて，同法の規定に検討を加え，結果に基づいて必要な措置を講ずると定める。これを受けて，内閣府に設けられた総合科学技術会議生命倫理専門調査会は，「ヒト胚の取扱いに関する基本的考え方」を公表し（平成16年7月），着床して胎盤を形成する前のヒト胚の取扱いについて，これをヒト受精胚と特定胚とに分け，その取扱いについて，哲学的・倫理学的・宗教的・法的・制度的位置づけに関する意見を集約している（http://www8.cao.go.jp/cstp/tyousakai/life/haihu39/siryo5-1-1.pdf）。

報告書によれば，ヒト受精胚を，人と同じとする考え方，「モノ」とする考え方もあるが，人工妊娠中絶が実施され，余剰胚が廃棄されている社会実態を考慮すればいずれも適当ではなく，人と同じではないが人へと成長する生命の萌芽と位置づけ，通常の人の組織や細胞よりも特に尊重されるべきであるが，人そのものではないという理解を示す。

そのうえで報告書は，ヒト受精胚を特に尊重するために，研究材料として使用するために新たに受精によりヒト胚を作成しないことを原則とするとともに，ヒト受精胚を損なう取扱いも認めないことを原則とする。ただし，ヒト受精胚を損なう取扱いも，①そうした取扱いによらなければ得られない生命科学や医学の恩恵，およびこれに対する期待が十分な科学的合理性に基づいたものであり，②人に直接関わる場合には人への安全性に十分な配慮がなされること，③そのような恩恵および期待が社会的に妥当なものであること，という三つの要件すべてを満たせば，例外的に許される場合があるとしている。

一方，人為的操作によって作成されるクローン胚は，受精胚とは大きく異なるものであるが，クローン胚も胎内に移植すれば人となりうる可能性があり，このためにクローン胚も人の生命の萌芽としてヒト受精胚と倫理的には同様に位置づけられるべきであるとする。そのため，人クローン胚の研究目的の作成・利用は原則として認められないが，人々の基本的人権に基づく要請に応えるための研究における作成・利用は，期待が十分な科学的合理性に基づくものであり，かつ社会的に妥当であること等を条件として，再生医療の実現に向けた研究利用を念頭において，例外的に認められることがあるが，その場合でも，原始線条形成前までに限定されるべきとする。

報告書は，以上のような基本原則を社会規範として具体化するための制度的枠組みとしては，強制力を有する法制度は，倫理観や生命観の押し付け的な側面もあって難しいとし，国のガイドラインがこれまでの運用上，実効性の点で特に問題を生じていないことからすれば，こうしたガイドラインで目的は達しうるとする。しかし，ガイドラインの遵守状況によっては，新たな法制度整備も視野にいれて検討を続けるとしている。この報告書は作成過程で難渋を極めたとされ，多くの意見が付加されていることに留意する必要がある。

この報告書の意見具申を受けて，厚生労働省・文部科学省に専門委員会が設置され，①人クローン胚の作成・利用の範囲，②人クローン胚研究における未受精卵の入手のあり方，③人クローン胚研究における体細胞の入手のあり方，④研究実施機関等のあり方，といった各方面からの検討が続けられている。①については，根治療法のない，あるいは薬剤では実施が困難で一般的な治療では生命予後の改善が見込まれない，あるいは慢性の経過をたどり不可逆な機能障害を伴う傷病が想定されること，②については，廃棄が決定された未受精卵（手術により摘出された卵巣等，生殖補助医療目的で採取された未受精卵で使用されなかったもの等）で，インフォームド・コンセントがなされ自由意思に基づいて無償で提供されるものであって，提供者の個人情報を保護するために必要な措置がとられたものとされること，③については，新たな侵襲を伴わない方法による無償提供で，個人情報保護のための措置としての連結不可能匿名化が講じられることを原則とするが，遺伝性疾患については一定の場合には連結可能匿名化も認められること，④については，一定以上のレベルを維持できる機関に限定し，倫理審査委員会の設置を求めること，などが論じられている。

6 動物実験

動物実験をめぐる社会状況

新たな研究を人を対象として実施する前には，動物実験によりその安全性や危険性が確かめられていなければならない。これはヘルシンキ宣言にも規定されている重要な原則であるが，だからといって動物を，科学的根拠もなく，害したりその生命を奪ったりすることは許されることではない。人間の福利のために動物の生命や身体を害することがなぜ正当化できるのか，については決着がついているわけではなく，動物実験自体が倫理的に妥当なものでなければならない。

動物愛護管理法の内容

動物の愛護及び管理に関する法律（昭和48年法律105号）は，動物の愛護に関する事項を定め，動物を愛護する気風を招来し，生命尊重，友愛および平和の情操の涵養に資するとともに，動物の管理に関する事項を定めて動物による人・財産への侵害ならびに生活環境の保全上の支障を防止し，人と動物の共生社会の実現を図ることを目的とする法律である（1条）。同法には動物を科学上の利用に供する場合の方法および事後措置が定められている（41条）。それによれば，動物を教育，試験研究または生物学的製剤の製造の用その他の科学上の利用に供する場合には，科学上の利用の目的を達することができる範囲において，できる限り動物を供する方法に代わり得るものを利用すること（Replacement），できる限りその利用に供される動物の数を少なくすること（Reduction）等により動物を適切に利用することに配慮することとされる。また，その利用に必要な限度において，できる限りその動物に苦痛を与えない方法によってしなければならない（Refinement）。動物が科学上の利用に供された後において回復の見込みのない状態に陥っている場合には，その科学上の利用に供した者は，直ちに，できる限り苦痛を与えない方法によってその動物を処分しなければならないとされている（いわゆる「3Rの原則」）。これを受けた「実験動物の飼養及び保管並びに苦痛の軽減に関する基準」（平成25年環境省）では，実験動物および施設を管理する者を管理者とし，実験動物とは，実験等の利用に供するため，施設で飼養し，または保管している哺乳類，鳥類またはは虫類に属する動物をいい，実験とは，動物を教育，試験研究または生物学的製剤の製造の用その他の科学上の利用に供することをいうとされる。

実験等を行う実験実施者は，実験等の目的を達成するために必要な範囲で実験動物を適切に利用するように努め，実験等にあたっては，実験等の目的に支障を及ぼさない範囲で麻酔薬等を投与すること等によりできる限り実験動物に苦痛を与えないようにするとともに，保温等適切な処置を採ることとされる。実験等を終了し，もしくは，中断した実験動物または疾病等により回復の見込みのない障害を受けた実験動物を殺処分するときは，速やかに致死量の麻酔薬の投与，または頸椎脱臼等の化学的または物理的方法による等指針に基づき行うこととされる（「動物の殺処分方法に関する指針」〈平成 19 年環境省〉）。なお，日本実験動物協会も，「実験動物の安楽死処分に関する指針」（平成 7 年制定，平成 18 年・25 年・27 年改定）を公表している。

文部科学省は，「研究機関等における動物実験等の実施に関する基本指針」を定め（平成 18 年文部科学省。厚生労働省および農林水産省も同趣旨の指針を定めている），大学をはじめとする研究機関において，動物実験委員会を設置すること，動物実験における科学的合理性の確保等を定め，動物実験等の適正な実施をはかることとしている。また，日本学術会議も，「動物実験の適正な実施に向けたガイドライン」（平成 18 年）を作成している。

Column ⑳　知的財産権と医療

知的財産権に関する法領域として，特許・意匠・商標等があるが，今日の医療には，医療機器・医薬品等が不可欠であり，このような医療に用いられる医薬品・医療機器などは知的創造活動の集大成のようなものであって，これらに対しては特許権をはじめとする知的財産権が成立する。しかし，医療行為（手術・治療または診断する方法）そのものに特許が成立するかについては，日本の特許法 29 条 1 項の特許要件に関する審査基準で，人への医療行為は産業でないと解釈され，産業上の利用可能性はないとして特許能力が否定されていること，医療現場への悪影響などの理由から消極に解されている。例えば，外科手術を再生可能に光学的に表示するための方法および装置についての審決取消請求事件で，東京高裁は，医療行為と医薬品・医療機器との間には大きな相違があり，医師が自己の行おうとしている医療行為について，特許権の侵害の恐れを考慮に入れて医療行為に当たることになる状況に追い込むことを防ぐために，特許制度は医療行為に特許を認めていないと判示している（東京高判平成 14 年 4 月 11 日判時 1828 号 99 頁［101］。人に対する治療法でなければ特許は成立しうることにつき，須田清・寒河江孝允監修・著『強い病医院をつくる医療法務のすべて——個人情報保護法から医療特許まで　わかりやすい Q&A 形式』〈日本医療企画，2006 年〉220 頁［小野信夫］。同書は医療と知的財産権との関係を包括的に論じる。アメリカの法制度の状況については，Barach et. al., Healthcare law and Intellectual property law: When Worlds collide, 25 The Health Lawyer 26〈2013〉が基本的情報を提供している）。このような，医療ゆえに産業でない，特許は認められないとし，医療行為のすべてを特許制度の保護の範囲外とする現行法の立場は，特に再生医療・遺伝子治療など，あまたの医学研究の成果として結実している分野が多くあることに照らすと，その妥当性には疑問があるとして，当面は医薬品等を製造するための方法は，手術・治療または診断する方法には該当しないといった解釈によって，可能な限り特許制度に組み込む必要があることが指摘されている（中山信弘『特許法〔第 3 版〕』〈弘文堂，2016 年〉117〜119 頁。なお，特許庁「我が国と各国の特許制度比較——医療分野」平成 20 年 11 月 25 日も参照されたい）。

演習

1　「人を対象とする生命科学・医学系研究に関する倫理指針」をもとに，臨床研究の進め方のルールについて，流れ図を作成してみなさい。

2　「患者に対する説明」は，通常の医療を受ける者と「医学研究」の被験者とではどのような点が共通し，どのような点が異なるのか，説明しなさい。

第8章 医療事故をめぐる問題

本章では，医療事故をめぐる法律上の問題を扱う。医療事故に対する社会の関心は非常に高く，医療事故を理由とする損害賠償請求訴訟も増加傾向が続いている。医療事故の法的処理は，医事法における大きな問題のひとつであり，わが国と大きく異なる制度となっている国もある。近時は，事故後の事後処理という問題に加えて，医療事故を起こさない，起きにくくするための制度設計や代替的紛争解決手続など，多岐にわたる論点が現れている。

1 医療事故の動向

医療事故と医療過誤，医事紛争

医療事故とは，医療によって生じた不良転帰全般をいい，「不良」とは，予測される範囲外のものであり，こうした不良転帰のうち，医療関係者に責任を帰すことができるものを，医療過誤という。他方，医療関係者と患者との間で生じる各種の摩擦一般を広く，医事紛争というが，これは医療事故に関連する紛争ばかりではない。

医療事故は増えているか

現代の医療は，日進月歩の勢いで進展している。そこでは，現代科学技術の粋を集めた器材と医薬品が用いられ，多様な専門領域を有する医療関係者が関与して医療が実施されている。こうした高度な技術と知識の集約した現代医療の性質上，危険が内在するものであり，ミスが起こる可能性も否定できず，ひとたび小さなミスが生じれば，それを端緒として重大な結果を招来してしまうこともないわけではない。こうして発生してしまった医療事故を法的にどのように扱うべきかについては，多くの見解が存する。

医療事故の発生頻度調査

諸外国の調査結果でもっとも包括的と評価されているアメリカのいわゆるハーヴァード調査（1990年）では，医療事故の被害者数とその重大性は軽視できない大きなものであるにもかかわらず，医療過誤訴訟は，実際に起こっている医療事故のごく一部に過ぎないことが明らかにされた。日本で診療行為に係る死亡事故症例については，医療事故報告のあり方についての検討会での資料によれば，日本医療機能評価機構の医療事故情報収集等事業による年間報告①と，厚生労働科学研究（「診療行為に関連した死亡の届出様式及び医療事故の情報処理システムの開発に関する研究」（主任研究者：堀口裕正，分担研究者：野本亀久雄ほか）平成20年度）②，の二つの調査をもととして，年間の発生件数が試算され，①によれば1288件～2071件，②によれば1432件～1954件の死亡が1年間に生じていると推計されている（厚生労働省「医療事故に係る調査の仕組み等のあり方に関する検討部会（第13回）」資料3－1〈平成25年5月29日〉）。

医療事故を調査する意味

医療事故の調査は，①事故に至りやすいエラーを特定したり，その背景の発見に役立ち，②同種の事故の再発を予防する資料として活用できる可能性があり，③事故の原因が明らかになることで被害者あるいは被害者家族の負の感情を沈静化させる意味もある。さらに，④事故がどの程度起こっているかなどの情報が得られれば，事故の被害者にとってそうした現状が許し難いものか否かを判断する材料ともなりうる。事故を調査する方法は，個別事案を精査分析する方法，医療機関の診療録を期間を区切り，ある診療科目の不良転帰に至ったものをピックアップしてその原因を調査する方法など，調査目的により異なる。医療法での事故調査について，82頁以下参照。

医療過誤訴訟の動向

わが国の医療過誤訴訟の新受件数は，一時期は年間 1000 件を超えていたが近時は 800 件前後で推移しており，高止まりながら数的には落ちつきつつある。東京地裁・大阪地裁・名古屋地裁・千葉地裁などに医療集中部が設置され，この動きはこれ以外の地方裁判所にも拡大しようとしている。医療集中部の設置により，医療問題に精通した裁判官が事案にあたることで円滑かつ斉一的な事件処理が期待でき，その経験を共有するための情報提供なども行われている。

以前は珍しいとされていた医療過誤訴訟が増加した理由としては，医療に対する期待の増大，高度医療に内在する危険，医師患者関係の変化，マスメディアの報道姿勢，患者の権利意識の拡大，医療過誤を専門とする弁護士の数が増加していることなどが要因として指

近時の医療過誤訴訟の動向（平成15年～令和2年）

	15年	20年	25年	26年	27年	28年	29年	30年	31年/元年	2年
新受件数	1,003	876	802	865	832	864	828	773	828	834
既済数	1,035	986	804	794	787	790	780	806	853	666
認容率	44.3%	26.7%	24.7%	20.4%	20.6%	17.6%	20.5%	18.5%	17.0%	22.2%

裁判所ウェブサイト 医事関係訴訟事件統計「1　医事関係訴訟事件の処理状況及び平均審理期間」https://www.courts.go.jp/saikosai/vc-files/saikosai/2021/210630-1heikinsinri.pdf「3　地裁民事第一審通常訴訟事件・医事関係訴訟事件の認容率」https://www.courts.go.jp/saikosai/vc-files/saikosai/2021/210630-3tujoninyouritu.pdf より作成。

摘されている。

2 医療事故の法的構成

医療事故による責任

医療事故は，通常の事故と同じく，これを起こした場合の行為者は，業務上過失致死傷（刑 211 条）といった刑事責任，債務不履行／不法行為を理由とした民事責任，医業停止といった行政責任のそれぞれに同時に該当する可能性がある。しかし，多くの医療事故では，民事責任を問う損害賠償責任の有無が法律問題の中心である。民事が中心となる理由は，医療事故は交通事故と違って事故か疾患の進行かは区別がつきにくく，悪結果が生じたからといって医療関係者にミスがあるとは限らないこと，医師の裁量の評価が刑事責任に馴染まないこと，刑事責任は処罰が必要なものだけに限るべきという謙抑主義が挙げられる。

医療過誤の民事責任追及の困難さ

現在のわが国では，医薬品被害と予防接種被害，出産事故の一部に関しては被害救済についての特別な給付制度が存在するが，医療事故一般の民事責任に関する特別法は制定されていない。そこで，医療事故の民事責任については，民法上の債務不履行または不法行為が参照される。医療事故は，専門性の極めて高い医療という領域で，患者に実施された処置の是非を問題とするものであり，法律専門家にとって難度の高い領域のひとつである。

医師の過失の存在そのものが医療の素人にはわからないことが通常であること，事故は非常に状態の悪い患者に対して発生し，小さなミスでも回復不能なダメージを与えてしまうこと，訴訟自体に時間がかかり通常訴訟事件に比べてはるかに長期間にのぼることなど，被害者に相当程度の覚悟と忍耐が求められる状況が多く存在している。こうした困難さのゆえ，医療過誤があったとしてもそれらのすべてが訴訟となるわけではなく，むしろ極めて小さな割合が訴訟になるに過ぎないとされている。

医療関係者の民事責任の法的構成

医療過誤の賠償責任の根拠は，医療技術上の過誤と説明義務違反が主なものであるが，患者のプライバシー・情報を漏洩した場合の民事責任も，問題となりうる。もっとも，現在の医療施設はまだまだプライバシーに配慮したものにはなっていない場合も多く，入院の際に二人部屋・四人部屋が入院形態の大勢をなお占めている今の状況では，どこで情報が漏れたか，確定することが難しいこともあり，プライバシーの漏洩を問題とできる場合は限られている。

医療関係者に医療事故の民事責任が認められるためには，民法上の不法行為責任または債務不履行責任が医療関係者にあったことを患者・患者側で立証する必要がある。民法では医療事故には過失責任主義，すなわち加害者に過失がないと賠償責任を問うことはできないという立場を採用し，不法行為の場合（民709条）であれば，患者側が，賠償責任の成立要件である①故意・過失，②権利または法律上保護される利益の侵害，③損害の発生，④因果関係，のすべてを証明する必要があり，これらは加害者および損害を知ったときから5年，または行為時から20年以内に訴えを起こす必要がある（同724条の2）。債務不履行の場合も5年または20年が消滅時効期間である（同166条）。なお，債務不履行構成・不法行為構成の法的構成の違いが結果に大きな影響を与えることはないと現在では理解されているが（最判平成7年6月9日民集49巻6号1499頁［42②］），近親者の慰謝料請求権などの点で違いが生じる可能性は残っている。

医療過誤訴訟の頻度の高い専門領域・類型

紛争のもとになる医療事故は，すべての診療科目で存在しうるものであり，問題とされる事故の内容も，薬剤の取違えや投与量の確認ミスといったものから，複雑・高度な医学的判断の是非にまで，あらゆる種類の，広範囲なものが問題とされうる。

被害者も胎児・乳幼児・高齢者などの弱者を中心に，しかしあらゆる年齢層において被害が生じている。事故の結果についても，死亡・高度障害といった大きなものだけでなく，身体的な損害が生じていなくても自己決定権が侵害されたとして賠償請求をする場合も特別なことではない。医療行為に事故の可能性がある限り，紛争と無縁な医療措置は存在しないということである。しかし適切な処置が速やかにとられなければ大きな事故につながりやすい外科・産科・内科などは，他の専門に比べて紛争となる割合が高い。

同一疾患と思われる事件について出された先例は，その後の事件処理に参考にできる可能性が高いが，事件により千差万別の個性があることも事実であり，類似した事故であっても，まったく同等と評価できるかについては検討の余地がある。しかも，医療過誤と当初は考えられていても，同種の事故が頻発すれば，個別の医療機関の問題ではなく，医薬品や医療機器の製造物責任の問題として発展する可能性もある。

医療事故の診療態様類型では，問診・検査・診断・治療・手術・注射・輸血・麻酔・投薬その他あらゆる場面で発生し，問題となる疾患も，一般に予後が良いとされるものばかりでなく，治療法が存在しないものであったとしても，満足のいく処置がなされなかったという場合には，紛争につながっている。また，技術上の過誤と説明義務違反は並列して問題とされるのが通常のことになっている。

医師の責任要件　その①——医療技術上の過誤

医師が患者を診察する場合，通常は，診療契約が存在し，契約の当事者は医療機関，あるいは個人の医師と，患者である。医師は，その有する専門的知識と技術を駆使して，患者の診断・治療を行うが，人体が完全に解明され尽くした存在ではないことに鑑み，あくまで治癒の結果達成に努力することを義務づけられるにとどまり，治癒結果を達成することは，診療義務の内容とならない（手段債務）と解されている。

もっとも，医療が，マニュアル的な内容を有する側面，すなわち，患者に一定の兆候がみられたときにはそれに対応する一定の処置をとることが通常認められ，それがなされなかった場合にはなぜ当該処置を実施しなかったのかについて医療側が説明を求められることからすれば，結果債務的な色彩もないわけではなく，このことを指摘する論者もいるが，美容整形術といったものでも，請負とは一般に考えられていない。

医療水準とその決定要素

医療関係者は，人の生命および健康を管理すべき業務（医業）の性質に照らして危険防止のために実験上必要とされる最善の注意を求められる（最判昭和36年2月16日民集15巻2号244頁［42①］）が，ここでいう最善の注意の内容は，実施された処置が治療時のいわゆる臨床医学の医療水準に照らして適当であったか否かである（最判昭和57年3月30日判時1039号66頁）。医師の裁量は，医療水準の範囲内でのみ認められる（最判平成21年3月27日判時2039号12頁［60］）。

医療水準は，問題となっている治療法を実施することが医師に義務づけられるかという問題である。これについては，治療にあたった医師が当該領域を専門とする医師であるかどうか，医療機関の環境的・地理的要因なども考慮に入れつつ，当該医療機関の性格，所在地域の医療環境の特性等の諸事情から個別に判断されることになる（前掲最判平成7年6月9日［42②］）。地域の基幹病院と位置づけられる診療機関は，高度な医療行為を提供する義務があり，逆に，小さな診療所などは，そこでなしうることを見極め，早めに患者を転送することが医師の義務とされる（最判平成9年2月25日民集51巻2号502頁，最判平成15年11月11日民集57巻10号1466頁［45］）。

何らかの理由により医療水準に従った医療行為をなしえない医療機関は，患者を実施可能な医療機関に転送することが義務づけられる（転送義務）。

このように，医療機関の規模・性質に応じた治療義務の段階的な構造は，先進医療が一般的に，高度研究医療機関―基幹的医療機関――一般的な診療機関という順で定着していくという理解に立脚しているが，これは基本的に厚生労働省の政策である医療機関の役割分担の推進とも一致している。なお，近時の医療AIの進歩により，より低侵襲の手術方法などが普及してゆくものと考えられるが，その普及の過程での医療格差や，機器導入により新たに生じるリスクの現実化などは今後の課題として検討しておくことが必要であろう。

医療水準と医療慣行

医師が医療慣行に従って治療していたことは，医師の責任を否定する理由とはならない（前掲最判昭和36年2月16日［42①］，最判平成8年1月23日民集50巻1号1頁［43］）。医療慣行は医療を取り巻く各種の社会的要因が決定するものであるのに対して，医療水準はあくまで医療の見地から医師が何をなすべきかという当為の観点によって決定されるからである。

治療法がまだ医療水準に達しているといえない場合

医療水準に達していない医療行為については，医師にそれを実施すべき義務はなく（最判平成4年6月8日判時1450号70頁），その存在を知らせたり，それを実施している医療機関に患者を転送するという義務も生じない（最判昭和63年3月31日判時1296号46頁）。ただし，医療水準には達していないが，治療当時に専門医の間で積極的評価が与えられつつあり，患者のライフスタイルに対して与える影響が大きい治療法（乳がんの乳房温存療法など）について，医師がそのことを知っているという事情がある場合は，例外的にそのような治療法の存在を知らせることが求められる場合がある（後述269頁以下を参照）。

医療水準概念を取りまく状況

医療水準は，新しい治療法がいつの時点から診療に当たる医師の実施義務となるのかという議論にはなじみやすいが，一般に行われている医療行為の内容が適切かどうかの判断の場面では必ずしも必要なわけではない。そこで，医療事故訴訟の判決では，問題となっている治療行為が医療水準に照らして適切であったかどうかという表現をしないものも少なくない（最判平成14年11月8日判時1809号30頁は，「当時の医療上の知見」といい，最判平成15年11月14日判時1847号30頁，最判平成16年9月7日判時1880号64頁も注意義務違反を指摘する一方で，当該処置の医療水準の内容そのものについては言及していない）。なお，提供される看護の内容が，医療水準と同じように判断されるものかどうかは検討の余地がある（最判平成22年1月26日民集64巻1号219頁[73]）。夜間，せん妄状態にあり重大な傷害を負う危険性が極めて高く，過去に複数回の転倒歴のある高齢患者につき，抑制行為当時に他に適切な代替方法がない状況のもとで，患者の上肢を抑制具のミトンでベッドに固定する形で拘束したことは，危険防止のため必要最小限度のものであったところ，当該行為は患者が重大な傷害を負う危険を避けるために緊急やむを得ず行った行為であって，診療契約上の義務違反でもなく不法行為にもあたらないとした。

患者に対する指示が不適切であったという場合，これはいわゆる療養指導としての説明の問題で，自己決定ではなく技術上の過誤のひとつとして扱われる（最判平成 7 年 5 月 30 日判時 1553 号 78 頁）。

医師の医療技術の実施に重点を置いた義務に加えて，医師には緻密で真摯かつ誠実な医療を尽くすべきとの主張もあり，また近時は医師の信認義務を前面に押し出す見解もある。

医薬品の添付文書

医薬品の添付文書とは，医薬品の使用にあたって，その危険性や副作用など，患者の安全を確保するために医師に注意を喚起する目的で記載・提供する重要な情報源のひとつであり，それに従わなかった場合は医師の過失が推定される（最判平成 8 年 1 月 23 日民集 50 巻 1 号 1 頁［43］）。この場合の添付文書は最新のものを参照すべきであり，その含意を理解することが医療関係者には当然に求められている（前掲最判平成 14 年 11 月 8 日）。このように，医薬品の添付文書に対する位置づけは，最高裁判決では極めて重いものがある。

治療上のガイドライン

治療上のガイドラインとは，特定の臨床状況における適切な医療について，医師と患者の決定を支援するための系統的な見解をいう。これは，治療当時に最も効果的とされる処置に関する情報を提供するもので，臨床医にとって有益なばかりでなく，患者にとっても標準的な医療を受けることが期待できるという意味で，望ましい側面がある。

こうしたガイドラインはアメリカが発祥地とされるが，わが国においても，証拠に基づく医療（EBM）との関係で，多くのものが作成されている。医師の処置がガイドライン違反であった場合，いかなる効果が発生するかについては，ガイドラインの性格，作成した組織その他によりさまざまであるが，医師の過失・義務違反を考慮する際の有力な資料に加えることが考えられる。他方，ガイドライン作成者も，絶えず情報を更新してゆくことが求められることになろう。

ある診療領域でガイドラインが存在しているときに，医師がそれに基づいた治療を実施しなかったと解される場合であっても，それが直ちに責任が認められる根拠になるわけではない。ガイドラインを具体的に患者にどのように適用するかについては，個別事情を斟酌して決することになる。専門医や学会の総意が当該ガイドラインに示されている場合には，それに反した処置を実施したことについては，医療者側から説明すべきといえよう。これに対して，啓蒙の趣旨で作成されたガイドラインに反していたとしても，医療水準との関係でそれがどのように位置づけられるかにより，評価は変わりうる。

実際には，ガイドラインに照らしてなすべきであった・なすべきでなかった処置の内容が指摘され，これに対しては，医療水準に照らしてそれが義務づけられるかどうかが論点となる。ガイドラインは医学的知見を知るための手がかりとして有用なことは広く認められている（産婦人科診療ガイドラインに依拠し，医師の予見可能性・結果回避のための注意義務の存在を認めた高知地判平成 28 年 12 月 9 日判時 2332 号 71 頁）。

医師の責任要件　その②——説明義務違反

医療行為に先立って，医師は患者に対して治療行為の内容等について説明し，同意を得ることが必要である（インフォームド・コンセント）。この義務を履行しないで治療を実施した場合，たとえ患者の健康状態がそれによって改善しても，医師は，患者の自己決定権侵害と評価され，損害賠償を命じられる。医療過誤の場面では，説明義務違反の用語を用いることが多いので，ここでもそれによる。

医師の説明義務の根拠

正常な精神状態の成人は，自己の生命・身体についての最終的処分権を有しており，その承諾なく身体に接触することは，たとえ医師が患者の健康状態の改善を目的としてなすものであっても，認められない。最高裁も，頭蓋骨陥没骨折の傷害を受けた患者の開頭手術を行うに際して，医師は，手術の内容およびこれに伴う危険性を患者またはその法定代理人に対して説明する義務があるとした判決をはじめ，次第にその適用範囲を広げてきている（最判昭和 56 年 6 月 19 日判時 1011 号 54 頁）。医療が患者のライフスタイルの実現に奉仕すべきとの考え方からすれば，患者に対して治療法についての概略を説明しておけば足りるというわけではなく，患者が説明に納得した上で当該処置に同意するのは最低限の要請であり，複数の選択肢がある場合には，選択の結果を引き受けるのは患者自身であることに照らせば，患者が自己のライフスタイルからの吟味を可能とするような十分な情報提供と，場合によっては患者情報の把握をさらに進めることが医師には求められよう。そのうえで，選択を患者と医療関係者が共同で行うという形を考えてゆくべきである。こうした考え方の背景には，①医療倫理はすでに崩壊している，②医師の判断は社会的要因（自己への利益誘導，濫用の危険）によって動きうるものであり，信用に値しない，③患者が医療上の決定に参加することで治療に積極的な効果が生まれる，④自分のことは自分で決めるという道徳律などがあると米国では指摘されている。同じ議論が日本でも当てはまるかどうかは評価が大きく分かれるように思われるが，少なくとも③④については積極的に考えてよいのではないか。

近時，最高裁も，より広い範囲の情報を患者に提供すべきという方向に変化してきているといってよい。

宗教的理由（エホバの証人）の信者に対する説明として，患者が，輸血を受けることは自己の宗教上の信念に反するとして，輸血を伴う医療行為を拒否するとの明確な意思を有している場合，このような意思決定をする権利は，人格権の一内容として尊重されなければならず，患者に対し，病院の輸血方針を説明し，手術を受けるかどうかについての意思決定をさせるべきであったとする（最判平成12年2月29日民集54巻2号582頁［32］）。

乳がんの手術方法の説明（最判平成13年11月27日民集55巻6号1154頁［29］）に関して，少なくとも，当該療法が少なからぬ医療機関において相当数の実施例があり，これを実施した医師の間で積極的な評価もされているものについては，患者が当該療法（術式）の適応である可能性があり，かつ，患者が当該療法（術式）の自己への適応の有無，実施可能性について強い関心を有していることを医師が知った場合などにおいては，たとえ医師自身が当該療法（術式）について消極的な評価をしており，自らはそれを実施する意思を有していないときであっても，なお，患者に対して，医師の知っている範囲で，当該療法（術式）の内容，適応可能性やそれを受けた場合の利害得失，当該療法（術式）を実施している医療機関の名称や所在などを説明すべき義務があるとする。なお，チーム医療で手術が実施される場合，チームの総責任者が説明を自ら実施しなければならないわけではなく，説明することについて十分な知識・経験を有する主治医に委ねることも許される（最判平成 20 年 4 月 24 日民集 62 巻 5 号 1178 頁［65 ①］）。

このように最高裁は，医療関係者は治療に先立って患者またはその法定代理人に説明する義務があるとしつつ，説明の方法については必ずしも明言していない。また，医師が患者の特別な希望を知っている場合にはそれに応じて説明の内容もより詳しいものを求めているが，その希望を医師が探求する義務までは認めず，消極的に考えている。

患者の希望が医学的見地から合理的とみられる場合には患者に多くの情報を提供することを求めるものがある（分娩方法の選択と説明義務に関して，最判平成 17 年 9 月 8 日判時 1912 号 16 頁［30］）。ある治療法について患者の同意を得ていても，それと異なる治療法を実施する場合には，患者に改めて説明し熟慮の機会を与えるべきとするもの（破裂していない脳動脈瘤の治療法に関する説明義務について，最判平成 18 年 10 月 27 日判時 1951 号 59 頁［34］）など，大は小を兼ねないともいうべき事案が現れている。

実際の医療現場における医師の説明

医療の現場で実際に行なわれている説明と医事法の観点とはずれがあることが指摘されており，実際のところ，医学書には「患者説明のポイント」欄も設けられている文献も増えているが，疾病の情報（療養指導）や治療の予後説明，生活指導の記述が多い反面，処置を受けるかどうかという情報提供，説明の方法についての記述はまだ十分にない状況である。

インフォームド・コンセントに対する懐疑論——アメリカにおける議論状況①

インフォームド・コンセントという考え方が，伝統的なパターナリズムに裏打ちされた医師・患者関係と異なることは明らかであり，これに対しては従来，そして現在も，さまざまな面から，患者に幸福をもたらさないのではないかという批判がなされており，これは個人主義が徹底しているとされるアメリカでも，似たような状況である（代表的な論者として，Schneider)。

その批判をまとめれば，①患者は提供される情報を評価判断する能力，記憶する能力をほとんど有していない。疾病や傷害を受けた状態で適切な判断を下すことが常に可能とは考えられない。②患者は医学的に見れば不合理な決定をなして本来存在している生存可能性や治癒可能性を無駄にしている可能性がある。③情報提供のやり方次第では，同じ情報が提供されても患者の選択の結論は異なる事実がある，すなわち悪い結果を先に知らされると躊躇し，良い結果を先に知らされると積極的に受ける傾向がある。④ややもすれば医師の情報提供（と免責）という点に重きが置かれ，患者の理解（とそれによる自己決定の実現）に必ずしも重点を置いていない。⑤自己決定したくない患者までもが「多数意見」のために自己決定を強制されている（強制的自己決定権論）といったことが指摘されている。

特に⑤については，患者の自律性を主張する法律家等には，現実の患者が実際には何を欲しているかについてほとんど関心を払ってこなかった，ということを厳しく指摘する。そこでは代替手段として，疾病・傷害の影響で患者が適切な選択ができない場合があり，直面したくない現実に直面することを余儀なくされ，罹患するまでまったく知らなかった疾患について，直ちに情報を得て判断しなければならないのは患者にとって大変な重荷であること，同じ人間でも常に態度・希望が一定しているわけではないことから，情報が与えられることを望むが決定をしたいとは必ずしも考えない患者がある程度存在し，多くの患者は，自分で医療の内容を決めることよりも何を医療関係者にしてもらいたいかこそに関心があるとして，ガイドラインを進展させることで必要な情報を提供する基準を作ることが推奨されている。もっとも，①に対しては，より適確な情報がわかりやすく提供されれば患者は判断をなしうる，②についてはそれが自己決定というものである，③についても，情報提供のやり方それ自体をより検討していくべきであり標準的な説明方法を進展させることに重点が置かれるべきである，⑤に対しても，患者には同意の権利の放棄が認められており強制的に決定をさせるものではないといった反論がある。

インフォームド・コンセント拡大論——アメリカにおける議論状況②

前記の懐疑論に対して，むしろ，インフォームド・コンセントに含まれるべき情報を，疾患とその周辺といった情報にとどまらず，治療に当たる医師の経験や，経済的動機づけといった医師自身の情報にまで拡大して提供されるべきであるという主張もある。これは，医師個人に関する情報への関心が強まっていることに起因する。

具体的に問題とされた情報としては，①医師の治療における経済的動機を表示させること，②医師の治療経験を患者の選択に際しての重要な資料と位置づけ，これを示さなかったことに選択権侵害の可能性を認めること，③外科執刀医の HIV 感染の有無（内科医では問題とならないが侵襲的性格の治療（外科手術）で問題とされた〈Faya v. Almaraz, 620 A.2d 327 (Md. Ct. App. 1993)〉），④医師の薬物・アルコール濫用歴などがある。

こうした情報範囲の拡大の要請については，これを認める州と認めない州があり，また，裁判所では際限のない私的事項の開示ということに繋がりかねないとの懸念が指摘されており，医療に関係ある重大な事項に限ることで限界づけをすることも試みられている。

説明義務の分類

医師の説明は，①承諾を得るための説明，②療養指導としての説明，③顚末報告としての説明，などに分類されるが，患者の自己決定権との関連では①が重要である。②は退院時の患者の両親への説明など（最判平成7年5月30日判時1553号78頁），医療水準の問題として扱われ，③は治療後の説明として位置づけられる。

患者の同意は，予定された検査や治療の前になされなければならず，同意した範囲までしか治療は実施されてはならないことが基本であって，麻酔中の本人に代わって家族が同意をすることに対して判例は慎重である。同意をなすには患者の自由な意思決定が必要であり，説明の相手は患者本人が原則である。患者に同意能力がないという場合には，後見人や親権者が本人に代わって同意することになるが，患者が未成年者であっても，可能な限りわかりやすい言葉を用いて治療に対する理解を得ておくことが重要であろう。

説明すべき項目

医師が患者に対して説明すべき項目としては，診断の内容，患者の現在の状態，予定している治療法の概要と目的・方法，治療の危険・副作用の可能性，代替できる治療法の存否とそこから期待できる効果，放置した場合の転帰，治療期間など，これらの情報提供の範囲も原則として医療水準によって決定される。説明の範囲は，同じ状況にある合理的な医師であればどのような情報を開示したかを基準とする立場（合理的医師説という）も存在するが，常に一般に提供される程度の情報でよいとするのは患者の自己決定と相容れない可能性がある。

また，標準的な情報提供の水準がはっきりしないことも少なくないように思われる。合理的な患者にとり重要な情報は何かを理解するためには医師は患者と話し合う必要があり，これはインフォームド・コンセントの目指す実質であることに鑑みれば，合理的な患者であればどの程度の情報を求めるか，を基準としつつ，個別具体的な患者の事情を医師が知りまたは知りうる場合には，その事情に従って説明の範囲が決まる，いわゆる二重基準説が相当であるだろう。アメリカの州によっては，乳がんの場合や人工妊娠中絶など特定の処置に際して，説明すべき内容について制定法によって定められている場合がある（Cal. Health and Safety Code HSC §109277〈2019〉; NY CLS Public Health PBH §2404-d〈2021〉など）。こうした説明事項の法定は，患者の自己決定を促進する情報提供が確実に行われることが期待される一方で，提供を求められる情報内容によっては，患者の選択を一定方向に誘導する操作が行われる恐れも指摘されており，慎重さが必要な側面もある。

なお，美容外科などのように，患者の生命身体の維持に必ずしも必要ないと思われる処置を実施する場合には，通常の医療の場合よりも詳細な説明が必要であり，このことは医療行為の性質からも根拠づけることができる。研究段階にある治療方法を実施する際にも，詳細な情報提供が求められる（名古屋地判平成 12 年 3 月 24 日判時 1733 号 70 頁［38］）。

Column ㉑　診療情報の提供等に関する指針について

厚生労働省は，インフォームド・コンセントの理念や個人情報保護の考え方を踏まえた，「診療情報の提供等に関する指針」を策定し公表した（http://www.mhlw.go.jp/shingi/2004/06/s0623-15m.html）。

この指針は医療従事者と患者とにより良い信頼関係を構築することを目的とする。診療情報提供の一般原則として，医療従事者は患者が理解を得られるように，懇切丁寧に診療情報を提供するように努めなければならず，その提供は，具体的状況に即して適切になされる必要がある。また，患者以外の者に対して患者の同意を得ないで診療情報の提供を行うことは守秘義務に反しており認められない。一方，診療記録の開示について患者が求めた場合には原則としてこれに応じなければならない。ただし，診療情報の提供が第三者の利益を害するおそれがあるときや，診療情報の提供が患者本人の心身の状況を著しく損なうおそれがあるときには診療情報の提供の全部または一部の提供を拒むことができる。

なお，遺族に対する診療情報の提供については，患者の遺族に対して死亡に至るまでの診療経過，死亡原因等についての診療情報を提供しなければならないが，患者本人の生前の意思，名誉等を十分に尊重することが必要である。

説明義務が免除される場合

説明義務が免除される場合として，患者がすでに治療の内容を知っている場合，救急の場合，強制的治療が認められる場合，患者が説明を受ける権利を放棄している場合，さらに真実を告げることが患者に対して重大な悪影響を与えるであろうことが確実と予想できる場合（治療上の特権）が学説上挙げられることが多い。治療上の特権においてしばしば問題とされるのはがんの告知であるが，がんであるからといって一般的に説明義務が存在しないということではなく（最判平成 7 年 4 月 25 日民集 49 巻 4 号 1163 頁），告知するか否かは医師の合理的な裁量の範囲内とされる。しかし，裁量の範囲内とはいえ，その権限の行使は合理的である必要があり，本人に告げない場合には，家族に対して病名を告知することを検討する必要がある（最判平成 14 年 9 月 24 日判時 1803 号 28 頁［28］）。説明による悪影響が生じるおそれが消滅した場合には，医師は説明を追完することが義務づけられよう。説明に際しては相応の配慮が必要であり，ただ機械的に病名を告げれば義務を果たしたということにはならない。

治療後の説明

治療後に説明を求められた場合，医師はその内容について正確に報告する義務が，認められるようになっている。近時の下級審判決では，準委任における顚末報告義務（民645条・656条）として，または診療契約に付随する義務，あるいは信義則上の義務としてこれを肯定するものが増えている（大阪高判平成25年12月11日判時2213号43頁など）。もっともその際，過誤があった場合にそのことまで言及する必要があるかについては，自白を強制する可能性がある点で問題があろうが，虚偽を語ることは認められないものと思われる（山口地判平成14年9月18日判タ1129号235頁は治療中に過誤をした歯科医について患者への報告義務を認めたが，これが一般化できるかどうかは検討の余地がある）。

セカンドオピニオンの位置づけ

自己決定を確実にするための情報として，主治医の診断に対して別の医師の見解を聞くというセカンドオピニオンが近時，広く奨められるようになっている。セカンドオピニオンは診療契約上，どのように位置づけられるかについては必ずしも議論がなされているわけではないが，セカンドオピニオンがどういう形で得られるかにより，法律関係は異なりうるものと思われる。すなわち，治療等を受けている病院内の別の医師の判断を仰ぐ，という場合には，診療契約は患者と病院との間で結ばれているので，診療契約に包含されていると評価されよう。他方，治療等を受けている病院に属さない医師の判断を仰ぐ，という場合には，診療契約は病院との間にしか存在せず，別の医師とは，医療水準に合致する情報を提供する情報提供契約を締結したと考えるのが相当と考えられる。この情報提供にあたっては，与えられた資料をもとにした判断であるが，仮にそれだけでは十分な判断ができないという場合には，追加の資料提供を求めるといったことも必要となろう。

医師の責任要件　その③——プライバシー侵害・守秘義務違反

これについては，第4章を参照されたい。

患者以外の第三者の保護の問題

患者以外の第三者に対して医師が義務を負う場合はあるであろうか。アメリカで問題とされたものとして，患者から殺人計画を打ち明けられた精神科医が被害者に対する警告義務を負うとされた事件が著名である（Tarasoff v. Regents of University of California, 551 P.2d 334〈1976〉. ただし，本件判決後，アメリカの判例法ではこうした警告義務は認められない傾向にあることを指摘する文献も存在する）。患者の状態によっては医師が予見できる被害者に対して危険を警告する義務がある場合も考えられるが，反対に，医師には守秘義務がありその根拠に照らせば，こうした行動を義務づけるには慎重な判断を要しよう。

責任成立要件としての事実的因果関係

医師に技術上の過誤あるいは説明義務違反といった義務違反があったことが認められたとしても，こうした義務違反と，生じた結果との間に「あれなければこれなし」という事実的因果関係がなければ，医師は損害賠償責任を負うことはない。医療関係者に過失がなくても患者は早晩同じ転帰をとったであろうという場合には，その責任を問うことはできないのである。

事実的因果関係の存在については，通常人の目から判断してその関係があると考えられる程度のもので足り，科学的に一点の曇りもないものである必要はない（最判昭和 50 年 10 月 24 日民集 29 巻 9 号 1417 頁［59］）。また，問題となる行為も，ある程度概括的なものでかまわない（最判昭和 39 年 7 月 28 日民集 18 巻 6 号 1241 頁は，注射の消毒が不完全だったことにより障害が残った場合に，注射器具・施術者の手指・注射部位のどこに消毒不完全があったかを確定しないで，過失の認定として不完全はないとした）。もっとも，事実的因果関係の存在は科学的に合理的であることは必要である。

説明義務違反の場合，「もし説明を受けていたならばその治療を承諾しなかった」と評価できなければならないものである必要があり，情報が提供されなかった危険の現実化と，もし情報が提供されていたら，合理的な患者であれば治療を受けなかったということを示す必要がある。一般には，多くの患者は医師が勧める治療を受け入れるのが通常であり（痛みの除去のための処置にわずかな危険があるとしてもそのために治療を拒否することは余り考えられない），同程度の合理性のある処置が複数存在し，どちらも医学的見地から見て適切と考えられ，医師と患者の価値観が異なる場合のみが問題となり，そうでなければ選択できなかったことによる慰謝料のみが認められることになる。

事実的因果関係の認定は，積極的行為によって事故が発生した場合は比較的容易であるが，医師が患者の兆候を見落としたために必要な処置をとることができず，その結果として事故が発生したという不作為型の事故の場合には，事実的因果関係の認定は必ずしも容易とは限らない。これについて判例は，想定される行為がなされていたら事故は生じなかったであろうことを立証すれば，因果関係の存在は証明されたとし，作為と不作為とを区別しないで判断している（最判平成 11 年 2 月 25 日民集 53 巻 2 号 235 頁［61］）。

なお，患者に対する医師の言動が原因となって PTSD となったと主張して損害賠償請求がなされた事案において，最高裁は医師の言動がやや適切を欠く点があることは否定できないとしても，それが PTSD の発症原因となり得る外傷的な出来事にあたるとみる余地はなく，PTSD の原因となり得る外傷体験のある者が，これとは類似せず，これを想起させるものともいえない他の重大でないストレス要因によっても PTSD を発症することがある旨の医学的知見が認められているわけでもないこと等を総合すれば，医師の言動と患者の症状との間に相当因果関係があるとはいえないとして賠償責任を認めなかった（最判平成 23 年 4 月 26 日判時 2117 号 3 頁［25］）。

期待権侵害・治療機会の喪失について

たとえば，がんの誤診により患者の治療開始が遅れたが，たとえ適時に診断をして治療の遅延がなくても患者は死亡していたという重症例の場合，医療関係者の過失と生じた結果（＝死亡）との間に因果関係はない。そこで，この場合には，問題とされた義務違反と結果との間に因果関係がない以上は，損害賠償責任を負わないというのが結論となるはずである。しかし，このように医師側に過失が認められながら，結果に対して一切損害賠償責任を認めないとするならば，死亡する可能性のある疾病を有する者については一切損害賠償責任が生じないことになってしまい，適当とはいえないであろう。この問題を因果関係のものとしてとらえるか，損害の問題としてとらえるか，は難しい問題である。

この問題については学説上，延命利益の喪失・期待権侵害・治療機会を奪ったことなどに責任の根拠を求める見解等が主張され，下級審判決も分かれていた。近時，最高裁は，因果関係の存在について，現実に死亡した時点で生存していたことを是認できる高度の蓋然性が証明されれば因果関係は肯定され，あとは損害の算定の問題であるとし（前掲最判平成11年2月25日），さらに，高度の蓋然性を証明できなくとも死亡の時点においてなお生存していた相当程度の可能性の存在が証明されるときは損害賠償責任を負うとした（最判平成12年9月22日民集54巻7号2574頁［63］）。ただし，こうした可能性の存在が証明されない場合には，賠償義務はない（最判平成17年12月8日判時1923号26頁［46］。ただし，3対2の僅差による判断）。この法理は患者に重篤な後遺症を残した場合でも（最判平成15年11月11日民集57巻10号1466頁［45］），法律構成が債務不履行であっても同様である（最判平成16年1月15日判時1853号85頁）。なお，相当程度の可能性侵害が認められなくても，実施された医療行為が著しく不適切なものであるときは，適切な医療を受ける期待権侵害を検討し得る（最判平成23年2月25日判時2108号45頁［64］）。これについて，松果体腫瘍摘出後に脳内出血を生じ，高次脳機能障害が後遺症として残ったことにつき，頭部CT検査の実施に関して，適切な医療を受けるべき利益を侵害されたことについての慰謝料支払いを命じた原審判断を，当該検査の不実施が著しく不適切なものであったとはいえないことは明らかであるとして請求を棄却した第一審判決を相当とした事例が現われている（最判平成28年7月19日年報医事法学32号168頁）。

医療事故における損害　医療事故訴訟においても，通常の事故の場合と同様の方式に従い，損害賠償の範囲が決められ，損害賠償額が算定される。なお，説明義務違反の場合，認められる損害が慰謝料のみか，その後の治療がすべて違法とされ全損害が認められるかは，判例・学説が分かれるところである。

医療の場合，当初から疾病を有する患者に対して処置がなされるものであるため，治療の出発点となった疾患の予後が良好なものでない場合，最善の医療を提供されても患者の状態が改善されたかどうかについて確かではないことを理由として，逸失利益を認めなかったりその期間を短く認定したりするといったことが行われることがある。

医療事故を理由とする慰謝料とその算定

医療事故の損害賠償では，医療技術上の過誤があり因果関係も肯定できる場合には，交通事故などの一般的な事故と大きく異なる点は存在しない。しかしながら，過誤が認められても生じた結果との間に因果関係を認めることに困難がある場合や，説明義務違反による損害賠償を認める場合などには，慰謝料が有する補完的機能が重要となる。

過誤と結果との間に因果関係を認めることは困難であるが賠償責任を完全に否定せずに期待権侵害・延命利益侵害・相当程度の可能性の喪失等を理由として数百万円程度の慰謝料を認める場合がある。また，説明義務違反が認められる場合は，基本的に慰謝料で算定される（近時の具体的な医療事故の慰謝料の算定額については，齋藤修編『慰謝料算定の理論』〈ぎょうせい，2010年〉71～120頁参照。なお，手術時に異物を体内に遺残させたが，生活に支障がなかった場合に，慰謝料700万円を認めたものとして，さいたま地判平成26年4月24日判時2230号62頁）。

医療事故と患者側の事情

患者が医師からの指示を遵守しなかったり，説得に応じずに治療を受けなかったり，といった場合，極端な場合は医師の過失と生じた損害との間に因果関係がないとされ，賠償責任が否定されることもある。そこまで至らない場合でも，過失相殺（民 722 条 2 項）が認められる場合がある。患者の自己決定を尊重することは，反面において患者の自己責任を広く認めることにも通じる（札幌地判平成 13 年 4 月 19 日判時 1756 号 121 頁参照）。

複数の医療関係者が関与する場合　医師が医療機関に雇用されており，医師に責任が認められた場合には，雇用している医療機関は，使用者責任（民 715 条）あるいは履行補助者を用いる債務者としての責任（同 415 条）を負担することになる。病院におけるチーム医療においては，医師が責任のトップとなって，複数の医師や看護師その他のパラメディカルスタッフを統括することも少なくないが，この段階では使用者責任が問題となろう。

交通事故により重大な傷害を受けた後に搬送された医療機関の処置が不適切であったため患者が死亡したが（交通事故と医療過誤との競合），交通事故と医療事故がそれぞれ被害者の死亡の結果に対して相当因果関係があり共同不法行為にあたる場合は，交通事故加害者と医療事故加害者は損害の全額について連帯責任を負う（最判平成 13 年 3 月 13 日民集 55 巻 2 号 328 頁［62］）。

損害賠償責任の履行　医師・医療機関に損害賠償責任が認められた場合，損害賠償責任の履行は，現実には大半の場合が，医師損害賠償責任保険などの責任保険を通じて行われている。

鑑定の問題　医療過誤訴訟を受け，判決を出す義務を負う裁判所も，この種の事件処理には大変な労力を負担していることはよく知られている。特に問題なのは，裁判官は法律の専門家ではあっても，医療の専門家ではないことであり，こうした知識・経験を補充するため，医療事件の大半の場合には鑑定が用いられ，その結果は事件の結論を大きく左右するといわれる。しかし，鑑定人のなり手を探すことがこれまで困難であり，ようやく引き受けてもらっても，なかなか結果が出ないということもままあるようである。さらに，鑑定に大きく依拠して過失認定をした下級審判決が，上級審で厳しく指摘され否定されることもある（たとえば，最判平成 9 年 2 月 25 日民集 51 巻 2 号 502 頁，最判平成 18 年 1 月 27 日判時 1927 号 57 頁）。

そこで近時は，鑑定人を選定するにあたっての各種方策が図られているほか，カンファレンス方式による鑑定・アンケート形式の鑑定など，鑑定を行う医療関係者の負担を可能な限り軽くする方策も考えられている。もっとも，専門的意見が分かれてしまったとき，そのうちのどれを最も説得力あるものとして評価するかは，結局，裁判官の判断によるほかはない。なお，医事関係訴訟の運営に関する一般的問題の審議と，鑑定人のなり手を見つけることの困難さを回避するために，医事関係訴訟委員会が平成 13 年に設けられ，各地方裁判所においても活発な活動が行われるようになってきている。

医療事故と刑事責任

医療事故において，民事責任を生じさせると共に刑事責任が問題とされる場合もないわけではなく，業務上過失致死傷（刑 211 条）に該当するとして処罰される可能性もある。数的には民事責任に比べて圧倒的に少ないが，一定数存在している。医療側が重大な過誤によって医療事故を生じさせた場合に，刑事責任が一切問われないとするのは不合理であるという意見もある。

刑法211条は，業務上必要な注意を怠ったために人を死傷させた場合には5年以下の懲役もしくは禁固または100万円以下の罰金に処すと定める。この場合，医療関係者の刑事責任を追及する検察側が，医療側の刑事責任を基礎づける事実を確信に至るまで立証する必要があり，民事責任を追及する場合より重い立証責任が課せられる。責任を問われる過失の程度も，刑事責任の謙抑性という観点からは，より重大な過失に限って認められると解することになろう（新潟地判平成15年3月28日判例集未登載は，薬剤の通常の使用量の9倍もの点滴を実施したために患者が死亡したものであり，判決では被告人の業務上過失の程度が重いことが指摘されている）。

なお，抗がん剤の過剰投与により若年患者が死亡した事案では，民事責任と刑事責任の両者が問題とされ，最高裁は，大学病院で指導的立場にあった教授の刑事責任について，主治医・指導医と並んで，自らも臨床例，文献，医薬品添付文書等を調査検討し，抗がん剤の投与計画案の内容について踏み込んで具体的に検討し，誤りがあれば是正すべき注意義務があり，その実施は容易であったのに，これを怠り，投与計画の具体的内容を把握しその当否を検討することなく，治療法の選択の点にのみに承認を与え，誤った投与計画を是正しなかった過失があったこと，また，副作用に伴う死傷の結果を生じさせる事態をも予見できたとし，注意義務を怠った過失もあるとした（最決平成17年11月15日刑集59巻9号1558頁［66］。因果関係の問題につき，最判昭和28年12月22日刑集7巻13号2608頁）。また，患者の取違えが発生し手術部位を誤った事案においては，患者の同一性を確認することは医療行為を正当化する大前提で医療関係者の初歩的，基本的な注意義務であるとし，そうした事態が発生しないための組織的なシステムを欠く場合，医療関係者は他の関係者が患者の同一性の確認を行っていると信頼し，自らその確認をする必要がないと判断することは許されず，各人の職責や持ち場に応じ，重畳的にそれぞれが責任をもって患者の同一性を確認する義務があり，この確認は，遅くとも患者の身体への侵襲である麻酔の導入前に行わなければならず，麻酔導入後であっても，患者の同一性について疑念を生じさせる事情が生じたときは，手術の進行を止め，関係者それぞれが改めてその同一性を確認する義務があるとした（最決平成 19 年 3 月 26 日刑集 61 巻 2 号 131 頁［67］。なお，札幌高判昭和 51 年 3 月 18 日高刑集 29 巻 1 号 78 頁〈北大電気メス事件〉も参照）。

医療事故の刑事責任に関して，厚労省は研究会「医療行為と刑事責任の研究会（座長・樋口範雄武蔵野大学教授）」を立ち上げ，その中間報告が公にされている（https://www.mhlw.go.jp/content/10800000/000580976.pdf・平成 31 年 3 月）。当該報告は 282 件の刑事裁判となった事例とならなかった事例 150 件について，それぞれが有する特徴を抽出して比較し，結論として，医療従事者として一般に求められる注意を怠ることがなければ，必要なリスクを取った医療行為の結果，患者が死亡した場合であっても刑事責任を問われることはないと考えられるとしている（同報告書 3 頁）。

医療事故と行政処分　医療事故を起こしたことを医療関係者の懲戒処分理由とする場合はほとんどなかったが，近時は，医療事故を理由とする医業停止処分が毎年行われるようになっている（これにつき第 2 章 *2* も参照）。判例（前掲新潟地判平成 15 年 3 月 28 日）は，こうした処分が行われる予定であることを量刑の事情として考慮している。なお，医道審議会医道分科会「医師及び歯科医師に対する行政処分の考え方について」（平成 14 年 12 月，平成 24 年 3 月・平成 27 年 9 月改正）は，医療過誤による行政処分について，司法処分の量刑などを参考に決定するが，明らかな過失や繰り返し行われた過失など，医師・歯科医師として通常求められる注意義務が欠けている事案については重めの処分とするとしつつ，病院の管理体制，医療体制，他の医療従事者における注意義務の程度や生涯学習に努めていたかどうかなどの事項も処分の程度を判断する考慮材料とされるとする（55頁以下も参照）。

3 医療事故の予防

医療事故の予防

横浜市立大学病院の患者取違え事故に端を発して，大学病院・国公私立病院・診療所における医療事故の報道が近時急増しており，医療現場における事故予防への関心も，従来になく大きな関心を呼ぶに至っている。

アメリカでは，1999年に連邦政府の政策に大きな影響力を与える米国科学アカデミー医学研究所（National Academy of Science, Institute of Medicine, IOM）が，“TO ERR IS HUMAN”（医学ジャーナリスト協会訳『人は誰でも間違える――より安全な医療システムを目指して』〈日本評論社，2000年〉）という報告書を公表し，全米に衝撃を与えた。この報告の内容は，それまでアメリカで行われてきた種々の医療事故やその予防策に関する研究を総括し，政策を提言するもので，新たな知見が当該報告書で初めて示されたというものではないが，医療事故の研究とその情報が必ずしも一般の人々の理解を得ているところとなっていなかったことから，社会的に大きく取り上げられることになった。特に米国のメディアが注目したのは，医療関係者の防止可能な誤りに起因する不良転帰が，最低4万4000人，最高では9万8000人の死者が生じていると予想されるという数の多さであった。

そこで，同報告書は，医療事故の死者を今後5年以内に半減させるための政策を達成するために，事故に至らない情報を収集し事故に学ぶ姿勢と文化を医療現場に構築することが重要であるとし，①安全文化の創設のための専門機関の設置，②死亡または重大な身体障害を生じさせた不良転帰については情報提供を義務づける強制的報告制度を創設する，③報告者を保護するための保護立法を創設する，④患者の安全に重点を置く方策を推進する，を骨子とする政策提言をなしている。

ある医療関係者の単純なミスから事故が生じたように見える場合でも，実際は複数のシステム上の欠陥がそれに絡んでいる場合が多く，当該事故の原因となったとしてある者が非難されたとしても，事故が減るとは限らない。よく似た名称の薬剤の取違えが起こった場合，薬剤の名称の確認を怠った医療関係者は非難されるべきかも知れないが，薬剤の名称が似通うことを許してしまった状況，似通った名称の薬剤があることに注意を喚起しなった状況が改められない限りは，今後も同種事故が起こる原因を除去していないことになる。人は間違いを起こすものであると考え，システムを改善することが，事故を減らすために必要なことである。

IOM は 2003 年に，“Patient Safety: Achieving a new Standard for Care”（患者の安全）と題する報告書を公にした。それによれば，事故予防のためには情報インフラが必要であり，事故情報がいかに事故予防に大きな意義があるかを論じ，事故情報の収集を容易にし，その加工や流通を促進する基本的なフォーマットを作成すべきと提案する。この提案は，病院，診療所その他あらゆる医療の場面において，患者の安全を標準的な医療とするためには，情報の改善・データ流通が必要であり，医療機関は，包括的な患者安全システムを構築すべきであるとし，国によって運営される医療情報インフラが，患者の安全のための水準を形成するために必要であるとする。

また，すべての医療機関は，安全の文化（a culture of safety）のもとで，教育を受けた責任者によって運営される包括的な患者安全プログラムを確立すべきことも提言している。

日本の状況　その①
――これまでの展開

日本でも，医療事故が多発している可能性があるという現状を放置できるものではないということから，厚生労働省は，すべての病院および有床診療所に①安全管理指針の整備，②安全管理委員会の開催，③安全管理研修の実施，④院内における事故報告等の安全確保を目的とした改善方策の実施，を制度化し，特定機能病院等に①安全管理者の配置，②安全管理部門の設置，③患者相談体制の確保，を制度化し，医療機関においても，患者に被害は生じなかったが事故に結びつく可能性のあった事態である，ヒヤリ・ハット事例の収集から事故に学ぶ取組みを進めた（医療に係る事故事例情報の取扱いに関する検討部会報告書。以下検討部会報告書という）。

検討部会報告書は，医療政策上の最も重要な課題のひとつとして医療の安全と信頼の向上を図るための社会的システムの構築が求められているとされ，そこに示された事故事例情報活用の基本的な考え方は，事故の原因を分析し，適切な対応方策をたて，それを医療機関・医療従事者に周知徹底していくことが最重要な対策と位置づける。そのため検討部会報告書は，事故事例情報を幅広く収集することが必要となっており，事故情報の収集・分析・フィードバックの仕組みを構築することが最優先とされる。さらに，紛争事例への適切な対処も強く求められているとされる。そのための事故情報の収集・分析は中立の第三者機関においてなされることが最も適切とする。検討部会報告書の基本的考え方は，前述したアメリカの医療事故に対する姿勢と基本的に共通するものである。

以前より医療従事者個別の事故予防策については関心も払われ，文献も多々存在したところであるが，近時は組織としてのリスク対応に重点が移りつつある。

日本の状況　その②——第三者機関による事故原因の究明と医療法の改正

平成26年に医療法が大幅に改正され，「医療の安全の確保のための措置」が節として設けられ，安全確保のための公的な仕組みが作られた（80頁参照）。

日本医療機能評価機構は，医療法施行規則に定める事故等分析事業を行う機関として，医療事故情報とヒヤリ・ハット事例収集等の事業を行っている。この事業は，中立的な第三者機関として，集めた事故情報とその集計・分析結果から医療安全情報を提供するという形で，安全推進を図ることが目的とされている（https://www.med-safe.jp/index.html）。

医療事故と裁判外紛争処理制度

医療事故の処理は，知識・情報が医療側の一方に偏しており，当事者に証拠を提出させ，医療に素人の裁判官が問題の是非を判断するという通常の裁判制度枠組みでは，費用・時間がかかり，対立構造がそのままであるなど，当事者双方が満足する適切な結果を導きえないという主張が有力になされ，裁判制度の外で紛争の特徴に応じて最も適切な処理を図る制度（裁判外紛争処理制度，Alternative Dispute Resolution, ADR）が適切とされる。

近時，医療事故訴訟の平均審理期間は短縮傾向にあるが，訴訟では結局，当事者，特に事故被害者側が望んでいる真実の解明や事故再発防止，謝罪といった本来の解決につながらないという不満が根強い。医療事故に関する裁判外紛争処理制度は，日本医師会が医師賠償責任保険をつうじて各都道府県医師会に設置しているものが活動しているほか，弁護士会が設置する斡旋・仲裁センター等も利用されている。医療事件の裁判外での円満な解決に何が適切かについては，日本学術会議・厚生労働省・各地の弁護士会などで議論が進められている。それらの中には，医療メディエーターを中心に据えるもの・証明責任を軽減化した裁判の制度枠組みを簡素化軽量化したもの・第三者機関的な提案など，さまざまなものがある（この点につき，日本学術会議法学委員会医療事故紛争処理システム分科会対外報告・医療事故をめぐる統合的紛争解決システムの整備へ向けて〈平成20年2月〉参照)。また，紛争を処理するNPO法人設立の動きも報道されるなど，近時この方面の研究・社会的対応の提案が活発になされるようになっている。このほか，アメリカでは，事故後の医療機関の対応によって，後に訴訟に発展するかどうかが大きく左右されるという実績に鑑み，事故が起こった場合には真実を話し謝罪しようという風潮が広まり，支持を集めていることも参考になる面があろう（ハーヴァード大学病院で使用されている謝罪マニュアル（When Things Go Wrong: Responding To Adverse Events: A Consensus Statement of the Harvard Hospitals〈2006〉）についてわが国でも紹介・翻訳がなされている。東京大学医療政策人材養成講座受講生有志による「医療事故：真実究明・謝罪普及プロジェクト」http://www.stop-medical-accident.net/index.html)。

4 医療事故被害救済のための制度設計

現在の医療事故処理をめぐる法的枠組み　医療関係者が医療事故を生じさせた場合，一部の特殊領域を除いて，過失責任主義によって処理がなされることは，これまで述べてきたとおりである。

過失責任主義では，たとえ事故が起こっても行為者に過失がなければ責任を負う必要がないことから，行為者に過失ある行動をとらせないように緊張させることが法によって期待されており，これが間接的には事故抑止・事故予防機能を担っていると理解されている。その背景には，事故の原因は医療関係者個人のエラーが大きな原因であるとし，誤りの責任を負わないとすると無責任な医療関係者が増え，行動が慎重でなくなるおそれがあるのではないか，誤りを犯し被害が発生したのに責任を負わないのは正義感・公平感に欠けるのではないか，という理解がある。

現行制度への批判　しかしながら，過失責任制度の事故抑止機能に対しては，次のような疑問も指摘されている（DeWees et al., EXPLORING THE DOMAIN OF ACCIDENT LAW: TAKING THE FACTS SERIOUSLY〈1996〉)。

①　医療の観点からの純粋な過失責任を貫徹できていない。すなわち，医療関係者にとってほとんど実行が不可能な行為義務を当該事故の関係で認めて賠償責任を負担させても，それは他の同種事故に対する教訓とはなりえないし，潜在的な事故予備状況に対する警鐘にもならない。

②　医療事故訴訟は時間がかかりすぎ，事故予防のための警鐘システムとしては不十分である。

③　医療事故は複雑な現代医療に含まれる欠陥や難点が凝縮して出現することも多いが，過失責任制度はこうした複雑な事故発生メカニズムを十分反映させる責任構造になっていない。

④　過失責任制度は言い換えれば，「誰が非難に値するかを選ぶ」方法であるが，これでは事故関係者の協力を得て事故再発の防止を考えることは期待できない。

⑤　現行の損害賠償制度は行為者の過失の程度に応じた損害負担という形態にはなっておらず，重複塡補の調整が行われる場合には，経済的インセンティブは機能しない。

⑥　医療事故のうち訴訟になるのはごくわずかであり，経済的インセンティブに基づく事故予防はできない。医療過誤訴訟に敗訴しても，実際に損害賠償を支払うのは保険会社であるため，医師が経済的負担を被ることはほとんどない。

上記はカナダの研究者が医療過誤の処理について指摘した過失責任制度の問題点であるが，これらの疑問には，今日のわが国においてなお同じように当てはまる点も少なくないであろう。

医師に過失があったと主張して損害賠償義務の有無を検討する医療過誤訴訟は，信頼関係で結ばれているはずの医師—患者関係を悪化させる重大な原因であると主張されることは少なくない。しかし他方で，医療過誤の特殊性に照らして必要な対応が患者側の不利を補うためにある程度なされているとはいえ，なお原告・患者側の負担は重いものがあり，原告代理人のなり手も必ずしも多くなく，医療事故被害者の大半は泣き寝入りしているといわれる。幸いに代理人を得ることができて訴訟に持ち込めたとしても，事案の性質上，訴訟は長期化することが通常で，多くの事件が第一審判決まで3年近くかかる。長期化の原因は多様であるが，争点が多岐にわたる場合が多く，鑑定人を見つけることも容易でないこと，訴訟の進展により当初と異なった新たな論点が生じる場合も少なくないこと，などが挙げられている。

また，医療事故訴訟の数が増大することにより，医療現場に対する影響を懸念する意見も主張されている。医療過誤訴訟に敗訴しても，保険に加入している医師は経済的負担を被ることはないが，実際に被告になれば法廷に出廷して相手方からの質問に答えなければならない。そこでは医師としてのプライドを甚だしく傷つけられることも多いといわれ，訴訟の存在が医師に大きなストレスを与えているという調査結果もある。こうしたストレスと防衛的医療の実施とは必ずしも因果関係がはっきりしないようであるが，現行の制度をそのまま維持することには原告・被告両者にとって望ましいものでないかもしれない。

医療事故の処理をめぐる特別な制度の創設

医療事故の処理をめぐっては，すでにスウェーデンをはじめとするスカンジナビア諸国やニュージーランド，アメリカのいくつかの州での特別な処理が行われており，こうした制度改革を今後進める可能性を模索している国も少なくない。2002年にフランスにおいても医療事故の被害者に対する補償を定めた新法が導入されており，注目を集めている。

日本でも，日本弁護士連合会が，医療事故に対して，無過失補償制度の提案を公表し，産科医療に限らない医療事故解決のための提案を行っている。訴訟による医療事故紛争の解決は，①賠償責任成立の困難性，②事故の原因究明・再発防止機能に制度的な担保がないこと，③医療に潜在的に含まれる危険の実現は医療の利益を享受する者すべてが負担すべきものであること，を指摘し，医療事故被害の救済のために，公正な手続により迅速・適切に被害を補償する無過失補償制度の創設が必要とする。

出産事故に対する無過失補償制度

平成21年1月1日から，分娩（帝王切開を含む）による医療事故（過失の有無を問わない）によって重度脳性麻痺（身体障害者障害程度等級1級または2級）となった児およびその家族の経済的負担を補償するとともに，事故原因の分析を行うことで，紛争予防・早期解決・産科医療の質向上を図ることを目的とする補償制度がはじめられた。

補償の対象となるのは，この補償制度に加入している分娩機関（この制度に参加する分娩機関は出産1件につき3万円の掛金を支払い，補償運営組織が契約者となって保険会社と保険契約を締結する）で生まれた，出生体重2000g以上かつ妊娠33週以上，または，妊娠28週以上で，補償制度標準補償約款別表の定める基準に当てはまる場合に，補償がなされる。もっとも脳性麻痺の原因が先天性要因による場合や，分娩後の感染症，妊婦の故意または重大な過失による場合等には補償の対象とされない（平成27年1月より掛金は原則16000円，出生体重1400g以上かつ在胎32週以上に変更された）。

補償請求者は，所定の書類を出生児が1歳から5歳の誕生日までの間に分娩した医療機関に申請するのが原則であり，申請を受けた医療機関はさらに必要な書類を添えて，補償運営組織（財団法人日本医療機能評価機構）に認定を請求する。運営組織は，産科医・小児科医・学識経験者等により構成される審査委員会にはかり，補償対象となるかどうかを審査する。

補償の対象となるとされた場合には，一時金として600万円，その後20回にわたり，年間120万円，合計3000万円が支払われる。

分娩機関から提出された診療録の情報等に基づいた事故の原因分析も行われる。そこでは事故の再発防止や産科医療の質向上という目的が中心であり，医療関係者の責任の有無の問題は目的ではないとされている。

医療事故情報の公表　医療事故情報が他の医療関係者にとって有用であるとしても，患者のプライバシーに配慮すべきことが要請されよう。事故情報を公表する基準を定める医療機関も増えており，大学病院では，医療事故について，過失によって死亡した場合には速やかに公表し，重篤でなかったとしても過失があれば大学のホームページなどにおいて調査の結果が公表されている。

人工知能（AI）を用いた診断，治療等の支援の利用と医療事故

近年，医療現場でAIを用いて診断や治療支援を行う場面が非常に増加しており，それにより得られる恩恵も大きなものとされる。既に実用化され使用されている手術支援ロボットは，用手による開腹等よりも，患者への負担が小さく，より安全に，用手では到達できない部位さえも手術することを可能にしている。AIを用いた診断支援は，経験が頼りの臨床医の判断に情報という裏付けを提供することにより医療をより安全にすると期待されている。しかしAIといえども不具合が生じないとは限らず，それが原因で事故が生じた場合にどのようにそれを処理するか，は問題となりうるところである。これについて厚生労働省は，平成30年12月19日医政医発1219第1号において，「AIは診療プロセスの中で医師主体判断のサブステップにおいて，その効率を上げて情報を提示する支援ツールに過ぎない」とし，これらのプログラムを利用して診療を行う場合でも，診断，治療等を行う主体は医師であり，医師がその最終的な判断の責任を負うこととなるとしている。もっとも，今後この種の支援技術が進展することは明らかであることから，特にAIが結論に至るまでの推論の過程を示さない「ブラックボックス」であることを指摘するなどにより，新たな法的規制のあり方を検討すべきとの主張も海外ではなされている（樋口範雄「AI，ロボット，医療，そして法」武蔵野法学11号〈2019年〉239頁以下，米村滋人「AI機器使用の不法行為における過失判断――医療・介護分野での責任判断を契機に」法律時報94巻9号〈2022年〉48頁以下など)。

Column ㉒　インフォームド・コンセントはどこへ行く ――アメリカにおける議論状況③

本文で述べたように，インフォームド・コンセントをめぐるアメリカの議論状況は混沌としているが，インフォームド・コンセントを医師と患者の継続的な関係としてとらえるプロセスモデルを提唱する見解がある（Appelbaum et al., INFORMED CONSENT: LEGAL THEORY AND CLINICAL PRACTICE, 2nd ed.〈2001〉pp. 167-207（同書初版につき，杉山弘行訳『インフォームド・コンセント』〈文光堂，1994年〉））。すなわち，医療上の決定は医師と患者の継続的な関係であり，情報は利用可能になった段階で提供され，患者の理解が足りない場合には何度でも繰り返して情報が提供されるという関係を基礎として，医師—患者のコミュニケーションを密にすることを目指すものである。これが果たしてどの程度アメリカでの議論に定着していくかは未知数であるが，賛同する見解も存在し，今後の展開が注目される。

また，北米，ヨーロッパにおいて医療関係者を出発点として，インフォームド・コンセントを発展させたものとして提案されているのが医療における共同意思決定（shared medical decision-making）である。この考え方は，医師と患者の両者が，医療に関するリスクとベネフィット，患者個人に関するすべての情報を共有し，個人の選好を示しながら共同して医療上の決定を行うというものであり，現在のインフォームド・コンセントの限界を指摘し，より望ましい決定のための医師・患者の共同関係を重視する（詳細については，King & Moulton, *Rethinking Informed Consent : The Case for Shared Medical Decision Making,* 32 AM. J. L. & MED. 429〈2006〉，その紹介として手嶋豊「医療をめぐる意思決定と法」樫村志郎編『規整と自律』〈法律文化社，2007年〉188頁以下参照）。

演習

1　医療事故の民事責任，とりわけ過失（義務違反）と因果関係を中心とする最高裁判決の展開について，概観しなさい。

2　A は，臨床的に極めて珍しい疾患甲を発病し，各地の医院・病院で誤診を重ねた末に，B 大学病院で確定診断をようやく得て，その治療を開始することとなった。甲は，適切な治療がなされない場合，患者を死に至らしめる重篤な疾患であり，A の病状はかなり進んでいた。また，A は B 大学病院で唯一の甲の患者であった。A の主治医となった C は，投与する薬剤・乙について，乙によく似た名前だが薬効の全く異なる薬剤・丙の処方を指示してしまった。丙は副作用の毒性が強く，慎重な投与が必要であった。しかし C の指示に対して，B 病院の薬剤部も C のミスに気付かずに，丙を出してしまった。C は乙のつもりで丙の投与開始を指示し，投与開始の 3 日後，A の様子がおかしいことで初めて，誤りに気がついた。その時点で既に A の状態は非常に悪化し，C は A を懸命に治療したが，A はそれからほどなく死亡した。A の遺族が B 大学病院・C に対して，A の死亡を医療過誤であるとして訴えるとすれば，どのようなことが問題となるか，検討しなさい。

第9章　脳死問題と臓器移植

本章では，脳死と臓器移植の法的問題について検討する。移植される臓器によっては，脳死者からの臓器提供が前提となるために，脳死と臓器移植はひとまとめにして論じられることが多いが，もともと両者は別々に発展してきたものであることに注意したい。わが国では，脳死臓器移植の実施が可能になるまで長期間を要した上，法制定後も，現在までごく少数しか実施されていない。また，年少者からの臓器提供は現行法上不可能であり，移植医療の恩恵が十分に得られていない現状がある。

1　脳死問題

伝統的な死の概念とその変遷

人は死ぬことによって，法的な権利主体である地位を喪失する。婚姻関係は終了し，相続が開始する（民882条）。遺体を傷つけても殺人・傷害罪とはならず，死体損壊となる（刑190条）に過ぎない。死亡とは生活機能の絶対的終了であり，伝統的に死の概念は，三徴候（心拍停止・呼吸停止・瞳孔散大）が揃うことが必要とされてきたが，三徴候説が一般に受け入れられてきたのはそれが「死」を示すものとして最も端的でまた明確であるからである。しかし死の定義は，医療診断技術の進展により変遷してきた。

生命維持装置の発展を背景として，循環機能や呼吸機能が機械によって代替されるようになると，医療資源の有効利用という観点から，もはや回復不能な患者の生命維持装置をいつ取り外すべきかという問題が生じるにいたった。そこで新たな基準として現れたのが脳死概念である。このように脳死概念は，まず治療中止の問題（脳死の患者にいつまで治療を続けるか）として出現した。その後，脳死により治療を中止した・する患者から臓器を摘出してよいか，摘出した臓器を移植してよいか，というように，別々のものとして把握されていたのが，脳死者から臓器移植に適した臓器を摘出することの可否という形の問題に変化していったという経緯がある。

さまざまな脳死概念と脳死の判定

脳死とは，脳機能の不可逆の機能喪失をいうが，ここでいう脳機能の喪失とはいかなるものを指すと考えるかによって，定義が異なる。

① 大脳死説　思考中枢である大脳が破壊されたら脳死と解するもの。

② 全脳死説　大脳のみの破壊の証明は不可能なため脳幹を含む全脳髄の不可逆的機能喪失をいうとするもの。

③ 脳幹死説　生命維持にかかわる脳幹の機能喪失をもって脳死とするもの。

脳死において問題とされるのは，誤診の可能性，脳死直前の患者の治療打ち切りが早められないか，救命努力の放棄の懸念，ということである。当然のことであるが，患者が脳死になるまでは，脳死にならないように医療関係者は最大限の努力を傾ける義務がある。なお，患者の心停止がごく近くに迫った状態にあったときに，腎臓移植を実施する目的でその準備のために患者にカテーテルを挿入したことが違法とされた事例がある（大阪地判平成 10 年 5 月 20 日判時 1670 号 44 頁）。

脳死状態にある場合でも，生命維持装置の助けを借りて，呼吸・循環機能を補っていれば，患者は生存しているように見える。このため，脳死判定が患者の死亡を確実に判断できるものなのか，誤診に対する懸念は三徴候によって死を決する方法に比べて大きい。

脳死を人の死と認めることができるか——学説の交錯

脳死状態にある患者を，「死亡したもの」と扱い，移植に用いる臓器を摘出することについては，特にわが国では強い抵抗があり，「脳死は人の死か」という形で議論が長期にわたって続けられてきた。これについては，率直に死亡概念を三徴候説から脳死説に変更することを認める見解，脳死を認めつつも社会がこれを承認するところまで進んでいないとして社会的合意が形成されるのを待つべきとする見解，臓器移植との関係では脳死状態からの臓器摘出も許される場合があるとする見解などが主張されていた。

臓器の移植に関する法律における脳死概念

臓器の移植に関する法律（平成9年法律104号，臓器移植法）は，脳死について，脳幹を含む全脳の機能が不可逆的に停止するに至ったと判定されたものをさすとして全脳死説を採用し（6条2項），臓器の提供意思を生前に書面で表示しその旨の告知を受けた遺族がその摘出を拒まないときまたは遺族がないときに，脳死者からの臓器摘出を可能にした（6条1項）。

脳死を死と認めこれを事前に意思を表示している人々についてのみ脳死体からの臓器摘出を認める法の立場は，臓器移植法にとって根源的なものであって，変更できないとする見解がある一方，脳死による臓器移植を承認する人とそうでない人との間で死の概念に違いが生じる「二つの死」があることには批判も強かった。

しかし平成21（2009）年（法律83号）の改正では，臓器移植を前提とする脳死判定の文言が削除された（6条2項参照）ことから，脳死をもって一般的に死の定義となったのかとの論議が国会審議でなされたが，その際の趣旨説明では，これに変更なく，脳死が人の死であるのは今後も臓器移植の場合だけであると理解すべきとされた。ところが改正法では，本人の意思が不明である場合には遺族の意思で脳死判定・臓器提供が可能とされたことから，臓器提供に参加する積極的意思表示によって初めて臓器提供ができるとする従前の移植法の立場と，消極的意思表示をしていなければ臓器提供の問題となしうる改正移植法の立場とは，180 度異なるものとなっている。この点を指摘し，さらに死の定義を選択できるのは本人だけであることからすれば，死の定義は，平成 21 年の法改正によって初めて改められたと解すべきではなく，従前の移植法ですでに死の定義は脳死とされていたと解すべきであり，それゆえ法改正の過程で大きな議論がなされなかったことを指摘する見解もある（甲斐克則編『レクチャー生命倫理と法』〈法律文化社，2010 年〉111 頁〔辰井聡子〕）。

脳死判定の実際　脳死判定にもさまざまな基準があるが，日本では，昭和 60 年に公表された厚生省脳死判定基準が採用された。脳死判定は，これを的確に行うために必要な知識および経験を有する二人以上の医師（移植を実施する医師を除く）の判断の一致によって行われる（臓器移植 6 条 4 項）。

判定が実施されるのは，脳の器質的な障害により深昏睡および自発呼吸を消失した状態と認められ，かつ，器質的脳障害の原因となる疾患が確実に診断されていて，原疾患に対して行いうるすべての適切な治療を行った場合であっても回復可能性がないと認められる場合に行われる。ただし，生後 12 週未満の者，急性薬物中毒により深昏睡および自発呼吸を消失した状態にあると認められる者，直腸温が摂氏 32 度未満の状態にある者（6 歳未満の者にあっては摂氏

35度未満)，代謝性障害または内分泌性障害により深昏睡および自発呼吸を消失した状態にあると認められる者についてはこの限りでない（同法施行規則2条)。

この脳死判定は，以下の状態が確認され，かつ，その確認時点から少なくとも6時間（6歳未満の者にあっては24時間）を経過した後に，以下の状態が再び確認されることをもって行う。

・深昏睡

・瞳孔が固定し，瞳孔径が左右とも4 mm以上であること

・脳幹反射（対光反射，角膜反射，毛様脊髄反射，眼球頭反射，前庭反射，咽頭反射および咳反射）の消失

・平坦脳波

・自発呼吸の消失（自発呼吸の消失の確認は，上記の状態が確認された後に実施する）

ただし，自発運動，除脳硬直（頸部付近に刺激を加えたときに，四肢が伸展または内旋し，かつ，足が底屈すること)，除皮質硬直（頸部付近に刺激を加えたときに，上肢が屈曲し，かつ，下肢が伸展または内旋すること）またはけいれんが認められるときには，判定を行ってはならない。

脳死の判定にあたっては，中枢神経抑制薬，筋弛緩薬その他の薬物が判定に影響していないこと，および収縮期血圧が1歳未満の者は65 mmHg以上，1歳以上13歳未満の者は年齢に2を乗じそれに65 mmHgを加えた数値以上，13歳以上の者は90 mmHg以上あることを確認することとし，また，聴性脳幹誘発反応の消失を確認することに努めるものとされている。

「臓器の移植に関する法律」の運用に関する指針（ガイドライン）

臓器の移植に関する法律および臓器の移植に関する法律施行規則に定められていないが重要な事項について，ガイドラインが公表されている（平成29年12月が直近の改定である)。以下ではその主なものについて紹介する（番号は紹介者が適宜つけたものである)。

① 書面による意思表示ができる年齢　画一的な判断は難しいが，民法上の遺言可能年齢を参考にして，15歳以上の者の意思表示を有効なものとして取り扱う。これに対し，臓器提供する意思のないこと・法に基づく脳死判定に従う意思のないことの表示は，書面によらないことも有効であり，この意思が表示されていた場合は，年齢にかかわらず，臓器摘出や脳死判定は行わない。

② 知的障害者等の意思表示　有効な意思表示が困難となる障害を有する者であることが判明した場合には，年齢にかかわらず法に基づく脳死判定は見合わせる。

③ 親族の範囲　優先提供先の親族の範囲は，配偶者，子，および父母とする。事実婚は除き，養子は特別養子に限る。自殺をはかった場合は，親族への優先提供はしない。

④ 遺族の範囲　個々の事案に即して慣習や家族構成等に応じて判断すべきであるが，原則として配偶者，子，父母，孫，祖父母および同居の親族の承諾を得るものとする。

⑤ 臓器提供施設に関する事項　臓器提供をなしうる施設は，当面，以下のいずれの条件をも満たす施設に限定する。

（ア） 臓器提供のために必要な体制が確保されており，施設全体で脳死した者の身体から臓器摘出を行うことに関して合意が得られており，施設内の倫理委員会等の委員会で臓器提供に関して承認が行われていること

（イ） 適正な脳死判定を行う体制があること

（ウ） 救急医療等の関連分野において高度の医療を行う施設であること（大学付属病院，日本救急医学会の指導医指定施設，日本脳神経外科学会の基幹施設または連携施設，救命救急センターとして認定された施設，日本小児総合医療施設協議会の会員施設）

⑥ 虐待を受けた児童への対応　児童（18歳未満の者）からの臓器提供については，提供施設は虐待された児童への対応に必要な院内体制が整備され，対応マニュアル等が整備されていることが必要である。児童の診療に従事する者は虐待の徴候の有無を確認する必要がある。

⑦ 脳死判定に関する事項　瞳孔の固定，無呼吸テスト，補助検査，判定医，観察時間，その他について留意事項が定められている。

⑧ 脳死判定による死亡時刻　二度目の検査の終了により再度脳死判定がなされた時点とされる。これは臓器が提供されない場合であっても同様である。

⑨ 移植実施施設に関する事項　臓器移植の実施は，移植関係学会合同委員会において選定された施設に限定され，その施設だけに臓器が配分される。施設の見直し・追加については移植関係学会合同委員会における選定を踏まえて適宜行われる。

⑩ 公平・公正な臓器移植の実施のために　移植機会の公平性の確保と最も効果的な移植の実施という要請にこたえた臓器の配分が必要であることから，臓器移植ネットワークを介さない臓器移植は行ってはならない。海外から提供された臓器も同様に扱われる。角膜については，眼球あっせん機関を通じて行う（なお，アメリカにおいては，UNOS〈United Network for Organ Sharing〉という非営利団体が臓器移植の臓器の配分を行っていることが著名である）。

⑪ 法令に規定されていない臓器を摘出してはならない。ただし，

組織移植（皮膚，血管，心臓弁，骨等）は，臓器ではなく，医療上の行為として行われ，医療的見地，社会的見地等から相当と認められる場合には許容される。

⑫　個人情報の保護　　臓器提供者に関する情報と移植患者に関する情報が相互に伝わることのないように細心の注意を払うべきとされる。

⑬　生体からの臓器移植については，310 頁以下を参照。

*Column*㉓　臓器提供意思表示カード

（オモテ）

臓器提供意思表示カード
厚生労働省・（公社）日本臓器移植ネットワーク
このカードは常に携帯してください。
ドナー情報用全国共通連絡先　0120-22-0149
臓器移植に関するお問い合わせ先：（公社）日本臓器移植ネットワーク
フリーダイヤル 0120-78-1069 https://www.jotnw.or.jp

（ウラ）

《 1．2．3．いずれかの番号を◯で囲んでください。》
1．私は、脳死後及び心臓が停止した死後のいずれでも、移植の為に臓器を提供します。
2．私は、心臓が停止した死後に限り、移植の為に臓器を提供します。
3．私は、臓器を提供しません。
《 1 又は 2 を選んだ方で、提供したくない臓器があれば、× をつけてください。》
【 心臓 ・ 肺 ・ 肝臓 ・ 腎臓 ・ 膵臓 ・ 小腸 ・ 眼球 】
〔特記欄：　　　　　　　　　　　　　　　　　　〕
署名年月日：　　　年　　　月　　　日
本人署名（自筆）：
家族署名（自筆）：

臓器提供意思表示カードはこれまでも様式が変更されることがあったが，様式が古いものであっても，提供者の真意が記されているものであれば，そのカードは有効である。しかしながら，改正法では，親族優先にかかる特記欄が設けられ，また，提供候補者が拒否の意思表示をして

いなければその真意が不明である場合にも脳死判定・臓器提供を行うことが可能であることから，日本臓器移植ネットワークは，意思表示カードの書き直しを勧めている。意思表示カードを用いた意思表示は簡便な方法のひとつではあるが，唯一の方法ではなく，インターネットによる意思表示（登録）も認められている（日本臓器移植ネットワーク「意思表示の方法」http://www.jotnw.or.jp/donation/method.html，http://www.jotnw.or.jp/m/donation/method.xhtml〈モバイルサイト〉）。もっとも，インターネットによる意思表示では拒否の意思表示の登録が増加しているとの報道もある。

臓器提供の意思の存否の確認は多くの場合，提供候補者が所持していた臓器提供意思表示カードによるが，その記載方法の指示に従っていない，記載不備の事例が後を絶たず，1割以上の記載不備があった（臓器移植ネットワーク調べ）。旧法においては，提供の意思が明確でなければ提供できなかったので，疑わしい場合は提供できないという処理が行われていた。しかしながら改正法では，候補者の意思が不明の場合にも臓器提供が可能とされたため，その意思の有無を慎重に判断することが必要になった。特に当面は旧来のカードを所持している場合が少なからず予想されることもあり，カード番号の記載の不備，提供したい臓器の記載の不備，本人の署名記載の不備，署名年月日の記載不備について，無効とするのを原則としないなどの解釈の指針が作成されている。

2 臓器移植

臓器移植の歴史と現在

臓器移植は，疾病等により本来の機能が低下し，あるいは喪失してしまった臓器を取り換える技術である。臓器移植は当初，角膜・腎臓について実施されてきたが，心臓移植が1967年に南アフリカ共和国で世界で初めて実施されて以来，わが国においても，昭和43年に札幌医科大学で初めて心臓移植手術が実施された。しかしこの日本最初の心臓移植手術は，提供者の死亡確認手続に疑問があったこと，移植を受けた患者の病状が心臓を全置換するような移植を必要とするほど重い疾患であったのかどうか疑問の声が上がったことなどにより，わが国の心臓移植は以後数十年の長きにわたって行われなかった。

その後，平成 9 年に臓器移植法が定められ，ようやくわが国において臓器移植が治療法の選択肢のひとつと数えられるようになったが，実際に再開されたのは平成 11 年になってからであり，その後も実施頻度は極めて少なく，臓器移植法ではなく臓器移植禁止法であるとの批判も加えられていた。

平成 21 年 7 月に可決成立した「臓器の移植に関する法律の一部を改正する法律」（法律 83 号）により臓器移植法が改正され，これまでは提供者候補の本人の意思が不明だった場合，脳死判定の実施・臓器提供を行うことは認められなかったが，改正法により，本人が脳死判定・臓器移植に対して拒絶の意思を表示していなければ，家族の同意によって脳死判定・臓器提供を実施することが可能となった。このため，改正法施行後，堰を切ったようなハイペースで臓器移植が行われるようになってきている。

臓器移植に関する最近のデータ

臓器移植に関する最近のデータは，日本臓器移植ネットワークのホームページで参照することができる（http://www.jotnw.or.jp/data/offer_brain.php）。

「臓器の移植に関する法律」の概要

臓器移植法は，臓器移植に関する基本的理念を定め，臓器移植術に使用されるための臓器に関して必要な事項を規定することで移植術の適正な実施に資することを目的とする（1 条）。

臓器提供の意思は尊重されなければならないが，その提供は任意でなされたものである必要がある。臓器の摘出は，本人が生前に書面で意思表示をなしており，遺族が臓器摘出を拒否しないまたは遺族がないときに，本法に基づいて，移植に用いられる臓器を脳死体を含めた死体から摘出することが認められる（6条)。死体から臓器を提供する場合は，提供者の生命身体を守るという問題を考える必要性は小さく，死体に対する礼意の問題が主である。もっとも，死亡者本人の意向と，遺族の意向とが異なる場合がないではなく，両者の利害調整の必要性を指摘する意見もあるが，法は，臓器を摘出できるのは，遺族が摘出を拒まないとき（6条）として，必ずしも一貫した立場とはいえないものとなっているとの批判もある。

なお，本人が臓器提供についての意思を表明していない場合に，遺族の一存で臓器提供をなしうるか，については，改正前臓器移植法からは肯定的結論を導き出すことは困難であるとされていた。これが改正法により，以下のような仕組みとなった。

臓器を摘出することができる場合は，従前の①本人の書面による臓器提供の意思表示があった場合であって，遺族がこれを拒まないときまたは遺族がないとき，に加えて，②本人の臓器提供の意思が不明の場合であって，遺族がこれを書面により承諾するときも，臓器を摘出することができることになり，さらに，死亡者の臓器提供意思が不明な場合に，旧法では臓器提供ができなかったが，改正法では遺族の同意によってこれが可能になった。

臓器摘出にかかる脳死判定を行うことができる場合は，①本人が書面により臓器提供の意思表示をし，かつ，脳死判定の拒否の意思表示をしている場合以外の場合であって，家族が脳死判定を拒まないときまたは家族がないとき，または，②本人について臓器提供の意思が不明であり，かつ，脳死判定の拒否の意思表示をしている場合以外の場合で家族が脳死判定を行うことを書面により承諾するとき，である。この意思表示には，併せて親族への臓器の優先提供の意思を表示することもできることとなっている。なお，死亡者が拒否の意思を表示している場合には，脳死判定も行わない。また，死亡者が小児であっても，臓器提供について拒否の意思表示をしていた場合，その拒否の意思表示は有効として扱うこととして，やはり脳死判定も行わないこととされている。

臓器移植法の対象臓器となるのは，心臓，肺，肝臓，腎臓，その他厚生労働省令で定める内臓（膵臓，小腸），および眼球がそれにあたる（5条・子宮が含まれていないことに注意）。血液，骨髄，毛髪，皮膚，配偶子や体液などは臓器に含まれない。臓器が移植に使用されなかった場合は，焼却処分する必要がある。

法は，移植に使用するための臓器を提供すること，臓器の提供を受けること，その斡旋をすること，斡旋を受けることに対する対価として財産上の利益の供与を受け，またはその要求（受ける場合は申込み）もしくは約束することを禁止し（11条），このような違反行為による臓器であることを知って，臓器を摘出し，または移植術に使用することも禁止している。ただし，交通・通信・通常必要とされる費用などは対価に含まれない。この違反に対する制裁は，5年以下の懲役もしくは500万円以下の罰金に処せられ，またはこれが併科される（311頁参照）。

利益の供与を受けることが禁じられる行為は，臓器を提供するだけではなく，提供を受けること，臓器を移植する行為をなすことも含む。要求・申込みをするだけで違反は成立するから，実際に臓器や金銭がやりとりされる必要はない。本法が規制するのは移植に使用するための臓器に関わる問題であり，移植以外の目的の問題はここには含まれない。

臓器売買を禁じることの趣旨は明らかであり，臓器売買を認めることで生じるおそれのある社会的な負の反応，たとえば，利他主義が軽視される可能性や，提供臓器の質の低下の可能性，金銭貸借の担保として臓器を提供させるなどの事態の発生を抑制することがその主たる理由である。世界的にも，臓器売買は禁じられている。しかしながら，移植に用いられる臓器不足は大きな問題であり，提供される臓器を増やすために，弊害が発生する危険を抑止する方法を設けた上で，売買も一定の制限のもとに認めてはどうかという主張が，アメリカ等でなされている（これにつき，313頁参照）。

業として移植に使用される臓器を提供することまたは提供を受けることの斡旋を行おうとする者は，厚生労働大臣の許可を臓器の別ごとに受ける必要がある（12条）。

臓器提供に関する指定権

生体からの臓器提供の場合，提供先を決めて提供されることに異議を挟む見解はなく，提供自体の負担が提供者本人に堪えられるかどうかの問題が残るのみである。これに対して，死体からの臓器提供の場合には，見知らぬ人に提供されるくらいならば提供しないという人々をも臓器移植に取り込むことが可能になるということから死者の指定権を認めることには賛成する見解もある一方で，反対する見解も根強い。反対する見解の挙げる例としては，臓器提供を待つ子を持つ親が，提供臓器が現れないことに絶望し，自分の臓器を子に提供するように遺書を書いて自殺したという場合にその臓器を子に移植することが認められるのかということがある。また，提供先を指定できるとすることは，臓器提供が無償の善意という出発点が崩れるおそれもある。

しかし改正臓器移植法は，親族への優先提供の意思表示を認めた（臓器移植6条の2。運用指針（ガイドライン）で親族とは，配偶者，子および父母のみとされ，配偶者には事実婚を含まず，養子は特別養子縁組に限られること，自殺を図った場合には親族への優先提供は行わず，臓器提供の意思のみが表示されていたものとして扱うことにつき前述)。

この意思表示は，臓器提供の意思表示と併せて書面によって表示する。親族以外の者への優先提供の意思表示は無効と扱われ，臓器提供の意思表示のみが有効とされる。もっとも，親族への優先提供の意思表示が有効になされていても，医学的理由から親族に対する優先提供が必ず実施されるとは限らない。

生体提供者からの臓器提供

死体・脳死体からの臓器提供を待っていられない場合，生体からの臓器移植が行われることがある。これまで主に血縁者間において，腎臓・肝臓・肺などの移植が実施されてきた。腎臓は二つあるから，ひとつを提供しても，残りだけでも生存が脅かされるわけではない，ということが，提供の根拠となっている。肝臓・肺などは，一部を切り取って提供したとしても，その再生能力により，早晩，元に戻ることが期待でき，提供者の生命を脅かすことは少ないとされる。わが国では，脳死移植が実施されていない段階から，親子などの近親者間において生体肝移植が実施されるようになり，今では累積実施数は優に5000件を超えている。

生体からの臓器の提供は，提供する本人には医学的にプラスになることはない。臓器提供のための手術そのものに危険が伴い，わが国では非常に多く実施されている生体肝移植について，提供者が後に死亡した事例が生じたとの報道もなされている（平成15年)。また，提供者の提供後のケアが十分ではないという批判もある。

通常，処置を受ける者に医学的利益をもたらさない行為は，医療行為とは評価されず，たとえ本人の同意があっても同意は無効ではないかとの疑問も生じる。こうした危険と疑問，負担が提供者に伴うにもかかわらず，生体からの臓器提供が許される理由は，①提供者への十分な説明とその真摯な承諾が存在すること，②個人が自己の身体に対して最終的な処分権を有している以上，自発的な同意をなすことにより臓器を提供することは可能であろう。しかしここでは本人の自発性が大きな意味を持ち，周囲からの圧迫が存在していてはならない。また，再生能力があるとはいえ，各人にひとつしか存在しない臓器の一部を切り取って提供する場合には，危険が格段に高いであろうこともあり，当人の承諾のみで当該提供が完全に適法化されるとは考えにくい。そこで，ひとたび切除されれば回復不可能な生体臓器提供の場合には，①に加えて，②臓器移植以外に患者を救命・延命するための方法がなく，③臓器提供がなされない場合には，臓器提供を受けるレシピエントの生命が脅かされる危険が逼迫していること，という事情が加わることによる。

日本でも臓器売買の事件が発生したため，生体移植における提供者の意思確認の問題が改めて注目され（松山地宇和島支判平成18年12月26日判例集未登載〈新聞各紙〉。患者・仲介役に対して懲役1年，執行猶予3年の有罪判決が出された。提供者には罰金が科された），「『臓器の移植に関する法律』の運用に関する指針（ガイドライン）」も改正された（平成19年7月，その後も度々改正されている）。それによれば，生体からの臓器移植の取扱いについて，これをやむをえない例外と位置づけ，任意の申出と提供者の自由意思を家族・移植関与者以外の者から確認することが必要であること，提供者への摘出術の内容についての文書での説明・臓器提供の危険性と被提供者の成功率等の説明と書面による提供の同意，ドミノ移植では提供者と被提供者の両方の立場についての説明と同意が必要なこと，被提供者への説明と書面による同意の必要性，親族から提供を受ける場合は公的証明書に親族であることを確認することを原則とし，それができない場合は施設内の倫理委員会で関係書類に基づき確認し，親族以外の第三者からの提供の場合は，施設内倫理委員会で有償性の回避と任意性の確保に配慮が必要で，症例毎に個別承認を受ける。また，病腎移植については，医学・医療専門家に一般的に受け入れられた科学的原則に従い，有効性および安全性が予測されるときの臨床研究として行う以外は行ってはならず，実施する場合には「臨床研究に関する倫理指針」規定の遵守と研究の透明性を確保することを求めている。

提供者となる者が未成年者や制限能力者であった場合，提供に対する同意はその親権者あるいは後見人等がなすことになるが，レシピエントが提供者の兄弟や親族であることが通常であろうことを考えれば，代諾によって移植が可能か，問題となろう。

血液の供給に関する特別法と補償制度　血液に関しては，「安全な血液製剤の安定供給の確保等に関する法律」（昭和 31 年法律 160 号，旧名称は「採血及び供血のあつせん業取締法」）が，有料採血の禁止や業として行う採血の許可等に関する規定を定める。また，厚生労働省は，平成 18 年 10 月より，献血時の採血による健康被害（年間 700 件～800 件程度が医療機関に受診しているとされる）に対して，厚生労働省令による献血者等の健康被害の補償に関するガイドライン（平成 18 年 9 月）を策定し，救済制度を整備した。当該制度は，平成 18 年 10 月 1 日以降の献血時の採血によって生じた健康被害（想定されるものとして血管迷走神経反応，神経損傷，皮下出血など）に対して，医療費・医療手当の給付，障害が残った場合の給付（障害給付）・死亡した場合の遺族への給付（死亡給付）等を行うものであり，被害を主張する者またはその関係者の血液センターへの請求に応じて日本赤十字社が給付について判定する仕組みとなっている（制度概要について，http://www.jrc.or.jp/donation/about/relief/ 参照）。

提供される臓器をどのように増やすか

臓器移植の適応を絞り，移植が本当に必要と判定される場合を減少させることが，移植医療以前の段階であり，本筋とも考えられるが，そうした努力を行ってもなお，臓器移植が必要な患者が存在することは事実であり，しかもその数は年々増加している。

人からの臓器移植に代わる方法には，人工臓器の開発，動物からの臓器の転用，ES 細胞・iPS 細胞からの臓器作成などといった方法が考えられるが，まだまだ実用段階には程遠いようであり（iPS 細胞による臨床試験が開始されたが，実用化にはまだ時間がかかる見込みである），提供臓器をいかにして増加させるかは，移植医療を認める諸国にとって共通の悩みであり，多くの患者が提供を待ちながら移植を受けることができずに死亡している。

臓器提供に対価を与えるという方策が提案されていることは前に紹介したが，それ以外には，臓器提供に反対の意思表示をしていない限り臓器を提供することと扱うという制度を採用する国もある（Opt-out という。これに対して，臓器提供の意思表示をしていない限り臓器は提供されないという立場を Opt-in という）。これにより臓器不足のかなりの割合が解決されるのではないかという見方もある。もっともこうした方法が直ちに採用されるわけではなく，他方で，今後も提供される臓器が急激に増えるという見通しが立たない以上，別の方法を考えることにならざるをえない。

ドミノ移植について

家族性アミロイドポリニューロパチー（FAP）という疾患があり，これは，患者の肝臓で特異な有害物質が20年以上の長期間にわたって作られた結果，それが患者の体内に蓄積して神経症状等を発病するものである。このため，FAP患者は自前の肝臓に換えて，正常な肝臓を移植される必要があるが，その（生体あるいは死体）肝臓移植の結果，本来の持主には不要となったFAPの肝臓を，肝臓移植を待つ他の患者に移植することが考えられる。これがいわゆる「ドミノ移植」と呼ばれるもので，移植用臓器不足を補う方法として北欧諸国を中心に実施されており，わが国でも平成11年7月に初めて実施された。移植臓器が入手できずに死亡することが多いこと，有害物質の産出以外は肝臓の機能に問題はなく，その有害物質が蓄積するまでかなりの長期間を要することを考えれば，こうした方策も，移植を受ける患者本人に十分な説明を行い，承諾を得ることで認められるであろう。なお，ドミノ移植に用いられる肝臓の「悪化」が，予想されていた20年程度よりもはるかに早く6年半で発症したことが判明した（平成18年7月26日新聞各紙）。こうした事情は，ドミノ移植を受ける患者に説明されるべき情報として伝えられるべきである。日本移植学会は，平成27年10月に日本移植学会倫理指針を改定し，ドミノ移植を生体臓器移植のひとつに位置づけ，ドミノ移植の一次レシピエント（最初に臓器移植を受け，自分の臓器を提供する者）を「生体移植のドナー」として扱い，医療機関の倫理委員会によって個別の移植およびドナーとしての承認を受けるものとし，留意点として，臓器摘出が医学的に妥当であること，その旨を本人に説明し書面による同意が得られていること，当該臓器の医学的特性が本人に十分に説明され書面による同意が得られていることを挙げている。

病気（修復）腎移植について　腎移植のための腎臓（死体腎・生体腎）の提供も慢性的に不足していることから，早期の腎腫瘍などの治療を理由として摘出された腎臓について，その腫瘍部分を切除した（修復した）腎臓を移植することが行われてきた。これについては日本移植学会等からは基本的に容認できないという見解が示される一方，賛成する見解も主張され，両論が展開されている。厚生労働省は，現時点では修復腎移植には医学的に妥当性がないとされており，臨床研究として行う以外は行ってはならないとしている（「臓器の移植に関する法律」の運用に関する指針・第13-8）。その後，厚生労働省の先進医療技術審査部会は，病気腎を先進医療として移植することを，一定の条件を満たす場合には認めるとした（平成29年10月19日新聞各紙）。これについて，日本移植学会を含む5学会は，提供者・移植希望者に対して，病気腎移植にはリスクがあることが指摘されていることに鑑み，十分な説明がなされることを含め適正に実施されること，実施後に適正な記録によって評価がされることを厚生労働大臣に対して要望している（平成29年11月1日）。厚生労働省の方針については，患者から日本移植学会の幹部らを相手とする損害賠償請求訴訟が提起されているが，第一審（松山地判平成26年10月28日判例集未登載）では賠償請求を棄却し，高松高判平成28年1月28日（判例集未登載）も控訴を棄却したことが報道されている。

動物からの臓器提供

動物からの臓器移植（Xenotransplantation）は，古くより試みられていたが，拒絶反応が強く，実用化できるものではなかった。しかし最近になり，ヒト遺伝子の注入により拒絶反応を抑えることが可能になりつつあり，こうした方法も実用化できる可能性が出てきたとされる。

動物からの臓器提供が実用化されれば，誰かの脳死を待つという移植医療の矛盾を解消できる点，臓器提供が限界なく行いうる点で，望ましい選択肢となる可能性があり，ブタの心臓を用いた移植もアメリカで試みられている（2022年1月）。もっとも，動物からの臓器移植の場合，動物の未知のウィルスの変異が起こり受容者がこれに感染する可能性が全くないとはいえず，これが社会全体に脅威を生じさせる可能性もある。また，動物の権利を尊重すべきとの立場からは，こうした利用方法が動物の立場を顧慮しないとの批判もなされている。仮に動物からの移植を行うとすれば，患者への情報提供と同意が不可欠であろう。この移植についても，日本移植学会は条件をつけ，意見を求めるものとしている（日本移植学会倫理指針）。

海外での臓器移植

これについては，第12章（378頁以下）を参照のこと。なお，厚生労働省は，海外渡航移植に関して，一定の要件を満たすとき（①レシピエント適応基準に該当し，海外渡航時に日本臓器移植ネットワークに登録している状態であること，②国内における待機状況を考慮すると海外で移植を受けない限り生命の維持が不可能となる恐れが高いこと）には，海外療養費の支給が認められる「やむを得ない」に該当する場合と判断できることを公表した（平成29年12月）。

臓器移植を受ける側の問題

臓器移植を受ける側の問題としては，治療法の選択の相当性，患者への説明と同意，が主として問題となる。

治療法の選択の相当性とは，当該患者が臓器移植をしなければ助からない，健康状態が改善しないという最終手段かどうかが主に問題となる。患者本人の同意の前提として，十分な説明がなされることが必要であり，また，生涯にわたり免疫抑制剤を服用し続ける必要があって，どの程度の回復が見込めるかについての詳細な情報提供も必要である。これらの臓器移植術が相当な注意と医療技術によって実施される必要があり，拒絶反応に対する処置，患者の精神的負担へのケアなど，管理が適切でなかった場合には医療過誤として損害賠償責任の有無の問題が生じる（札幌高判平成5年6月17日判タ848号286頁，東京高判平成13年2月6日判時1742号102頁，大阪地判平成13年1月19日判時1747号123頁等）。

骨髄移植と骨髄バンク・臍帯血バンク 白血病をはじめとする重篤な血液疾患に対する有望な治療法として，骨髄移植があるが，骨髄移植を実施するには，ドナーとレシピエントの間で白血球の型（Human Lymphocyte Antigen, HLA）が合致している必要があるため，ドナーを探すのが，個人では非常に難しかった（きょうだい間では4分の1の確率だが，他人同士では数百分の1から数万分の1になる。姉妹間での提供についてのさまざまな課題を扱う米映画として，「私の中のあなた（My Sister's Keeper）」〈2009年〉がある）。そこで，平成3年（その後，法人格の移行が行われて現在に至っている）に日本骨髄バンクが，骨髄移植推進財団（http://www.jmdp.or.jp/）によって設置・運営され，ドナーおよび患者登録・コーディネート事業などを行っている。

骨髄提供は3～5日の入院を必要とすることが多いが，提供者には事前に詳しい検査を行った上，十分な説明がなされて提供者が同意した後に，全身麻酔下で提供が実施される。提供後のアンケートでは，その多くが提供に満足しており，再度の提供依頼にも応じると答えている。

これまで，骨髄移植等には，それを裏づける法的根拠が存在していなかったが，平成24年に，「移植に用いる造血幹細胞の適切な提供の推進に関する法律」（法律90号）が可決・成立し，同法のもとで，骨髄移植・臍帯血移植が統一して扱われるようになった。

同法は，造血幹細胞移植を必要とする者が造血幹細胞移植を受ける機会が十分に確保されることを旨として提供の促進が図られなければならないとし，提供は任意であること，公平な機会提供への配慮，安全性の確保，提供者の健康の保護，臍帯血については安全性その他の品質の確保，を基本理念として（3条），国の責務等を明らかにし，移植に用いる造血幹細胞の適切な提供のための施策の基本となる事項について定め，造血幹細胞移植の円滑かつ適正な実施に資することを目的とする（1条）。

本法で「移植に用いる造血幹細胞」とは，移植に用いる骨髄，移植に用いる末梢血幹細胞および移植に用いる臍帯血をいい（2条1項），「移植に用いる骨髄」とは，造血幹細胞移植（造血機能障害を伴う疾病その他の疾病であって治療を目的として造血幹細胞を人に移植すること）に用いるために採取される人の骨髄をいう（同条2項）。「移植に用いる末梢血幹細胞」とは，造血幹細胞移植に用いるために末梢血から採取される人の造血幹細胞をいい（同条3項），「移植に用いる臍帯血」とは，造血幹細胞移植に用いるために採取される人の臍帯血（出産の際に娩出される臍帯および胎盤の中にある胎児の血液をいう）をいい，当該採取の後造血幹細胞移植に適するよう調製されたものを含む（同条4項）。

国・地方公共団体・造血幹細胞提供関係事業者・医療関係者はそれぞれに責務を負い（4条〜7条），連携・協力に努める（8条）。厚生労働大臣は，造血幹細胞の適切な提供の推進を図るための方針を定め（9条），国民の理解の増進・情報提供等を行う。また，造血幹細胞提供関係事業者が安定的な事業運営ができるように必要な施策を講じ，国際協力・医療提供体制の整備等の施策も講じる。

骨髄・末梢血幹細胞提供あっせん事業は厚生労働大臣の許可を受

けなければならず，事業者は，提供者の健康保持・健康被害の補償のための措置を講じなければならない。また，採取にあたっては説明および同意を提供者から受ける必要があり，秘密保持義務もある。同様の規定は，臍帯血供給事業でも定められているが，臍帯血の場合の同意者は妊婦である。

営利を目的としない法人である造血幹細胞提供支援機関は，申請により，全国を通じて一個に限り，厚生労働大臣から指定を受けることができる。その業務は，登録事業・連絡調整・情報の管理および提供などである。

演習

臓器移植が治療法の候補の一つとして挙げられる場合について，インフォームド・コンセントの要件として患者に提供されるべき情報には，いかなるものがあり，どのような内容が提供されるべきか，説明しなさい。

第10章　終末期医療

本章では，終末期医療（ターミナル・ケア）において発生する法律問題を検討する。具体的には，安楽死，医療の拒否と尊厳死の差控えの問題が扱われる。これらの問題にはいずれも，生命倫理上の価値の衝突，すなわち，患者を苦痛から解放することと，いかなる状態にあっても生命は代えがたいものであることとの相克が存在し，議論が続けられている領域である。

1　末期状態について

終末期医療に対する関心・態度

医学・医療が長足の進歩を遂げているとはいえ，人が永遠の生命を得ることができない以上，人はいつかはこの世から旅立たなければならない。しかしながら，医療の進歩により，なすすべのなかった重症患者に対しても，一定期間，その生命を保持することが可能となってきていることも多い。かつては自然に任せるのみであった死のプロセスに人為的な介入が可能となってきていることにより，それに伴った新たな法律問題が生じるようになった。具体的には，患者が末期状態にある場合，残された時間をどのように過ごすか，あるいは残された時間を自ら返上してしまうことが許されるのかという問題である。

末期状態における医療の問題はすべての人々に関係する。特に，今の日本人の８割以上が病院で死を迎えている現状では，この問題は深刻である。終末期医療に関する人々の関心は高く，日本学術会議「死と医療特別委員会報告――尊厳死について」（平成6年5月）は，回復不能の末期患者が自己決定により延命治療を拒否する場合には過剰な生命維持は行われるべきではないと報告し，また，厚生労働省「終末期医療に関する調査等検討会報告書――今後の終末期医療の在り方について」（平成16年7月）でも，単なる延命治療をやめることには肯定的であるが，積極的な方法で生命を短縮させる行為は許容できないのが国民の立場であると結論づけている。

末期状態の定義

末期状態とは，回復不能で，かつ，死が直近に不可避にあることをいうが，どの程度の余命が残っている状態を「末期」というかは，医師により見解が分かれる。ある見解では，半年程度の余命が残されている場合を，末期状態と考えている。

患者が末期であっても，鎮痛その他の納得できる医療を受けて死を迎えることは可能であるはずであり，そのための処置は病院でしかできないことも多いはずであるが，患者が末期に至ると，医療としてなしうることは何もないと考えられがちである。

また，突然に突きつけられる死の可能性に患者が精神的に耐えられないのではないかと周囲が考え，患者本人には正確な情報が提供されないことも少なくない。このことは，日本特有の現象ではなく，アメリカ・イギリスなどといった個人主義が確立しているとされる国々でも事情は似通っていると言われる。正しい情報が患者に提供されないと，患者が自分の状態を評価し，自己固有の人生観との関係で最も適切な治療を選択するという医療における根本問題について適切な方針を出すことが難しくなる。反面において，患者は冷厳な現実から生じるストレスに耐えることができないのではないか，このためかえって患者の余命を短くしてしまいはしないかと考えるのも，自然な感情として理解できる。これは治療上の特権としての説明の差控えの問題であるが，患者が，末期にどうしてもらいたいのかわからない，といった事態になることを避けるためには，可能な限り，人生の幕引きについての議論を常日頃から家族などと真剣に話し合っておくことが望まれよう（ACP・アドバンス・ケア・プランニング，日本では「人生会議」と称される。「もしものときのために，あなたが望む医療やケアについて，前もって考え，繰り返し話し合い，共有する取組」のこと。この背景には，「命の危険が迫った状態になると，約70%の方が，医療やケアなどを自分で決めたり望みを人に伝えることが，できなくなると言われ」ており，「自らが希望する医療やケアを受けるために大切にしていることや望んでいること，どこでどのような医療やケアを望むかを自分自身で前もって考え，周囲の信頼する人たちと話し合い，共有することが重要」であるためである。厚生労働省ウェブサイト「もしものときのために『人生会議』」)。

なお，人の末期から死に至るまでの経路は，特に自律性を保てるかなどの点でがん・心臓疾患・認知症や老衰等で大きく異なることが指摘されており（解説として，池上直己『医療・介護問題を読み解く』〈日経文庫，2014年〉146頁など），そうしたことを考慮に入れて検討することが有益であろう。

2 安　楽　死

安楽死の定義

安楽死（Euthanasia）とは，死期が目前に迫っている病者が激烈な肉体的苦痛に襲われている場合に，その依頼に基づいて苦痛を緩和・除去することにより安らかな死に至らしめる行為をいう。安楽死は，その要件の違いにより，以下のように分類される。

① 純粋安楽死　生命の短縮を伴わないで苦痛を除去する場合。

② 間接的安楽死　苦痛緩和のための薬剤使用による副作用として死期を早める場合。

③ 消極的安楽死　積極的延命治療をしないことにより死期を早める場合。

④ 積極的安楽死　人の生命を自然の死期に先立って直接短縮する場合。

このように分類される安楽死の類型のうち，純粋安楽死以外は，自然の死期に先立って患者の生命を短縮するものであり，刑法上は殺人（刑 199 条）・自殺関与・同意殺人（同 202 条）に該当する可能性がある。たとえ行為者の動機が，患者の様子を見るに見かねた上でのものであった（いわゆる慈悲殺，mercy killing）としても，検討の対象とならざるをえないことになる。

安楽死をめぐる判例　患者が脳溢血の後遺症で苦しんでいたのに対して患者の息子が牛乳に農薬を混ぜ，事情を知らない患者の妻がこれを飲ませて死亡させた事件について判決は（名古屋高判昭和 37 年 12 月 22 日判時 324 号 11 頁），安楽死が正当化される場合の要件として，①不治の病におかされ死が目前に迫っていること，②病者の苦痛がはなはだしく何人もこれを見るに忍びないこと，③専ら死苦の緩和目的でなされたこと，④患者が意思を表明しうる場合には本人の真摯な嘱託または承諾があること，⑤医師の手によることを原則とすること，⑥方法が倫理的に妥当なものとして容認しうること，を挙げた。

この事案は医師の手による安楽死事件ではなかったが，次の事件は，多発性骨髄腫で意識不明の状態で私立大学病院に入院していた患者の家族から治療の中止を要請されていた医師が，患者に塩化カリウム 20 ml を静脈注射して死に至らしめたものである（横浜地判平成 7 年 3 月 28 日判時 1530 号 28 頁［92］）。判決は，安楽死が許容される要件として，①耐えがたい肉体的苦痛，②死期が不可避で切迫，③苦痛緩和の代替手段がない，④本人の真摯な意思表示を挙げた。本件の場合は，患者が意識不明であってこれらの要件を満たさないとして懲役 2 年，執行猶予 2 年の有罪判決を下した（確定）。

さらに，気管支喘息重積発作に伴う低酸素性脳損傷で意識が回復しない患者につき気管内チューブを抜き取ったが直ちには死亡しなかったため，苦悶様呼吸を鎮静させるための鎮静剤，さらに筋弛緩剤を投与して死亡させた事案につき，横浜地判平成 17 年 3 月 25 日（判時 1909 号 130 頁）は，医師を殺人罪として懲役 3 年，執行猶予 5 年とし，控訴審（東京高判平成 19 年 2 月 28 日判タ 1237 号 153 頁）も，殺人罪を認めた（懲役 1 年 6 月，執行猶予 3 年）。最高裁も，家族からの要請は被害者の病状について適切な情報が伝えられたものではなく，被害者の推定的意思に基づくということもできないとして，抜管行為は法律上許容される治療中止には当たらず，薬剤投与と併せて殺人行為を構成するとした原判断は正当として，上告を棄却した（最決平成 21 年 12 月 7 日刑集 63 巻 11 号 1899 頁［93］）。

諸外国の動向

安楽死を合法化した国としてはオランダがつとに有名である。オランダでは，原則として 16 歳以上の患者からの熟慮した自発的要求があり，患者の状態が回復の見込みがなく耐えがたい苦痛があり，患者の現在の状態と予後についての情報提供がなされており，患者の状態からは他に合理的な解決法が存在せず，少なくとも他の医師 1 名と相談し，医学的に適切な方法により生命終結または自殺援助を実施したときには，処罰されないとされる（オランダ刑法293条，安楽死等審査法 Wet toetsing levensbeëindiging op verzoek en hulp bij zelfdoding）。また，オランダの隣国ベルギーでも類似の立法がオランダの翌年になされているほか，ルクセンブルグもその動きに追随している（これら3国の制度の類似点と相違点につき，甲斐克則「ベネルクス3国の安楽死法の比較検討」比較法学46巻3号〈2013年〉85頁以下）。フランスでは平成17年に尊厳死法（「患者の権利及び生の終末に関する2005年4月22日の法律第2005-370号」）が制定されているが，消極的安楽死しか認めていない点がベネルクスと異なるとの指摘がある（鈴木尊紘「フランスにおける尊厳死法制――患者の権利及び生の終末に関する2005年法を中心として」外国の立法235号〈2008年〉77頁，83頁）。

アメリカ・オレゴン州では1997年に医師による自殺幇助を認める州法が成立し，6ヵ月以下の余命であるオレゴンに住所を有する成人（18歳以上）患者が正常な精神状態で自発的に尊厳死を求め，2名以上の医師の診断が一致して余命が6ヵ月以下であることが認められるときに，一定の手続のもとに，致死薬の処方を求めることができるとされる（Oregon Revised Statute, Chapter 127, 800以下）。この種の立法はワシントン州，ヴァーモント州などでも行われている。カリフォルニア州でも，同州在住の18歳以上の成人で，正常な精神状態で医療に関する決定を行うことができる，不治・不可逆的で，合理的な医学的判断によれば6ヵ月以内に死亡すると確認された患者について，自ら服用する死を援助する薬剤の請求を認める。薬剤の処方のためには，多段階に渡る手続が定められている。患者は薬を処方されても，服用する義務はない（California Health and Safety Code §443以下。同法についての詳細は，古川原明子「カリフォルニア州『終末期の選択法（End of Life Option Act）』」龍谷法学48巻3号〈2016年〉245頁以下）。

カナダでも，この問題は裁判所で争われてきたところであったが，刑法典241条の自殺幇助禁止規定が，カナダ最高裁判所により一部違憲とされたカーター判決（Carter v. Canada（AG）, 2015 SCC 5,〈2015〉1 SCR 331）が出された。これによる刑法改正と，医師による臨死介助（Medical assistance in dying・MAID）を認める法制度の整備も行われてきたが，そこに至るまでの道のりは多くの反対もあり，決して平坦ではなかったとされる（松井茂記『尊厳死および安楽死を求める権利』〈日本評論社，2021年〉，Dalhousie 大学 Health law Institute の解説〈http://eoldev.law.dal.ca/?page_id=2505〉など参照）。

ドイツでも，不処罰だった自殺関与について，業として自殺機会を助長した者を処罰する規定が2015年にドイツ刑法典に盛り込まれたが（刑法217条。同条の立法過程等について，山中敬一『医事刑法概論Ⅱ』619～789頁〈成文堂，2021年〉），この条文は2020年に違憲とされた（BverfG 26/2/2020。同判決の翻訳として，九州大学ドイツ刑法判例研究会訳・法政研究87巻4号〈2021年〉170頁）。

安楽死容認に対する懸念　患者は苦痛から解放されるための処置を医療関係者に要求できるとしても，それに死ぬことまで含ませることができるか。ひとたび安楽死を肯定すると，「社会に負担をかける人々」に対する抹殺が起こりうるのではないか（「滑りやすい坂道」）という問題もある。

苦痛を取り除くことが安楽死を認める理由であれば，苦痛緩和・除去の技術は大きく進歩しており，必ずしも安楽死を必要としない状況になりつつあるといわれており，もし安楽死を認めるようになると，このような苦痛を取り除く技術の進歩が止まってしまうおそれもある。他方，今日の医療現場で患者の自己決定権が十分に保証されているという裏づけを十分吟味することなしに安楽死を認めることは，結局，自己決定に名を借りた死の強制を生じる懸念があり，適切ではないとの批判もありえよう。

3 医療の拒否と尊厳死

医療の拒否

成年に達した患者が正常な精神状態においてなされた医療の拒否については，自己決定権行使の一形態として認められる。もっとも，患者が正常な精神状態で熟慮の上で主張していることなのか，現在の苦痛に耐えかねての希望の発露なのか，その判断は慎重に行うことを要する。

患者が特定の医療・治療法を拒否する場合として，宗教上の理由による輸血拒否がある。患者が，輸血を自己の宗教上の信念に反するとして，輸血を伴う医療行為を拒否する明確な意思を有している場合，このような意思決定をする権利は，人格権の一内容として尊重されなければならないとするのが最高裁の立場である（最判平成12年2月29日民集54巻2号582頁［32］）。患者は輸血以外の治療法については拒否していないのであるから，他の治療法については確実に実施する必要があり，また，患者が拒否している治療法を実施しなくても望ましい治療結果を得ることができるように配慮すべきであろう。拒否の対象となっている処置が実施されないことにより患者の生命が危険にさらされる場合は，医師の救助義務との関係をどのように考えるかが問題となるが，患者の自己決定権尊重の観点からはこれを尊重せざるをえない。医療関係者にとっては，これはときに受け入れがたい結論であろうが，治療を強制したり，虚偽の事実を述べて治療することはできず，治療行為の差控えは違法とは評価されない。

尊 厳 死

尊厳死（death with dignity. なお，自然死は natural death）とは，回復不能な末期状態の患者に対して，人間としての尊厳を害しないで死を迎えさせるために，延命治療を開始せず，あるいは開始した延命治療を中止する場合である。これは，人が死ぬ途中にあるとき，生命維持のための措置をどの程度してもらいたいかという問題でもある。尊厳死と安楽死は似た側面を持つが，安楽死が死を招来する行為の要求であるのに対して，尊厳死は自然な死のプロセスを求める治療義務の限界が問題になる点，尊厳死の場合は多くの場合意識のない患者であり，また，必ずしも死期が切迫しているとは限らない点などに違いがある。この問題に関する外国法の研究は非常に多く，患者の生命維持装置の取外しを認めたカレン・クインラン事件（In re Quinlan, 355 A.2d 647〈1976〉）をはじめとするアメリカの判例法の展開は，この課題に含まれる多くの問題がわが国でも妥当することを指摘している。

遷延性意識障害（植物状態）患者について

遷延性意識障害とは植物状態（Permanent Vegetable State, PVS）とも呼ばれ，植物状態とは，日本脳神経外科学会の定義によれば，①自力移動不可能，②自力摂取不可能，③尿失禁状態，④意味のある発語不可能，⑤「眼をあけろ」「手を握れ」など簡単な命令にはかろうじて応じることもあるがそれ以上の意思疎通は不可能，⑥眼球はものを追っても認識はできない，という6項目を満たす状態に陥って種々の治療に頑強に抵抗しほとんど改善がみられないまま満3ヵ月以上経過したものをいう。植物状態は，脳死とは異なり，脳幹部は障害されておらず，機能喪失には至っていない点で区別される。

事前の拒否文書（リビングウィル）

リビングウィル（生前発効遺言）とは，前述のように，延命治療を拒否する書面による事前の意思表明である。日本尊厳死協会は，リビングウィルのひな形を作成し，普及に努めている。

平穏な精神状態にあって，将来の医療についての意向を表明していた場合，患者は自由な決定をなしたと評価でき，それは患者の死に方に対する希望の表明として尊重されるべきであることは，一般に承認されている。

しかしながら，こうした自由な決定により書かれたリビングウィルでも，それが発効するときには本人は判断能力を失っている状態であるため，能力喪失時とリビングウィルが書かれた時期の意思とが常に一致する場合ばかりでなく，一度作成されたリビングウィルがいつまで有効なのか，更新する必要はないかといったことが問題になりうる。また，将来予測のもとに書かれたリビングウィルと，現実に発生した状況とにずれがあるとき，通常の意味でのインフォームド・コンセントがあったとは評価できず，記載された内容にどの程度拘束力を認めるべきか，必ずしも一義的な結論が出ない可能性がある。

POLSTについて

事前に，延命治療に関して意思を表明する文書を作成しておくとしても，それを実際に使用する可能性に直面したとき，現実には用いられないことが少なからず生じているのが，アメリカでも実情のようである。その理由としては，リビングウィルのところで見た問題点に加え，作成された文書に医療関係者が注意を払わないことがあること，記載された文書の文言に解釈の余地があり必ずしも本人の意向が明確に示されているとは限らないこと，といったことなどが指摘されている。

そこで，こうしたやり方の欠点を補充し，より簡単な書面を準備することで希望を叶える方策が，POLST（Physician Orders for Life-Sustaining Treatment）である。POLST はごく短い書式であり，利用に際して不明確な点を可能な限り抑制したものであって，今日のアメリカでは多くの州で参照されるようになっており，複数の言語で提供している州もある（カリフォルニア州における日本語で作成された POLST は，https://capolst.org/wp-content/uploads/2016/10/Japanese_POLST_2016.pdf で参照することができる。なお，POLST および治療拒絶権に関する近時のアメリカの動向について論じたものとして，手嶋豊「生死に関わる治療を拒絶する権利とその侵害救済に関するアメリカ法の状況」髙森八四郎＝小賀野晶一編『民事法学の基礎的課題』〈勁草書房，2017 年〉247 頁以下参照）。

判　例

前掲判決（横浜地判平成 7 年 3 月 28 日）は，治療の中止が許容される場合も挙げている。それによれば，①患者が治癒不可能で回復の見込みがなく死が避けられない末期状態であり，これができれば複数の医師による判断であること，②治療中止を求める患者の意思表示が存在すること，③中止される処置はすべてのものを含むこと，である。患者の意思が不明の場合，患者の意思を体現していると認められる家族の意思表示から患者本人の意思を推測することも許されるとする。

近時の動向

厚生労働省は平成 19 年 5 月に，「終末期医療の決定プロセスに関するガイドライン」を公表した。それによれば，終末期医療およびケアのあり方は，医師等の医療従事者から適切な情報提供と説明がなされ，それに基づいて患者が医療従事者と話し合い，患者本人による意思決定を基本として，ケアチームによって医学的妥当性と適切性をもとに，慎重にこれを進める。患者の意思が確認できる場合と確認できない場合とで対応策を異ならしめることとなっているが，積極的安楽死はここでは対象とされていない。

このガイドラインは，平成 27 年 3 月に「人生の最終段階の決定プロセスに関するガイドライン」と名称が変更され，さらに平成 30 年 3 月の改定時に「人生の最終段階における医療・ケアの決定プロセスに関するガイドライン」と名称が変更され，その対象も医療だけでなくケアも含まれるものとなった。30 年の改定では，地域包括ケアの構築に向けて対応する必要性が高まっていること，アドバンス・ケア・プランニング（ACP）概念への取組みが普及してきていること等を踏まえて，当該ガイドラインを利用する主体を，病院などの医療機関だけでなく，終末期ケアを実施する介護施設や在宅の現場も含めたものとし，チームの中に介護従事者が含まれることが明確化されている。さらに，今後の単身世帯の増加も考慮して，本人の意思が確認できない場合に本人に代わる者には，法的意味での親族に限らず，本人が信頼を寄せる者を広く含むとした。内容的には，患者本人による意思決定が基本となることは変わらず，話し合いの場を設け，話し合いを繰り返すことの重要性が，改めて強調されるものとなっている。

ガイドラインの内容は，本人の意思の確認ができる場合とそうでない場合とで分けられている。

(1) 本人の意思の確認ができる場合

① 方針の決定は，本人の状態に応じた専門的な医学的検討を経て，医師等の医療従事者から適切な情報の提供と説明がなされることが必要である。

そのうえで，本人と医療・ケアチームとの合意形成に向けた十分な話し合いを踏まえた本人による意思決定を基本とし，多専門職種から構成される医療・ケアチームとして方針の決定を行う。

② 時間の経過，心身の状態の変化，医学的評価の変更等に応じて本人の意思が変化しうるものであることから，医療・ケアチームにより，適切な情報の提供と説明がなされ，本人が自らの意思をその都度示し，伝えることができるような支援が行われることが必要である。この際，本人が自らの意思を伝えられない状態になる可能性があることから，家族等も含めて話し合いが繰り返し行われることも必要である。

③ このプロセスにおいて話し合った内容は，その都度，文書にまとめておくものとする。

(2) **本人の意思の確認ができない場合**　本人の意思確認ができない場合には，次のような手順により，医療・ケアチームの中で慎重な判断を行う必要がある。

① 家族等が本人の意思を推定できる場合には，その推定意思を尊重し，本人にとっての最善の方針をとることを基本とする。

② 家族等が本人の意思を推定できない場合には，本人にとって何が最善であるかについて，本人に代わる者として家族等と十分に話し合い，本人にとっての最善の方針をとることを基本とする。時間の経過，心身の状態の変化，医学的評価の変更等に応じて，このプロセスを繰り返し行う。

③ 家族等がいない場合および家族等が判断を医療・ケアチームに委ねる場合には，本人にとっての最善の方針をとることを基本とする。

④ このプロセスにおいて話し合った内容は，その都度，文書にまとめておくものとする。

(以上につき，https://www.mhlw.go.jp/file/04-Houdouhappyou-10802000-

Iseikyoku-Shidouka/0000197701.pdf 参照)。

日本医師会第X次生命倫理懇談会も，「終末期に関するガイドライン」を答申している（平成20年2月)。それによれば，患者の意思が確認できる場合には，インフォームド・コンセントに基づいた患者の意思を基本とするが，患者との話し合いの内容を文書にまとめることと，患者の意思の再確認を随時行うことが挙げられている。患者の意思を確認できなくても，患者自身の事前の意思表示書がある場合には，これが有効であることを家族に確認のうえ，その内容を実施するかどうかをケアチームが判断する。事前の意思表示書がない場合でも家族の話等から患者の意思を推測することができる場合にはその推定意思を尊重した治療方針を採用する。患者の意思が確認できず推定もできない場合には，家族等の判断を参考にして患者にとって最善の治療方針をとることとする。家族と連絡が取れない場合，家族等が判断を示さない場合には，ケアチームで判断し，家族等の了承を得る。いずれの場合も，確認・承諾・了承は文書によらなければならないとされる。ケアチームでも決定が困難な場合，家族との話し合いで妥当・適切な医療内容についての合意が得られない場合には，複数の専門職からなる委員会を別途設置し，その委員会が治療方針等について検討・助言を行うこととする。

日本救急医学会は，「救急医療における終末期医療に関する提言（ガイドライン)」を公表した（平成19年11月)。救急医療は，死が予期されていなかった人々に対して降りかかった状況で判断を求められる点，患者本人の意思がほとんどわからない点が慢性疾患の進行による終末期とは異なっている。このため，独自のガイドラインが必要とされ，終末期と判断した場合には基本的に患者家族の意向を考慮して決定することが基本となり，記録の作成も求められる。

患者家族が積極的な対応を希望している場合には，現時点の医療水準に照らしてなしうる最良の治療によっても救命が不可能であることを家族に知らせ，その後に家族らの意思を再確認するが，その際にも積極的な対応を求めている場合は，その意思に従うのが妥当であるとする。

患者家族らが延命措置中止に受容する意思がある場合には，以下の場合分けによる。

本人の有効な事前指示が存在し，家族らがこれに同意している場合はそれに従う。

本人の意思が不明な場合は，家族らが本人の意思や希望を忖度し，家族らの容認する範囲内で延命治療を中止する。

患者家族らの意思が明らかではない，あるいは家族らで判断できない場合には，主治医を含む医療チームに判断を委ねる。

患者本人の意思が不明で，身元不明等などの理由により家族らと接触できない場合には，医療チームが慎重に判断する。

その後，日本救急医学会，日本集中治療医学会，日本循環器学会は，平成26年11月に，「救急・集中治療における終末期医療に関するガイドライン～3学会からの提言～」をまとめ，公表した。その内容は，上記の「救急医療における終末期医療に関する提言（ガイドライン）」の内容を関係学会の診療場面に併せて広げたものと解することができ，ほぼ共通するものとなっている。ガイドラインで強調されているのは，患者の状態の判断や対応は個人の主治医の判断ではなく医療チームの総意であることであり，それでも判断できない場合は施設の倫理委員会に意見を諮るなどして，判断の妥当性を担保することが勧められている。

なお，尊厳死を認めることを求めている超党派の国会議員で構成される「尊厳死法制化を考える議員連盟（その後，「終末期における本人意思の尊重を考える議員連盟」に改められた）」は，法案要綱案を公表している（「終末期の医療における患者の意思の尊重に関する法律案（仮称）」）。これに対しては，日本弁護士連合会が反対の会長声明を出している（平成 24 年 4 月）。

厚生労働省の指針に対しては，手続を明らかにした点で評価する意見が一般的である一方，終末期に関する定義が欠けていること，刑事免責規定を盛り込まないなど，医療現場への実効性について疑問を呈する見解もある。日本救急医学会のガイドラインに従った実施がなされているとの報告には，時期尚早ではないかとの懸念も指摘されている。

日本老年医学会も，「高齢者ケアの意思決定プロセスに関するガイドライン――人工的水分・栄養補給の導入を中心として」を平成 24 年 6 月に公表し，食事や水分を経口で摂取することが難しくなった場合の意思決定プロセスを明らかにしている。そこでは本人の QOL の達成を基準として考慮すべき要素を示している（当該ガイドラインは，日本老年医学会ウェブサイト http://www.jpn-geriat-soc.or.jp/proposal/pdf/jgs_ahn_gl_2012.pdf）。

学説上の提案　日本でも，法律上はっきりしない現状を問題視し，上記のような諸外国の動向（325 頁以下）を踏まえ，終末期に関する立法をすべきとの提案がなされるようになってきている（松井・前掲書〔159 頁以下〕）は憲法学の観点から「尊厳死」「安楽死」の権利の確立を主張し，山中敬一・前掲書 814 頁以下は刑法学の観点から議論を展開している）。

Column ㉔　平穏死について

近時，石飛幸三医師が提唱し，賛同者が増えている「平穏死」が，広く知られるようになっている。石飛医師の著書『「平穏死」のすすめ

——口から食べられなくなったらどうしますか』〈講談社文庫，2013年〉をはじめとする一連の啓発書（例えば，網野皓之『在宅死のすすめ——生と死について考える14章』〈幻冬舎ルネッサンス新書，2010年〉，杉浦敏之『死ねない老人』〈幻冬舎メディアコンサルティング，2017年〉など）は，多くの人々に共感をもって迎えられているようである。「平穏死」は，終末期になって自らの口から栄養摂取ができなくなった患者を，胃ろうなどの処置によって強制的に栄養補給をするといったことをしないものであり，在宅医療との接続が意識される。平穏死の提唱は，栄養・水分の補給に関して，患者の体が求めていない過剰な処置をしないことを求めるにとどまっている。平穏死の指標は，患者が終末期のために食事をもはや求めないということであり，食べない患者に強制的な栄養投与をしないことで，むしろ枯れるような安らかな死が訪れると説いている。

食べない状態になった患者に栄養投与をしないことを医師が決定しても，その栄養補給が，そもそも当該患者の生命延長のために意味がないのであれば，栄養不補給と死亡との間に因果関係を認めることはできず，その決定を法的に非難することはできないと思われる。

4 重度障害新生児の治療とその差控えの問題

問題の所在

重度障害をもって生まれた新生児の治療を実施すべきかどうかについては，英米では多くの議論がある。この問題には，さまざまな見地からの議論があり，たとえば，生命はいかなる場合でも神聖である（Sanctity of Life, SOL）との見地からは，生命の短縮はどんな場合であっても認められないということになる。しかしながら，新生児のクオリティ・オブ・ライフ（Quality of Life, QOL）の問題や，限られた医療資源をどの程度配分するかという問題からも議論されている。前者は，新生児にとって苦痛を延長するものでしかない治療と延命が，本人にとって望ましいものであるかであり，後者は，重度障害を負う新生児の延命には経済的負担が重いことから問題とされる。この問題も，極小新生児の延命・治療が可能になったゆえに生じ始めた問題であり，その意味では医療の進歩が生み出した問題ともいえるものである。

重度障害を負って子が生まれた場合，両親にはそうしたことについての心構えができておらず，正常な判断力を失ってしまい，以後の生活設計に不安を抱くことも少なくなく，その結果として生まれたばかりの子は死んだほうがその子にとって幸福と考える場合もあるとされる。治療を拒否する理由には，障害について知らない，障害者を支援する社会的インフラが不十分，育てること自体が大変といったことも理由となろう。この反面，人の QOL は本人にしかわからないし，その子の存在そのものが周囲の者にとって幸福であると考えられるといったことは，治療実施を積極的に認める理由になろう。

アメリカ厚生省（DHHS）は，①新生児が慢性的かつ不可逆的に昏睡状態であり，②治療の提供が単に死を先延ばしするだけで，新生児の状態を改善するのに役立つことがないか，無駄であり，③治療の提供が実質的に新生児の生存に無益で，治療そのものが非人道的である場合に，新生児の治療を行わないことができるとしている。

この問題には，両親の見解を第一にすべきとの主張と，両親の見解は考慮要素のひとつに過ぎないとの主張とが存在する。両親の選択については，①いかなる疾患なら両親に選択権があるのか，②この権利はいつまで行使できるのか，③両親の決定が分かれる場合，父母のうちどちらの決定が優先するのか，それは人工妊娠中絶の場合と同様か，④養子縁組の申出がある場合でも両親が治療しないという決定をする場合にはそちらが優先するのか，などが問題となる。

他方，両親の決定は決定的でないとすると，意思を表示できない本人の希望を両親が代行して表示することになる。その場合の判断基準として，子にとっての最善の利益（best interest）が何であるかを検討することになるが，治療しないという選択は，結局のところ，死なせることがその子にとって最善の利益であると判断することを意味している。

わが国は，この問題に関する法的な仕組みは未整備であり，医療者から提案された非公式なものとして，重度障害新生児に対する治療「ガイドライン」が存在している。このガイドラインは，新生児の治療程度を，重症度により病名別に4段階に分類し，それに応じて積極的な治療から治療中止までを分けている（その他の「ガイドライン」を含めた詳細については，櫻井浩子「障害新生児の治療をめぐる『クラス分け』ガイドライン」Core Ethics Vol. 4〈2008年〉105頁参照）。

重篤な疾患を持つ新生児の家族と医療スタッフの話し合いのガイドラインについて

こうした場合において，関係する当事者の援助のため，「重篤な疾患を持つ新生児の家族と医療スタッフの話し合いのガイドライン」（http://jsnhd.or.jp/pdf/guideline.pdf）が作成されている。これは，10の条項からなるもので，新生児に適切な医療と保護を受ける権利があること，父母の子供の治療方針決定権と義務，治療方針の決定は子供の最善の利益に基づくものでなければならないこと，医療関係者と父母との対等性，十分な話し合いと情報提供，予後判定の客観性の担保，決定の見直し可能性が常にあることといった事項を挙げている。

ひと口メモ ⑥　ホスピスケア

ホスピスは，いわゆる末期の患者を受け入れ，治療よりも苦痛の緩和に重点を置く機関であり，日本にも少しずつ増えてきている。入所希望者が収容能力を上回る状況が改善されておらず，このため必要な時期に入所できない場合があることなど，問題は山積している。

演習

1　患者から，終末期医療の希望を主治医に実施してもらうことについて，できるだけ法律上の問題を回避できるような書面を作成するのを手伝って欲しいと依頼された場合，どのようなことを配慮するか，検討しなさい。

2　医師から，受け持ちの患者に尊厳死を求められており悩んでいるという相談を受けたあなたは，どのような内容の法的アドバイスをその医師に対してするか，説明しなさい。

第11章 特別な配慮を必要とする患者

本章では，医療の場面において特別な配慮を必要とする，未成年者・高齢者・精神障害者の問題を検討する。これらの人々については，本人の自己決定があったと認められるかどうか必ずしも明らかでない場合も多い。他方で，患者本人の利益のために準備されているとされる制度が，本当に患者本人にとって望ましいことであるのか，批判的に検討する必要もある。

1 未成年者

未成年者の治療への同意

未成年者（18歳未満。民4条）は，親権に服する。親権は未成年者の両親が共同してこれを行使するが（民818条），両親が離婚したときには，親権を有する者が単独で親権を行使する（同819条）。

患者が未成年者であっても，その者への医療行為をなすには患者の同意が必要である（未成年者の同意を成年者の同意であるインフォームド・コンセントと区別して，インフォームド・アセント〈informed assent〉という）。患者が未成年者の場合は，患者の親権者が常に患者に代わって治療の同意を行うことになると解する立場もあるが，未成年者の権利を尊重すべきという近時の動向からすれば，治療行為の決定についても患者自身の自己決定権（憲13条参照）に配慮すべきで，法律行為を単独で有効になしうる能力である行為能力とは別のものと考える立場が有力である。しかし，この立場によれば，未成年者が単独で有効に医療行為に同意をなしうる年齢が何歳であるか，未成年者が有効に同意をなしうるための能力はいかなるものが必要であり何歳程度から備わるか，未成年者と親権者との医療行為に対する希望が異なった場合どちらを優先するか等の問題を個別に検討する必要が生じる（家永登『子どもの治療決定権』〈日本評論社，2007年〉109頁は，個々の医療機関や医師の個別的な臨床判断に委ねられているとする）。

未成年者自身の同意が問題にされる場面　未成年者も親権者とは別人格である以上，治療行為について親子の意見が分かれることは起こりうる。たとえば，未成年者の人工妊娠中絶を親権者の同意なく実施することが可能であるか，あるいは未成年者が信仰する宗教と親権者の意見が違う場合，などが問題になりうる。日本輸血・細胞治療学会など関連5学会は，エホバの証人の信者が，信仰上の理由により輸血を拒否している場合に，15歳未満の患者に対しては，信者である親が輸血を拒否しても救命を優先するという指針を公表している（「宗教的輸血拒否に関するガイドライン」〈平成20年2月〉 http://yuketsu.jstmct.or.jp/wp-content/themes/jstmct/images/medical/file/guidelines/Ref13-1.pdf）。

オランダ民法では，治療に同意できる年齢（16歳）を通常の成年（18歳）よりも低く定めており，イギリスにおいても，16歳をもって治療について有効に単独で同意をなしうるとするなど，世界的には，未成年者の自己決定権を認める方向にある。したがって，これらの国では未成年者であっても，この年齢に達した患者が医師の治療に同意したのであれば，それは同意として有効であり，親権者の同意は必要ないことになる。

日本の現行民法の規定は必ずしも明確ではないが，遺言が可能な年齢が満15歳とされること（民961条）からすれば，未成年者自身の判断を尊重する場合を民法典がまったく想定していないわけではないようにも思われる。

未成年者自身の同意の有効性

日本の問題としては，法に定めがないため，個別場面において有効な同意が可能であるかどうかを検討することになるが，成熟度の個人差から，有効に同意をなしうる場合は必ずしも多くない可能性もある。医療関係者は，未成年者にも理解可能な言葉を用いて，説明をなすことになるが，そうした努力がなされても，未成年者が治療の危険性や結果，疾患の内容等について十分に理解できているとは解されない場合，未成年者の同意や拒否は法的には考慮されず，親の意見が決定的となる。臨床試験への同意については，210頁参照。

親権者の見解が分かれている場合

両親は共同で親権を行使するため，子供の治療や処置をめぐって両親の意見が母と父で異なるという場面も想定でき，医療関係者はどちらの意見を尊重すべきかについて決めかねることも起こりうる。倫理上の問題はともかく，一方の同意さえあれば法律上の問題は起こらないとの見解もあるが，この場合は子供の最善の利益を基本として両親のどちらかが同意する処置を選択する方法をとるのが適切ではないかと解される。

親権の濫用とその停止

親が親権を濫用し，または著しく不行跡である場合には，家庭裁判所は，子の親族または検察官の請求により，親権の喪失を宣告することができる（民

834条)。医療の場面で問題になるのは，子にとって必要な処置を親が何らかの理由により承諾しないという場合が考えられる。医師ほかの医療関係者は，児童相談所の長に通告（児童虐待防止6条）することにより，親権喪失の申立てをなすことが考えられる。

また，平成23（2011）年には，児童虐待防止の観点から，親権を剥奪するのではなく一定期間停止するという形での民法改正が行われている（民834条の2。児童福祉法33条の7が児童相談所長に親権停止の請求権を与えていることにも注意。未成年子からの親権停止申立てを認めた事案として宮崎家審平成25年3月29日家月65巻6号115頁がある)。

もっとも，治療に同意しないのが常に親権の濫用と評価できるかについては問題がないわけではない。治療の実施により患者に得られる利益の見込みと，治療の実施により生じる危険とを勘案の上で親権者が治療を拒否する場合と，親権の濫用とは区別がつきにくく，親権者のなした危険の評価が世間一般と異なったとしても，容易に判断できないこともありえよう。それでも例えば，心臓手術が必要な未成年者の治療をその親権者が宗教上の理由により拒絶している場合に，手術を拒否することの合理的理由を認めることはできず，親権を濫用して未成年者の福祉を著しく損なっているとして，親権者の職務を停止させ，かつ，その停止期間中は職務執行代行者を選任すると審判した事案（名古屋家審平成18年7月25日家月59巻4号127頁）や，眼球腫瘍の手術が必要で，治療を速やかに実施すれば90パーセントの確率で治癒が見込まれるものの視力が失われるのに対して，それを行わなければ数ヵ月以内に死亡するという事情がある場合に，障害をもつ子供を育てることに不安があることを理由とする不同意の事例について，事態の放置は未成年者の生命を危うくするものであり，その対応に合理的理由を認めることはできないとして，これを親権の濫用で未成年者の福祉を著しく損なっている可能性が高いとし，親権者の職務執行を停止させ，職務執行代行者を選任する審判をした事案（津家審平成20年1月25日家月62巻8号83頁）がある。

2 高 齢 者

高齢者の位置づけ

人であれば必ず年をとり，いつかは死ぬことになる。若いころは非常に健康・頑強であった人も，高齢になれば，さまざまな形で健康状態に問題を抱えることになる事例は，少なくない。むしろ大半の人が早晩そうなるというのが一般的であろう。医学上，若年者と比べると，高齢者の場合は異なった所見を示すことも少なくないことから，注意が必要なことは周知のことである（日本老年医学会編『老年医学テキスト〔改訂第3版〕』〈メジカルビュー社，2008年〉，木村琢磨編『もう困らない！高齢者診療でよく出合う問題とその対応』〈羊土社，2012年〉など関連文献は非常に多い）。なお，日本老年医学会「高齢者に対する適切な医療提供の指針」は，次の括弧内の7項目を指針として立て（①高齢者の多病と多様性，② QOL 維持・向上を目指したケア，③生活の場に則した医療提供，④高齢者に対する薬物療法の基本的な考え方，⑤患者の意思決定を支援，⑥家族などの介護者もケアの対象に，⑦患者本人の視点に立ったチーム医療），実際の診療における治療方針の決定の一助とすることが推奨されるとする（同指針につき，http://www.jpn-geriat-soc.or.jp/proposal/pdf/geriatric_care_GL.pdf)。「老年科」の歴史はまだ長くなく，高齢者のイメージもどんどん変化している。かつては55歳が定年という時代があり，平均寿命はせいぜい70歳台前半が精一杯のころがあった。しかしいまや平均寿命自体が80歳台となり，多くの人々が90歳台以上を迎えることができるようになっている。

高齢者をめぐって，法において一定年齢以上の者を「高齢者」というくくりをするのは当然であるかのように推察される。しかし，外国法の文献では，そうしたくくりをしているものは少なく，「意思能力の低下した患者」といった形での一般的な類型分けがなされることが通常である。このような扱いの理由は，個人差の大きいなかで，高齢者の定義という点から，早くも議論の余地があり，年少者と同様な画一的な扱いが適当とはいえない可能性があることが指摘されている（Herring, OLDER PEOPLE IN LAW AND SOCIETY〈2009〉）。何ら問題もなく年齢の数字が上がるだけの人々がいる一方で，年齢の進行による身体への影響が大きく，さまざまな疾患を発症したり，認知症が進み，自身の身の回りの世話も困難になってしまう人々もおり，こうした状況を社会としてどのように扱ってゆくかという問題がある。また，人はどんなに努力しようと，恵まれた状況にあろうと，永遠に生き続けることができるわけではない。そうであれば，どこかで幕引きをしなければならないが，その幕引きの過程で，さまざまな問題が生じてくる。

高齢者への医療

高齢者に対する医療提供は，「高齢者の医療の確保に関する法律」によって規律されている（同法については，132頁以下参照）。

高齢者は，個人により加齢の影響は大きな違いがあり，形式的に一定年齢以上であれば直ちに同意の有効性等が問題となるというものではなく，個別に検討する必要がある。社会における高齢者の大幅な増加という現象は，わが国ばかりか世界中においてこれまで経験がない状況であるので，「高齢者とはこういうもの」といった固定した患者像では不十分な可能性もある。

加齢は病気か，という議論がある。仮に病気ということになれば，アンチ・エイジング医療が治療として行われることになり，そのための公的費用の投入も考えられる。しかし現在のところ加齢を病気と考える人々は多くはなく，アンチ・エイジング医療も，その内実がほとんど美容整形と同類のものと考えられてきたが，近時は次第に様相が変わりつつある。ただし，食生活の改善や生活習慣への配慮などにより，身体機能の維持や生活習慣病罹患のリスクを可能な限り排除することを通じて，実際の年齢よりも健康年齢を可能な限り維持しようとするための試みなどは，予防医学の一場面として重要なものとされている。

高齢者への医療の問題点

高齢者への医療では，インフォームド・コンセントと治療方針の決定に関する準則，の二点が主に問題となる。

⑴ **インフォームド・コンセントの問題**　高齢者の場合，伝統的なパターナリズムによる医療・医師像を医療観として有している場合も多く，自分で自分の治療方針を決定するという発想に馴染みがない場合も少なくない。もっとも，高齢者になると，医療行為に対する理解力およびそれによる承諾能力の点で問題があることもあり，その場合には，医療関係者が医療行為について最終的な承諾を得るべき相手方を考える必要が起こりうる。

⑵ **治療方針の決定**　高齢者の医療の場合，若年者の医療と異なって，疾病を完全に克服する積極的治療方針ではなく，状況を改善するだけの治療方針が選択されることも少なくない。このことは，外科的な処置などの積極的な治療に対して，高齢者の身体が負担に耐えられない可能性があること，積極的治療による回復期間が高齢者の残された時間を大きく削ってしまう可能性があることから，あ

えて積極的な治療方針を選択しなかったとしても，正当なものと評価することができよう。もっとも，高齢者本人が積極的な治療を望む場合もありうるので，いかなる治療方針を採用すべきかについては，患者本人や家族等と十分に話し合う必要がある。結局，高齢であることの一事をもって，検診や一定の処置を実施することを控えることを強要されることは，年齢による差別とされる可能性が高いように思われる。

認知症をめぐる法的課題

高齢になればなるほど，認知症発症の危険性は高くなるというのが医学的知見である。もっとも，認知症と似た症状を示すが，適切に治療することにより可逆的な疾患である突発性正常圧水頭症などもある。したがって認知症のようにみえる症状が現れても，対処次第では状態が改善・回復する可能性もあるので，速断は禁物との啓蒙がなされている。加齢と医療・介護の問題は，認知症の法的課題への対処において端的に現れてくる。

認知症の法的問題についても，高齢者医療一般に対するアプローチと同様に，「認知症に特有のもの」，というよりは，一般的に「意思能力を欠く状態の問題」として扱われるのが通常である（たとえば，Foster et al. eds., The Law and Ethics of Dementia〈2014〉）。それでも認知症は多くの場合，軽度認知障害（MCI）の段階であれば，その後の対応によってある程度は進行を遅らせることが期待できる側面もあるとみられており，その点で早期診断も有用な面があること，全体の経過の期間が長期に及び，能力が失われるのも徐々に段階を経るのが一般的であること，悪化すれば回復することは難しく人格の変化も起こりうること，といった点で他の精神疾患等とは異なるところがあり，認知症を，他の疾患と分けて論じることに意味を見出す文献が増えてきており（Gevers, *Dementia and the Law,* 13 EURO. J. HEALTH L. 209〈2006〉），そこでは，疾患の早期診断，治療・介護についてどこまでどちらが主となって行うべきか，認知症患者への臨床試験の許容性，政策としての認知症対策，といったことが論じられている。

3　精神疾患を有する患者への援助と福祉

精神医療へのスタンス　精神上の疾患の治療も，医療行為の適法性の原則に従う必要があることは，通常の疾患と変わりがない。しかし，精神疾患の場合，患者に病識がない場合もあり，患者保護のため，その同意にかかわりなく治療を実施することが必要な場合もある。患者の自己決定と治療の強制との調整問題は，この領域での困難な課題である。

後見・保佐・補助　精神上の障害のため事理の弁識する能力が欠如したり著しく不十分な状況にあったりする者は，本人・配偶者等の家庭裁判所への請求により，審判がなされ，後見・保佐・補助に付される（民7条・11条・15条など）。たとえば，後見開始の審判を受けた者は，成年被後見人とされ，成年後見人が付される。成年後見人は成年被後見人のために各種の事務を行い（同853条～856条），身上監護義務も負担するが（同857条），成年被後見人の意思を尊重し，その心身の状態および生活状況に配慮しなければならない。ただし，治療行為への同意権限は，財産管理が中心の身上看護義務のなかに含まれないと理解されている。

精神保健及び精神障害者福祉に関する法律（精神保健福祉法）

精神障害者の医療および保護を行い，社会復帰の促進およびその自立と社会経済活動への参加の促進のために必要な援助を行い，精神障害者の福祉の増進および国民の精神保健の向上を図ることを目的とする法律が，「精神保健及び精神障害者福祉に関する法律」（昭和25年法律123号。精神保健福祉法）である（1条）。

この法律で精神障害者とされるのは，統合失調症，精神作用物質による急性中毒またはその依存症，知的障害，精神病質その他の精神疾患を有する者をいう（5条）。精神障害者に対する社会・法の対応は，閉鎖から開放へ，患者の人権の配慮の充実へと動きがあり，法律も，「精神病者監護法」（明治33年法律38号）から始まって，幾度かの大改正を経て，現在に至っているが，法の変化は今日でも途上にあるといってよい。以下では，本法に関して概略をごく簡単に示すことにする。

国・地方公共団体には精神障害者の医療および保護ならびに保健および福祉に関する施策を総合的に実施することで精神障害者の社会復帰と自立，社会参加が可能になるように努力する義務がある（2条）。また，国民もこれに協力する努力義務がある（3条）。

都道府県は，精神保健福祉センターを置き，精神保健の向上および精神障害者の福祉の増進を図る。その具体的な職務は，精神保健および精神障害者の福祉に関する知識の普及・調査研究，相談および指導業務，精神医療審査会の事務などである（6条）。

厚生労働大臣は，精神障害者の入院の要否，入院継続の必要性の要否，行動制限等の判定（19条の4）の職務を行うのに必要な知識および技能を有すると認められる一定の要件を満たす者（5年以上の診療従事と3年以上の精神障害の診断治療の従事等）を精神保健指定医として指定する（18条）。精神病院の管理者は，常勤の指定医を置かねばならない（19条の5）。都道府県は精神病院を設置しなければならないが，都道府県および都道府県以外の地方公共団体が設立した地方独立行政法人以外の者が設置した精神病院で厚生労働大臣の定める基準に適合するものを，設置者の同意を得て都道府県が設置する精神病院に代わる施設として（指定病院）指定することができる（19条の8）。

精神障害者またはその疑いのある者を知った者は誰でも，その者について指定医の診察および必要な保護を都道府県知事に申請することができ（22条），申請を受けた都道府県知事が調査の上必要があると認めるときは，指定医に診察をさせなければならない（27条）。診察の結果，その者が精神障害者であり，かつ，医療および保護のために入院させなければ精神障害のために自身を傷つけまたは他人に害を及ぼすおそれがあると認めたときは，その者を国等が設置した精神科病院または指定病院に入院させることができるが，入院させるためには，二人以上の指定医の診察を経て，精神障害者であり自傷他害のおそれがあると認めることについて指定医の診察結果が一致した場合でなければならない（29条・措置入院）。このおそれがないと認められるに至れば，直ちに退院させなければならない（29条の4）。

患者に精神障害があっても，医療を受けるについてはインフォームド・コンセントを基調として治療関係に入るべきことは，通常の医療と変わらない。そこで，精神医療においても任意入院が原則となる（20条）。しかしながら，精神障害の場合は，疾患の影響により病識が欠けていたり乏しいこともあるため，指定医の診察の結果，患者が精神障害者であり，医療および保護のために入院の必要がある者であって，任意入院が行われる状態にないと判定されたものについては，その家族等（配偶者，親権を行う者，扶養義務者および後見人または保佐人）のうちいずれかの者の同意があるときは，本人の同意がなくても精神病院に入院させることができる（33条・医療保護入院）。指定病院管理者は，医療および保護の依頼があった者について，急速を要し，その家族等の同意を得ることができない場合に，指定医の診察の結果，精神障害者であり，直ちに入院させなければその者の医療および保護を図る上で著しく支障がある者であって任意入院が行われる状態にないと判定されたものについて，本人の同意がなくても，72時間に限り，その者を入院させることができる（33条の7・応急入院）。

精神科病院の管理者は，入院中の者について，医療または保護に欠くことのできない限度で患者の行動に制限を加えることができるが，信書の発受制限，行政機関職員との面会制限などはできない。患者の隔離その他の行動制限は，指定医が必要と認める場合でなければ行えない（36条）。

措置入院者，医療保護入院者を入院させている精神科病院または指定病院の管理者は，患者の症状その他の報告事項を，定期に，保健所長を経て都道府県知事に報告しなければならない（38条の2）。都道府県知事は，上記の報告または届出があったときは，その内容を精神医療審査会に通知し，入院中の者について入院の必要があるかどうかに関して審査を求めなければならず，精神医療審査会は審査結果を都道府県知事に通知しなければならない（38条の3）。

精神科病院に入院中の者またはその家族等（その家族等がない場合または家族等の全員が意思を表示することができない場合には，その者の居住地を管轄する市町村長）は，都道府県知事に対して，退院請求をし，処遇の改善のために必要な措置を求めることができる。都道府県知事がこの請求を受けたときは，精神医療審査会に通知し，審査を求めなければならない（38条の4・38条の5）。

精神科における医療過誤

精神科における治療に医療過誤があったことにより，患者に被害が生じたという場合は，他の診療科目と同様に，不法行為または債務不履行を理由とした損害賠償請求が認められる。その内容として，投薬等の不適切などの医療行為そのもの，治療の過程において不必要な隔離・拘束を行ったといった治療に関連する事案に加え，精神疾患に特徴的な，他の患者や他者への加害，自殺を含む自傷行為を防げなかったといった事態に対して損害賠償請求するといった事例がある（診断・投薬の当否が争われた名古屋地判令和元年9月11日 LEX/DB25564162〔請求棄却〕，摂食障害の患者に対する拘束が問題視された事案として東京地判令和3年6月24日 LEX/DB25589572〔110万円認容〕，統合失調症患者の無断離院・自殺について高松高判令和3年3月12日 LEX/DB25569475〔請求棄却〕など）。

触法精神障害者の処遇

平成15年7月に，心神喪失または心神耗弱の状態で殺人・放火・強盗・強姦・強制わいせつ・傷害の重大な他害行為を行った触法精神障害者に対して，適切な処遇決定のための手続を定め，継続的・適切な医療とその確保のために必要な観察・指導を行うことで病状の改善と再発防止を図り，その社会復帰を目的とする，「心神喪失等の状態で重大な他害行為を行った者の医療及び観察等に関する法律」（平成15年法律110号。心神喪失者等医療観察法）が公布され，関連する諸制度も整備された。この法律は平成17年7月15日より施行されている。

心身喪失者等医療観察法では，心神喪失等を理由として不起訴とされ，もしくは無罪または刑が減軽された場合，検察官が地方裁判所に，医療を受けさせることの決定を求める申立てをしなければならない（33条）。申立てを受けた裁判所は，鑑定のための入院を命じ，また，裁判官と精神保健審判員各1名ずつの合議体による審判（11条）で，処遇の要否等について通院か入院かの決定を行う（42条）。裁判所は心神喪失者等医療観察法33条1項の申立てがあった場合には必ずこの決定をしなければならず，医療の必要があり，対象行為を行った際の精神障害の改善に伴って同様の行為を行うことなく社会に復帰できるようにすることが必要な対象者について精神保健福祉法による措置入院等の医療で足りるとして，心神喪失者等医療観察法42条1項3号の「同法による医療を行わない旨の決定」をすることは許されない（最決平成19年7月25日刑集61巻5号563頁）。決定または命令をするについて必要があるときは，事実の取調べをすることができる（24条）。裁判官・精神保健審判員は，法律および医療の学識経験からそれぞれ意見を述べなければならない（13条）。

入院が決定された場合は，指定入院医療機関（16条～18条）において専門的な医療が実施される。精神保健指定医の診察の結果，入院を継続する必要性がなくなったと認められる場合には，指定入院医療機関管理者は，保護観察所の長の意見を付して，地方裁判所に退院許可の申立てをしなければならない（49条）。入院患者，その保護者，付添人は，地方裁判所に対して退院の許可または医療の終了の申立てをすることができる（50条）。退院後は，地域社会において処遇がなされる。

最高裁は，下記の理由により，心神喪失者等医療観察法について，立法目的・内容等を精査し合憲とした（最決平成29年12月18日刑集71巻10号570頁）。すなわち，医療観察法の目的が同法1条1項に定められたもので，重大な他害行為を行った者の精神障害は手厚い専門的な医療の必要性が高いと考えられ，そのような精神障害が改善されないまま再びそのために重大な他害行為が行われるようなことになれば，本人の社会復帰の大きな障害となることからも，こうした医療を確保する必要があるため，国の責任で手厚い専門的な医療を統一的に行い，退院後の継続的な医療を確保するための仕組みを整備することにより，その円滑な社会復帰を促進することが特に必要と考えられたことから導入された，として立法目的を合理的とした。また心神喪失者等による重大な他害行為の状況は，他の事案に比べ，殺人，放火等の罪種において心神喪失者等の占める割合が高くなっていること，治療が中断した中で行われる場合が多いこと，ときに加害者とは全く関係のない第三者が突然の被害に遭う場合もあること等の特徴がある。しかし，従前の処遇では，一般の精神障害者と同様の施設，スタッフの下で処遇することとなるため，専門的な治療が困難となっていることや，退院後の継続的な医療を確保するための実効性のある仕組みがないことなどの不都合もあり，これら問題点を解消し得る新たな処遇制度を設ける必要性があった。また，医療観察法の内容についても，審判手続・指定入院医療機関における医療・地域社会における処遇等について，医師である精神保健審判員と裁判官から成る合議体が，十分な資料に基づいて，処遇の要否や内容を判断すべきこととしている。さらに，入院による医療については，専門性が高い医療を，継続的かつ適切に実施することのできる指定入院医療機関において行うべきことを定めるとともに，入院期間が不当に長期間にわたることのないように，原則として6ヵ月ごとに裁判所が入院継続の要否を確認すべきことを定め，さらには，対象者の円滑な社会復帰を促進するため，保護観察所の長が，入院処遇中から，関係機関と連携しつつ，退院後の生活環境の調整を行うべきことを定めており，立法目的を達成するための手段として合理的である。居住・移転の自由に対する一定の制約を伴うものの，その程度は，裁判所による6ヵ月ごとの入院継続の要否の確認の手続を定めるなどして，前記目的を達成するために必要なやむを得ない限度にとどまっているということができる等を理由として，憲法 22 条 1 項・31 条・14 条 1 項に違反しない，とした。

4 介護と医療・医事法

介護に対する医事法の態度

高齢者の健康問題を考えるとき，「高齢になれば健康悪化・自律性の低下を起こすのが当たり前」という状況に鑑みれば，医療と介護とは，いわば延長線上のもの，ということになる。しかしこのように医療と介護の境界があいまいであることは，高齢者の生活実態からみても明らかであったとしても，介護は医療と異なって生活の一部であるという点に着目すれば，両者を同じに扱うことはできないとの議論もある。日本では，こうした点について，両制度を連続して利用可能なように仕組みを構築することが模索されている。高齢者の増加により介護が必要な人々も増え，その結果，介護する者を法的にどう扱うか，という問題もクローズアップされるようになっている。しかしこの問題について医事法の立場は極めて個人主義的であり，介護者は実際には存在していても，まるでいないかのように扱っているとの批判も，近時なされるようになっている（Herring, CARING AND THE LAW 〈2013〉）。

介護保険法について

介護保険法（平成 9 年法律 123 号）は，加齢に伴って生ずる心身の変化に起因する疾病等により要介護状態となり医療を要する者等について，これらの者が尊厳を保持し，有する能力に応じ自立した日常生活を営むことができるよう，必要な保健医療サービスおよび福祉サービスに係る給付を行うため，国民の共同連帯の理念に基づき介護保険制度を設け，その行う保険給付等に関して必要な事項を定め，もって国民の保健医療の向上および福祉の増進を図ることを目的とする法律であり（1条），被保険者の要介護状態または要支援状態に関して必要な保険給付を行う（2条）。

「要介護状態」とは，身体上または精神上の障害があるため，日常生活での基本的な動作の全部または一部について厚生労働省令で定める期間にわたり継続して常時介護を要すると見込まれる状態でその程度に応じて厚生労働省令で定める区分のいずれかに該当するもの，「要支援状態」とは，身体上もしくは精神上の障害があるため，日常生活における基本的な動作の全部もしくは一部について厚生労働省令で定める期間にわたり継続して常時介護を要する状態の軽減もしくは悪化の防止に特に資する支援を要すると見込まれ，または身体上もしくは精神上の障害があるために厚生労働省令で定める期間にわたり継続して日常生活を営むのに支障があると見込まれる状態で，支援の必要の程度に応じて厚生労働省令で定める区分のいずれかに該当するものをいう（7条）。

保険者は市町村および特別区であり（3条），被保険者は40歳以上の国民すべてである（65歳以上は第1号被保険者，40歳以上65歳未満の医療保険加入者を第2号被保険者という。9条）。要介護と認定されれば介護給付が，要支援と認定されれば予防給付がなされるが（18条，19条），認定を受けるためには，市町村または特別区に申請する必要がある（27条，32条）。申請がなされると訪問員の訪問調査・主治医意見書の提出が実施される。これらは認定審査会に通知され，審査・判定がなされる（27条，32条）。介護給付の具体的内容は40条以下，予防給付は52条以下が定めている。

法改正の動き　平成26年の通常国会において可決成立した「地域における医療及び介護の総合的な確保を推進するための関係法律の整備等に関する法律」（平成26年法律83号）は，「地域における医療及び介護の総合的な確保の促進に関する法律」（平成元年法律64号）の具体的な法整備として地域において効率的かつ質の高い医療提供体制を構築するとともに，地域包括ケアシステムを構築することを通じて，必要な医療と介護の総合的な確保を推進するために，関係する法律の整備を行ったものである。これは，医療・介護について，当事者である住民のライフスパンに併せて一貫した対応を提供できるように体制整備することを想定した仕組みである。

この法律は，厚生労働省の説明によれば，①医療・介護の連携強化，②地域における医療提供体制の確保，③地域包括ケアシステムの構築と費用負担の効率化，④その他の関係法令の整備（特定行為の明確化・医療事故調査・医療法人社団・財団の合併・介護人材確保），が柱とされている。同法の制定により，特定行為や医療事故調査など，年次にわたり懸案とされていた事項が形となって実施されることになった。社会の関心も高く，多くの専門誌においてその内容について，詳細な紹介と今後の展望も議論されている。この地域包括ケアシステムの構築は，地方自治体（都道府県・市町村）が，その地域の自主性・主体性をもとに，その特性に応じて実現することが求められ，各自治体の取組事例がモデル例として公表されている。医療と介護の関係については，在宅医療・介護の推進と連携の必要性が強調されている。詳細は厚生労働省のウェブサイトである https://www.mhlw.go.jp/stf/seisakunitsuite/bunya/hukushi_kaigo/kaigo_koureisha/chiiki-houkatsu/ 参照。

Column㉕ Elder Law について

高齢者の生活に関わる法律問題全般を扱う高齢者法（Elder Law）という分野がある。医事法では，高齢者の関連する法律問題のうち，身体・生命の決定に関わる医療・介護の部分を中心に検討するのみである。高齢者をめぐる法律問題は，身体に関わる生活関連ばかりでなく，経済的状況や，後見・死後の相続問題への備えなど，多方面にわたるものであり，それを独立した存在として扱うのも相当な理由がある。この分野に関する雑誌として，Elder Law Journal があり，高齢者の法律問題について多方面から検討する論文が掲載されている。これらについて，樋口範雄『超高齢社会の法律，何が問題なのか』〈朝日新聞出版，2015 年〉も参照。

演習

1　高校生である A は，妊娠していることが判明した。以下のⓐ～ⓒの場合，A の担当医は A の今後の対応を決するに際して，いかなる点に注意を払うことが必要であると考えられるか，検討しなさい。

ⓐ　A は分娩を望んでいるが，A の両親は人工妊娠中絶を望んでいる場合。

ⓑ　A は人工妊娠中絶を望んでいるが，A の両親は分娩を望んでいる場合。

ⓒ　A はどうするか決めかねており，A の両親の意見も一致しない場合。

2　75 歳の B は，急激には悪化しないが徐々に悪くなってゆき，最終的には生命を脅かす疾患甲を発病した。甲の治療法には，①根治を目指して積極的に手術を実施する方法，②根治は難しいが，継続的に苦痛を柔げうる薬物療法がある。手術は，うまくいけば B は不安から解消されるが，B の年齢になると体力的に大きな負担となりうるものであり，手術後，病気がなくなっても手術をきっかけに生命を短縮したりその質が低下する恐れがないとはいえない。薬物療法は，身体的な負担が軽いが，費用がかかり，効果があるとはいえない可能性もある。薬物療法の副作用も，人によっては強く現われる可能性があるが，これは始めてみないとわからないところがある。B の配偶者は既に死亡し，B は 45 歳の長男 C 夫婦と同居しているが，ＢとＣとの仲は良くない。Ｂは年齢相応の身体・精神状態である。

ア）Ｂの治療方針の決定はどうすべきか。その際に最も重視されるべき要素は何であると考えるか。

イ）Ｂは自分が末期状態になったときには，ただ単に生命を維持しているだけの状態を継続されるのは苦痛でしかないとして，そのような処置は拒否したいと考え，その旨の文章を書くこととした。Ｂが作成した文章は，法的に有効か。それに従って甲の主治医が生命維持のための処置を行わなかったとすれば，問題となりうる点を指摘し，その当否を検討しなさい。

3　病識のない重度の精神疾患患者Ｄの家族が，Ｄのために法律上なしうることとして，いかなることがあるか，説明しなさい。

第12章 グローバリゼーションと医事法

交通機関の発達と人の移動の活発化により，世界はどんどん狭くなっている。こうした世界の状況は，ある地方で発生した疾病を，瞬く間に世界中に拡散させるリスクを含んでいる。また，世界情勢の不安定化が，人々の健康状態に与える影響も極めて大きいものがある。一方，自国の医療では満たされない状況を避けて，海外に出かける人々が増えており，医事法の抱える問題は，一国で完結しなくなってきている。本章では，国内法として存在・発展してきた医事法が，グローバリゼーションの時代にあって，国境をまたがるさまざまな問題にどのように対処できるかについて，概観する。

1 グローバリゼーションと医事法

総論――検討の対象

グローバリゼーションと医事法，という課題設定で最初に想起されるのは，国境を越えて広がる可能性のある感染症の問題である。感染症の拡大予防に対して，人が作った国境という仕組みが，必ずしも有効であるとは限らないため，疾病の感染者が，潜伏期間中・発病前に国境を越えてしまうことは容易に想像できる。今日の高度に発達した交通機関のもとでは，地球の裏側で起こった新規感染症の感染爆発が，潜伏期間の長短とも関係して，ほとんどタイムラグなく身近な場所に出現する，ということは常に想定される。

医療の国際化という現象に伴う法的関与の必要性は，感染性疾患の規律と，それらの感染拡大防止についての国際的協力，といった問題に限られない。海外で開発され使用されている医薬品・医療機器や，日本で行われていないものの，外国では標準的医療，少なくとも特別な医療ではないと位置づけられている医療がある。また，種々の事情により，日本ではその受療が難しい各種疾患や医療が存在する。そのような医療を受けるために，外国に出かける人々は，島国という日本の地理的条件から，頻度はまだそれほど高くないが，少なからず存在する。逆に，日本の優れた医療を受けるため，来日する人々は，その数が増え続けている。現在のところは，主たる目的は観光で，そのついでに健康診断を受けるといった「付随的な位置づけ」での受診が多いようであるが，今後，こうしたサービスがどのように発展するかは未知数であり，現在よりも規模が大きくなることは想像に難くない。これは，医療が自然科学の結晶のひとつであり，それがまた，産業としての価値も持ちうることが広く認識されるようになったことを意味しよう。

構成国間の国境が低いEU Health Lawにおいて主に論じられている事項としては（例えば，Hervey & McHale, European Union Health Law〈2015〉），医療関係者の国際間移動，遠隔医療，医学研究といったものがある。

医事法は，生物としてのヒトにとって，最も基本的な価値に関わる事項を扱うものであり，その意味で文化・歴史が異なる国々の人々の間においても，多くについて問題意識を共有できると考えられる。とはいえ，具体的な医療の場面において，そのうちのどの方法は認められ，どの方法は認められないのかについては，国により，また問題とされている医療技術により，法の整備のあり方・宗教・文化その他が影響し，対応はさまざまである。医療の進展状況が各国で異なるように，医事法の発展状況にも，国ごとで差があることも指摘されており，個人の生き方をどの程度尊重するのかについても，諸外国で，その態度には，大きな差が見られることがある。医事法は，基本的には国内法問題が議論の中心であって，問題となる医療が外国で行われていることには言及しても，あくまで比較対象としてであったり，国ごとの違いは，今後の課題として扱うものでしかないことが大半である（初川満『実践　医療と法——医療者のための医事法入門』〈信山社，2016年〉でも，医療の国際化に関してはほとんど触れられておらず，法的規範についてあくまで現地主義を採るとし，国際社会には普遍的なルールというものが存在しているわけではないとするにとどまる。同33頁）。しかし例えば，この後にみる医療ツーリズムの台頭は，これまでのような，医事法の問題を自国内の問題として位置づけ，その解決をはかるという枠組みに留まっていては，対応が難しいものである。近時，医事法はHealth Lawとして，公衆衛生の問題も含めて広く扱うようになってきているのが世界的な傾向である（これにつき，第1章を参照）。そうであれば，こうした国際的な課題も，医事法の範囲に含まれることになろう。環境法において自国内の規制を論じるだけでは足りず，国際環境法という分野が重要となってきているのと同じように，医事法についても自国内の問題を論じるだけでは足りなくなってきている。しかしこうした問題を国際間のレベルで検討することになると，大枠については共通することが多くても，細かな側面では異なることが前に出ることもあり，そのような諸点を，他国とどこまで共有できるのかということが改めて問題になりうる。

本章で主に扱うのは，国際化の中での公衆衛生法規関連の問題と，国民が海外に出かけることで遭遇する可能性のある法律問題——医療ツーリズムの問題である。

2 国際化の中での公衆衛生の諸問題

国際間における公衆衛生問題の展開

AIDS（後天性免疫不全症候群）以来，致死率の極めて高いエボラ出血熱・マールブルグ出血熱などの出血熱や，サーズ（SARS，重症急性呼吸器症候群）・マーズ（MERS，中東呼吸器症候群）など呼吸器系の重度疾患などの出現により，感染症をめぐる問題が，世界の人々の強い関心を改めて引くようになっている。衛生保健関連の問題は，歴史の上でも，早い時期からグローバル化が意識され，研究や実務において多大な蓄積があって，国際保健協力分野として，学問研究の一分野を構成している。日本にも，感染症対策としての検疫法（121頁参照）がある。もっともこの法律は，日本国内に感染性の疾患が入ってこないようにする方策とその運用が主たる内容であり，日本発での疾患が外に出ていくことについては多くの注意を払っているとはいいがたい。

国際間での公衆衛生問題は，関係する国同士で関係を調整する必要があり，そのため，国際的な組織が活動をしてきた。これらの活動の及ぶ範囲は，当初は感染症対策が中心であったが，近時は，タバコのコントロールや，非感染症（Non Communicable Disease, NCD）対策にも広がっており，急性疾患だけでなく慢性疾患についてもその対策が検討されている。発展途上国でも，衛生状態が改善して急性疾患ではなく慢性疾患が死因の上位に来るようになると，その対策について，先進諸国の経験を踏まえることは合理的であろう。

また，国際機関・政府機関による活動だけでは限界があることから，NGOなどがこれに代わってさまざまかつ重要な活動を行っている領域が少なくなく，それらを的確に位置づけることも求められている。

世界保健機関（WHO），およびその他の国際機関の活動

国際連合の組織のひとつである，WHO（世界保健機関）は，1948年に設立された。WHOの加盟国数は194（平成30年3月現在）であり，その本部はスイス・ジュネーブに置かれている。WHOは，その世界保健機関憲章（Constitution of the World Health Organization）で，健康が完全な肉体的，精神的および社会的福祉の状態であること，到達しうる最高基準の健康を享受することが万人の有する基本的権利のひとつであることなどの諸原則を謳い，その目的を，すべての人々が可能な最高の健康水準に到達することにあるとする（1条）。こうしたWHOの目的を達成するための任務として，国際保健事業の指導的かつ調整的機関として行動すること，要請に応じ保健事業の強化について各国政府を援助すること，伝染病，風土病および他の疾病の撲滅事案を奨励および促進すること，国際的保健事項に関して，条約，協定および規則を提案し，ならびに勧告を行うこと，ならびに，これらの条約，協定，規則および勧告がこの機関に与え，かつ，この機関の目的に合致する義務を遂行することなど，22の項目が挙げられている（2条）。

WHOへの加盟はすべての国に開放され（第3章・3条〜8条），その事業は，加盟国の代表で組織される世界保健総会（World Health Assembly），執行理事会（Executive Board），事務局（Secretariat）によって遂行される（第4章・9条）。これらの機関の任務・権限は，以下のようなものである。世界保健総会の任務としては，WHOの政策を決定し，事務局長を任命すること，必要とする委員会を設置することなどの13項目が定められているほか（18条），世界保健総会には，WHOの権限内の事項に関して，条約または協定を採択する権限が与えられている（19条）。さらに，疾病の国際的まん延を防止することを目的とする衛生上および検疫上の要件および他の手続，国際的に使用される診断方法に関する基準など，5項目について規則を採択する権限を有し（21条），加盟国に勧告を行う権限がある（23条）。執行理事会の任務は，世界保健総会の決定および政策を実施すること，世界保健総会の執行機関として行動することなどの9項目である（28条）。なお，同憲章は30条以下では，事務局の構成・事務局長の任命・職務権限等（30条～37条），委員会（38～40条），会議・本部所在地・地域的取極（41条～54条），予算・経費（55条～58条），表決（59条・60条），各国の報告（61条～65条），法律行為能力・特権・免除（66条～68条），他の機関との関係（69条～72条），改正規定（73条），解釈（74条～77条），効力発生（78条～82条）を定めている（ここでの世界保健機関憲章の訳については，外務省のホームページ掲載の http://www.mofa.go.jp/mofaj/files/000026609.pdf に依拠している。なお，以上について，Aginam, *The Role of international organizations in promoting legal norms,* Routledge Handbook of Medical Law and Ethics, pp. 390, 392〈2016〉も参照した）。

WHOの規則制定権により定められた規則として重要なのは，国際保健規則（International Health Regulations, IHR）である。IHRは前身の国際衛生規則（ISR）から改められたもので，2005年に，感染症対策として大幅な改定がなされた（以上につき，厚生労働省大臣官房国際課「改正国際保健規則（IHR）について」。なお，IHRについては，https://www.mhlw.go.jp/bunya/kokusaigyomu/kokusaihoken_j.html を参照）。これにより，国際的な公衆衛生の脅威となりうるあらゆる事象について，WHOへの報告の対象となること，WHOは勧告をなしえ，その内容には感染者等の移動制限も含むことなどが織り込まれた。新型コロナ感染症（COVID-19）の世界的な拡大に対して，WHO が，国際的に懸念される公衆衛生上の緊急事態と認定し，暫定的勧告を行ったのはこれによる（西平等「グローバルヘルスにおける国際法の役割――歴史的検討」笠木映里ほか編『新型コロナウイルスと法学〔法律時報増刊〕』93 頁，98 頁〈2022 年。初出は 2021 年〉）。

なお，WHO 以外にも，保健分野の任務を担う国際組織として，母子保健関係を所管するユニセフ（UNICEF），国際生命倫理委員会の活動を行うユネスコ（UNESCO）などが活動している。

国際組織以外の活動――グローバル・ヘルス・ロー

上記のような，国を基本単位としつつ，感染症対策等の方向性を国際組織を中心として考えるという，International Health Law（IHL）の伝統的な方法に対して，1990 年代以降，グローバル・ヘルス・ロー（Global Health Law（GHL））という考え方が広く知られるようになってきている。GHL とは，感染症への対策に留らず，世界中の人々が，現時点で達成可能な最高度の身体的・精神的健康を得るために必要となる法規範や手続・仕組みの整備までを含め，総合的に検討する法分野である（GHL については，Gostin & Taylor, *Global Health Law : A Definition and Grand Challenges,* 1 Pub. Health Ethics 53 以下〈2008〉など多数の業績がある。ここでの定義もこれに依拠する）。GHL の立場も，IHL の考え方と同様に，主たる法源は国際公法であるが，それに限られないところに特徴がある。GHL では，国や国際機関を必ずしも前提とせず，個人の自由な活動を主唱する。こうした動きが出てきた背景には，WHO の活動が必ずしも円滑に進められていないことに対する批判があり，GHL 論者は，世界の人々の健康に影響を及ぼす種々の経済活動にも社会正義の観点からの法的な検証の必要性を唱えている。

GHLの扱う対象は，Gian L. Burci ed., Global Health Law Vols. 1-2〈2016〉によれば，以下のような諸論点である。すなわち，GHLの一般概念，WHOとGHL，感染症対策（バイオテロリズムを含む），国際的なタバココントロール（以上，同書Vol. 1），非感染性疾患（WTO，アルコール・タバコ等を含む），国際経済法（国際取引法・国際知的財産権法・国際投資法），医薬品の研究開発，健康権，国際環境法（以上，同書Vol. 2）と非常に多様であり，それらが関わる関連分野として，国際組織（WHO）・国際人権法・国際経済法の各方面にまたがっている。

なお，健康権（Right to Health）は，国内法的には医療へのアクセス権，医療を受ける権利として考えられることが多い。人権としての健康である権利は，政府が国民に責任を負っているということが前提とされる。そして，このことは，医療を受ける権利が制限される場面で，高い頻度で問題となる。しかし国際的には，健康権は医療を受ける権利とは別の意味で用いられることも多く，健康の前提となる環境問題，食糧事情や衛生的な水の供給といった問題として論じられることがある。

生命倫理の展開に対する国際法のアプローチ

生命倫理に関する国際的課題を取り上げるものとして，ユネスコの諸活動がある。ユネスコは，国際生命倫理委員会（IBC）を通じた，「ヒトゲノムと人権に関する世界宣言」（1997年）の採択といった作業を行ってきたが，これらに関して，位田隆一教授は，国際社会においては，法規範の策定そのもの，そしてそもそもその基盤となる普遍的倫理規範の策定が容易でないことを指摘し，国際社会の現段階においては，厳格な法的形式ではなく，枠組み原則を定める法形式か，非法的・非拘束的な形式にとどまっている状態であるとして，ソフト・ローを用いたアプローチによる「国際生命倫理法」を提唱する。国際生命倫理法の中核は人権法と重なるが，それよりも広いものであるとされ，人間の尊厳・研究の自由・提供者の人格保護といった諸課題を軸とすべきだとする（以上につき，位田隆一「国際法と生命倫理」法学論叢 156 巻 3＝4 号〈2005 年〉65 頁，90 頁以下）。

医療関係者の国際間移動　医療に関する技術・知識は，医療関係者を通じて伝播される面があり，その結果として，医療関係者が国際間で移動することが起こっている。そのこと自体は大きな問題ではないかも知れないが，高度な医療技術を身につけた医療関係者が，技術に見合う報酬を提供できる先進国に移転してそこに集中してしまい，そうした対価を提供できない国では医療関係者が枯渇するということになれば，こうした人材の国際的な偏在は，医療関係者の養成が多大な費用を伴う先行投資であることを考慮すると，保健政策上，大きな問題となりうる。

この問題には，個人の移動の自由・居所選択の自由と，業務の実施に関わる資格法など多くの法的問題が関連するが，移動先の国が当該医療関係者の資格を認め，職業活動を許せば，当該医療関係者を引き止めることは難しいと解されている。

他方，IT 技術の発達により，医療情報と医療技術の融合が起こり，医師が直接患者をみることなく処置ができるようになっていくと，そもそも医療関係者がどこに居を構えていても，診察には問題がないということにもなるかもしれない。そうであれば，上記のような医療関係者の偏在問題は重要性を失っていくことになる。

Column ㉖ 国際経済法における医療の扱い

国際経済関係において，モノ・サービス・人・技術・資金などが行き交うさまざまな関係のネットワークを管理するために形成されてきた法が，「国際経済法」である（松下満雄＝米谷三以『国際経済法』〈東京大学出版会，2015年〉1頁。医薬品・医療サービスに関しては，同書692頁以下参照）。国際間における医薬品や医療機器，医療者の移動といった側面において，こうした国際経済法領域では，WHO・主要な規制当局間・私人間で国際的なルール形成が進められていることが指摘されている（同書697頁以下）。

先進国で開発され市販されることが大半である医薬品の特許権が，TRIPS協定（「知的所有権の貿易関連の側面に関する協定」）によって国際的に保護されていることにより，エイズなど発展途上国が直面している感染症に対する医療の向上を阻害していると批判され，議論されてきたことについて，山根裕子『知的財産権のグローバル化——医薬品アクセスとTRIPS協定』〈岩波書店，2008年〉，および，2001年のドーハにおける「TRIPS協定と公衆衛生に関する宣言」(http://www.mofa.go.jp/mofaj/gaiko/bluebook/2002/gaikou/html/siryou/sr_03_12_03.html）など参照。

3 医療ツーリズム——医療を求める私人の移動

医療ツーリズムとは

近時，自国の医療では満たされない状況を憂えて，海外に出かける個人が増えている。これまでも，臓器移植を典型例として，日本国内で現実には受けられない治療を，外国に行って受けるということは行われていた。このような医療を受けるために他国に移動してそこで治療を受けることを，医療ツーリズムという。海外旅行中に体調を崩し旅行先現地の医療を受ける場合も，現地の医療を受ける点では変わりがないが，この場合は旅行の目的が他にあり，医療を受けることが主たる目的でない。これに対して，医療ツーリズムは，医療を受けることそれ自体が旅行の主目的となっている。

医療ツーリズムについては，Cohen 教授の著書 PATIENTS WITH PASSPORTS（2015）に所収された，一連の諸論文が，医療ツーリズムの問題について，自国で許されているものと許されていないものとの区別を基準として個別課題の解決を提案しているのが有益と思われる。本書もこれに多くを依拠して問題群を検討する。

医療ツーリズムの対象と行先

医療ツーリズムは，通常医療，生殖補助医療，人工妊娠中絶，臓器移植，臨死介助などを対象としている。

そうした処置を求めて行われる医療ツーリズムの行先にも，さまざまなものがある。

① 発展途上国から先進国への移動　医療の発展状況が世界的に斉一的ではない以上，こうしたツーリズムが生じるのは不自然ではない。①の場合の多くは，自国では実施できない高度医療の利益を享受するためであり，医学的理由に基づく移動，の要素が強い。

② 先進国同士の移動　これは，医学的理由に基づく移動というよりは，求める医療が自国では何らかの法的・倫理的理由などにより利用可能性が低いため他国に求めていく，あるいは，診療待ちの時間が長期だったり，受療費用が高額だったりするため，より迅速に，より低価格で医療を提供する地域に移動して医療を受ける，というものである。

③ 先進国から発展途上国への移動　③も，②の場合と同じように，社会的理由で外国に向かうものである。発展途上国には，外貨獲得のための国策として，先進国からの患者を受け入れる場合がある。発展途上国であっても，提供される医療が低レベルのものと

は限らず，患者の自国よりも高度な医療が提供される場合もあり，また，はるかに経済的に提供されるという場合もある。

医療ツーリズムの興隆に伴うさまざまな懸念とその規制のありよう

医療ツーリズムに参加し医療を受ける当事者にとっては，上述のメリットの反面で，旅行がもたらす身体への負荷や，異邦人として闘病することによる精神的・経済的負担が小さくない場合もあろう。また，医療が奏功しなかった場合に，医療関係者の責任を問うといった方策は，自国内で行うよりもはるかに困難なことが予測できる。

医療ツーリズムの効能を，よりマクロレベルでみれば，提供される医療技術が高額な場合，待機リストが長い場合などに，外国への外部発注という位置づけをすることで，自国内での医療費負担・待機期間の総体を下げることができることといえる。医療における国際的分業体制を，特に，生殖補助医療などの特殊な医療分野において，医療ツーリズムによって構築することが可能になるかもしれない。この場合，分業体制をとる国の間で公平な負担となるように調整することが必要になる可能性がある。

しかしながら，医療ツーリズムが広く行われるようになってくると，国内法で禁止・抑制している内容・規定をすり抜ける方策が提供されるという危険が可視化・現実化し，国内法の規制がザルと化す状況が生じうる。また，発展途上国などに顕著であることが指摘されているのが，渡航先の医療資源が十分に自国民に行き渡っていない場合，その希少な医療資源を外国人に浸食されるという状況が生み出される懸念がある。経済的理由等により，外国人が医療の場で優先されることになるとすれば，自国民の医療を受ける権利が侵害されるということである。

このように，医療ツーリズムの興隆は，国内だけの問題にとどまらなくなる懸念が多分にある。そのため，こうした問題を，「国際医事法」として位置づけ，規制するのか，推奨するのかなど，どのような方策を採用するのかを検討することが必要になってきている。

医療ツーリズムに関する問題群

(1) 医療ツーリズムの対象となった通常医療における医療事故　人間が行うものである以上，医療において有責な人為的ミスが発生する危険は常に存在し，統計学的な見地からは，事故は一定の頻度で発生しうると考えられ，治療の絶対数が増えれば，事故の発生確率も上がることとなる。そうであれば，医療ツーリズムの目的地で，患者が医療事故に遭遇するリスクは，当該ツーリズム先が先進的な仕組みや技術を持ったものであったとしても，ゼロとはいえない。したがって，海外渡航先での医療事故をめぐる法的処理の課題を検討しておくことは不可欠である。

日本国民Xが，自国外のB国でYが開設・経営する医療機関に赴き，医療を受け，それが失敗し，重大な障害が残ったり，死亡したりしたとする。患者X（あるいはその相続人）が，Xへの医療の失敗についてYに損害賠償を求めたい場合，XがYと交渉し，賠償責任の存否，責任がある場合の内容等について合意できれば，それによることとなる。しかしこうした交渉が結実せず，法的枠組みによる解決を求めることになれば，渉外事案としての困難に直面する。

XがYを相手とする場合，まず考えられるのは，B国の裁判所に訴えを提起することである。この場合，当然のことであるが，当該事故の責任の有無は，B国の法制によって判断される。

医療事故の責任の有無が，医療行為がなされた行為地法によるとすれば，当該国での訴訟結果を予想するためには，当該B国の現在の法状態に関して，多くの前提知識が必要である。すなわち，医療過誤で勝訴する可能性はどの程度あるか，医療過誤訴訟の頻度は高いか低いか，患者側の不利（専門的知識の不足や情報格差）に鑑みてその立場を強化するような実体法・手続法上の手当ては存在するか，などであり，より詳細には，B 国の医療過誤に関する準則はどのようなものか，医療過誤かどうかの判断基準はどのようなもので，医療者の責任はどのように認定されるか，日本では適用がある「相当程度の可能性」法理や「選択の可能性」侵害の慰謝料の法理の適用はありうるかについての情報も必要である。また，この種の損害賠償請求で認められる金額はどの程度であり，訴訟を提起して意味のある結果となりうるか，慰謝料の算定方法等についても，国による違いがあることを踏まえねばならない。さらには，仮に勝訴できたとしても，その実現をはかるための執行をどうするか，という問題も別にある。

このように，医療ツーリズムに参加した結果，医療事故に遭遇した場合の損害賠償について，対応する方法はないわけではなく，一応の結論は出すことができる。しかしながら，これらの程度の情報であっても，B 国の法律関係者（弁護士等）の助力がなければ基本的には調査も，それに基づく訴訟提起も不可能であるのが現実であろう。渡航先によっては，こうした問題に対する国内法が十分に整備されていない段階にとどまっている可能性もある。そうであれば，事故が起きても賠償請求ができるとは限らないし，仮に賠償請求が認められても，その金額は非常に低いものであるおそれもある。

医療ツーリズムの目的地となっている国には，こうした情報すらも必ずしも容易に得られない国が，いくつも存在する。仮にこれらの諸国に赴いて実施された医療行為が原因となって医療事故が発生した場合には，そうした事故の法的解決がどのようなものになるのか，見通しを立てること自体が難しい可能性すらあるかもしれない。

例えば，いずれも医療ツーリズムの目的地となることの多い，マレーシア・シンガポール・インドの医療事故の法的処理については，International Encyclopedia of Laws シリーズにある Medical Law において，諸外国のナショナルレポートが掲載されており，当該国についての一定程度の情報を得ることは可能であるほか，上記3国における法制の概略を知ることはできる。いずれの国も，イギリスの法制度を継受しており，医療事故においてはネグリジェンスまたは説明義務違反を理由として責任を追及できること，義務違反や因果関係の立証責任は原告側が負うこと，などである。同書では，インドにおける医療事故の法律問題は深刻な状況であることにも言及されている。しかしながらこうした情報があったとしても，シンガポールでは医療事故をめぐる民事紛争は訴訟に至ることは稀であり，その多くは裁判外あるいは裁判に至る前に終了しているとされるなど，目前の事案を解決するために必要な，詳細に至る情報が得られるというわけではない（インドについては，M. Naseem & S. Naseem, India, pp. 77-93（2014. Supp. 78）が，同国の状況を説明する。それによれば，被告が原告に対して義務を負っていること，義務違反が存在したこと，損害が義務違反の結果であること，の三要件について立証する責任が原告にあるとされるなど，イギリス法の議論を基礎に置きつつも，インドでの法状況が追加された解説がなされている。なお，インドでは消費者法での保護も存在する（同 92 頁)。マレーシアについて，Choong, Malaysia, pp. 112-117（2014. Supp. 79）の解説によれば，マレーシアでも，医療事故により生じた損害の賠償責任の追及には，不法行為と契約違反とが考えられる。不法行為については同意なき治療の問題と，ネグリジェンスの問題とが存在し，ネグリジェンスについては，登録された医療職に期待される，公正で合理的な注意水準が問題とされている。そしてここでもイギリスの

Bolam test が参照される。医療関係者の義務違反の証明責任は原告側が負担するが，その立証は難しく，裁判所で医師が義務違反を認定されるのはごく稀であるとされている。シンガポールについては Kann, Singapore, pp. 70, 84-104（1998. Supp. 17）が同国の状況を説明している。これらの国のナショナルレポートは，それぞれ，各国における法状況の変化に伴って順次改訂されているが，次第に詳細になっていく傾向にある）。

他方，外国人が来日して日本の医療機関を利用し，日本国内で事故が発生した場合には，多くの場合，日本法での処理の問題である（これについて，平岡敬「医療ツーリズムの法的リスク　適用されるのはどの国の法律？」〈2016 年 4 月 1 日〉https://www.m3.com/open/iryoIshin/article/412300/ が参考になる）。日本に在住している永住外国人の場合は，通常の日本の事件として処理されよう（日本において外国人が原告となっている医療事故の事案も，東京地判平成 19 年 3 月 29 日裁判所ウェブサイト，東京地判平成 27 年 6 月 3 日判例集未登載など，散見される）。

Cohen 教授は，医療事故にあったときに被害を回復する手段・方法が不十分であっても，そうした事情は患者が外国に出かけるインセンティブを削ぐには不十分であり，海外での医療ツーリズムを禁止したりやめさせたりすることはほとんど不可能だろうと予測している。そのうえで，医療事故に適用されるルールを自国のものに近づけるためにはどのような方法があるかを検討する必要があるとして，自国内において医療ツーリズムを仲介した者に情報提供義務違反で責任を問う方法などを提案している（Cohen, PATIENTS WITH PASSPORTS, p. 342 ch. 3（2015）参照。このほか，Singer, *Note, Medical Malpractice overseas : The Legal uncertainty surrounding medical tourism,* 2007 LAW & CONTEMP. PROBS, 211 なども参照）。

(2)　**生殖補助医療**　　生殖補助医療は，日本国内で法整備が進んでおらず，実施に関する自由度は狭い。例えば第三者からの提供卵子を利用した代理母などといった方策は，日本産科婦人科学会の会告により強い制限がかかっているが，他国においては認められている，あるいは法的規制がない状態で実施可能な生殖補助医療技術が存在するということも多い。生殖可能年齢に限りがある以上，富裕層を中心に妊娠・出産を求める人々が，生殖補助医療の実施を広く認める国に移動して子をもうけるという方策が模索される場合もある。また，先ごろも，アジアにおいて単一人が医療機関の介在により多数の女性に人工授精を依頼し，多くの子を得るという事態が発生した。これも，生殖補助医療についての各国の態度が異なることの現れであろう。

このように，生殖医療に対する考え方は，国によって実にさまざまで，バラエティに富んでおり，患者の選択・リクエストの自由を広く認める国もある。生殖補助医療を求めるカップルは既婚者に限るか，単身でもよいのかなど，どのような関係にある当事者ならこれらの技術を実施することを認めるか，認めるとしてどこまで何を認めるかについても，国によって微妙な差があることもあり，その違いを求めて人々が移動するという事態も，ヨーロッパでは起こっている（この問題について，Koffeman, Morally Sensitive Issues and Cross-Border Movement in the EU〈2015〉参照）。

ところで，日本で既に扱われた事例として，アメリカ・ネバダ州で代理母契約を締結し，依頼者の卵子により妊娠・出産した後に，依頼者と生まれた子との間に親子関係が存するかというものがあり，最高裁は親子関係に関する法制の違いは公序の問題であるとして，外国の判決の効力を否定した（最決平成19年3月23日民集61巻2号619頁［87］）。これに関連して，早川眞一郎教授（同「国際的な生殖補助医療と親子関係」論究ジュリスト2012年夏号127頁）は，ハーグ国際私法会議の動き，およびその背景にある問題意識を説明している。

それによれば，生殖補助医療が日本国内で禁止・制限されている趣旨から，親子関係の問題と，養子縁組の可否についての問題の両者を検討することが必要となる。

アジア諸国は，規制の緩さ・費用の安さなどを理由として，生殖補助医療を実施する先としてしばしば選ばれてきた。しかしそれゆえに問題が頻発したこともあり，近時はアジア各国でも生殖補助医療に対して，一定の制限を加えることが行われるようになってきており，生殖補助医療を受けるための目的地として知られているインドやタイでも，外国人を対象としないなどの規制法が検討されている（三輪和宏「アジア諸国における生殖補助医療の規制——インド及びタイの規制制度を中心に」レファレンス 2013 年 4 月号 65 頁以下。松本久美・タイ法最新事情・タイにおける代理母出産を規制する法律の施行〈2015 年 7 月 30 日〉 https://aseanlawyer.wordpress.com/2015/8/12/ など参照)。

(3)　**人工妊娠中絶**　　人工妊娠中絶を認めない法制の国から，人工妊娠中絶を受ける国への渡航という場合がある。これは人工妊娠中絶の実施について，厳格な要件を満たすことを求める国では深刻な状況であるが，日本では人工妊娠中絶の実施は，比較法的にはこれを緩やかな要件で認めると評価されているものであるため，日本人が人工妊娠中絶を受けるために医療ツーリズムを利用することは，あまり生じる余地がないと考えられる。また，妊婦の航空機利用についても制限があり，日本で人工妊娠中絶ができない状態にまでなっているときに，海外に出かけるというのは非現実的であって，大きな問題にはなっていない。

(4)　**臓器移植**　　臓器提供者の不足から，待機患者の数は多く，日本にいるのでは臓器提供を受ける望みはないと考え，海外で移植を受けることが行われている。

「イスタンブール宣言」(2008年)は，移植用の臓器は，自国内での自給体制のもとで公平に自国内で配分されるべきであるとの立場を原則とし，これが国境を越えて提供される場合は，国レベルの協力が必要であること，国外患者への実施は，それにより自国民が受ける移植医療の機会が減少しない場合にのみ許容されるとの立場を表明し，商業主義的な臓器取引等は処罰をもって臨むべきとした。

日本人の患者が，臓器移植の順番を待てるほどの時間が残っておらず，渡航して移植を受ける場合，臓器分配の国際間での不公平という事態が生じており，渡航先国との関係で調整が必要との指摘は多い。

患者は，臓器移植手術後は，当該国にとどまる理由はなくなり，ほどなく日本に帰国することになる。臓器移植の場合，移植手術の成功で治療はすべて終わるわけではなく，生涯にわたる拒絶反応の管理という別の課題があることを考慮しなければならない。なお，骨髄移植に関して，日本とアメリカ・台湾・韓国とで骨髄バンクの提携関係が構築・運営されていることが，日本骨髄バンクのウェブサイトにおいて公表されている（http://www.jmdp.or.jp/recipient/flow/oversea.html）。

(5) 臨死介助　安楽死や尊厳死を認めない法制の国から，安楽死などが合法とされる国に，末期状態の患者が渡航する場合がある。例えば，イギリス・ドイツからスイスへ，という移動が行われているとの情報は広く知られている。また，アメリカ・オレゴン州で，悪性腫瘍のために安楽死を求めた20歳代の女性は，他州の出身であったと報道されている。ほかにも，オーストラリアの高齢者が安楽死に関する自国の法制度の不十分さを理由としてスイスに渡航し，死亡したことが報道されている（2018年5月11日）。

臨死介助（死に臨んで苦痛を取り除くため実施される各種の医療的措

置）を求めて渡航が行われた場合，この種の措置を受けるために渡航することの手伝いをした者について，何らかの対応が必要でないか，という点を指摘する見解がある。困難な問題であるが，手伝いをした者が患者との関係でどのような立場にあったかは，考慮する余地はあるかもしれないことが言われている。

臨死介助も生殖補助医療と共通した面があり，日本国内の法制度が進んでいないために，国内での実施が難しい現状を考慮し，渡航を考える人々が存在しても不思議ではない。もっとも，死が直前の段階になってしまったときに，国外へ移動するのは事実上困難であるため，死期が直前に迫るよりもかなり前の段階で，医療的な処置を続けつつ，国外へ移動する，という方法が前提となることが多くなろう。そうすると，そこで想定される患者像は，かなり裕福であって，早い段階から臨死介助を望むという意思を明確に有している場合でなければ，それを実行に移すことはできないといえる。高齢者・介助が必要な患者等の搬送についても，航空機の利用は制限されることもあり，「まさに死のうとしている状態の人が，死ぬためだけに海外に出かける」という選択肢は，多くの日本人にとって現実的ではないものと考えられる。他方，他国から日本に臨死介助を求めて渡航してくるという状況は現在のところないようである。

医療ツーリズムにおける法的課題への対処　医療ツーリズムは，ややもすればよい面，積極面ばかりが喧伝されるが，そればかりではない。

医療ツーリズムから生じる問題は，個人の関与によって医療の国際化が進められている一側面であるが，医療ツーリズムを渡航先の国との関係で考え，その枠組みでとらえれば，国際的課題となる。しかし医療ツーリズムに出かける自国民の問題を中心に把握すれば，それが実は国内法の問題でもあることを意識しないわけにはいかないであろう。これは特に，相手国の法状況が自国のそれと大きくかけ離れている場合に顕著である。

医療ツーリズムに対しては，問題とされている課題群のそれぞれの個性が強いことから，「医療ツーリズムに関して統一したルール」を構築し，それにより全体として問題解決をはかっていくことは難しいと思われ，その点でCohen教授のアプローチは方向性として共感できる面は大きい。その場合，個別領域における国ごとの個性をどの程度尊重するのか，国際的に統一する方策を考えていくのが適当なのかは，個別領域ごとにさらなる検討が必要と思われる。

4 国際医事法の展開の必要性

医療の国際化によって問題となってきている医事法の問題にもさまざまな領域があり，本章では，公衆衛生として課題になっている分野と，私人として課題になっている分野とを分け，国境をまたぐ法的課題として検討した。しかし，これらは，医療の国際化によって生じ，また法的解決が望まれていると考えられる問題群のうち，諸外国で議論が盛んになってきているもののごく一部にすぎず，問題点の指摘だけにとどまる部分も多い。特に，本書ではコラムに回さざるを得なかった国際経済法・知的財産法の領域（*Column* ⑳，㉖）では，医療の問題がその特殊性の観点から配慮されているにすぎないことを指摘するのみであり，検討としては，その初歩的な段階にとどまることに留意されたい。

医療の国際化がもととなって生じる問題は，今後，より増えていくことが考えられ，これまで関与が十分ではなかった領域も含めた検討を，さらに進展させることが急務である。

演習

1　日本国外で重篤な感染性疾患が大規模に流行しはじめたとき，日本ではどのような水際での対策が取られることとなっているのか，説明しなさい。

2　日本国内では実施されていないが，外国の甲国では実施されている医療を受けたいと考えたＡは，甲国に在住する知人Ｂに，甲国の医師Ｃを紹介してもらった。Ｂは一般人であり，医師・医療関係者ではない。甲国に渡航したＡは，Ｃの治療を受けたが，Ｃは希望された治療法の実施経験がなく，Ａに行われた治療の結果も思わしくないものであった。Ａがこの治療の結果に不満で，治療により生じた自己への不利益の責任をＣに問いたいと考える場合，どのような方法がありうるか，検討しなさい。

参考文献

以下のリストには絶版・出版社品切れとなっているものもあるが，公共図書館等で参照が可能であることも多いので，掲載している。

・唄孝一『医事法学への歩み』（岩波書店，1970 年）
・加藤一郎＝森島昭夫編『医療と人権——医師と患者のよりよい関係を求めて』（有斐閣，1984 年）
・日本医事法学会編「年報医事法学 1〜37」（日本評論社，1986〜2022 年）
・野田寛『医事法(上)(中)〔増補版〕』（青林書院，1984，1994 年）
・大野真義編『現代医療と医事法制』（世界思想社，1995 年）
・植木哲編『医事法教科書』（信山社，1997 年）
・大谷實『医療行為と法〔新版補正第 2 版〕』（弘文堂，1997 年）
・塚本泰司『医療と法——臨床医のみた法規範〔第 2 版〕』（尚学社，2000 年）
・前田達明＝稲垣喬＝手嶋豊執筆代表『医事法』（有斐閣，2000 年）
・宇都木伸＝塚本泰司編『現代医療のスペクトル』（尚学社，2001 年）
・金川琢雄『医療スタッフのための実践医事法学』（金原出版，2002 年）
・石原明『法と生命倫理 20 講〔第 4 版〕』（日本評論社，2004 年）
・菅野耕毅『医事法学概論〔第 2 版〕』（医歯薬出版，2004 年）
・加藤久雄『医事刑法入門——ポストゲノム社会における〔新訂補正版〕』（東京法令出版，2005 年）
・加藤良夫編著『実務医事法講義』（民事法研究会，2005 年）
・戸波江二ほか『生命と法』（成文堂，2005 年）
・樋口範雄＝土屋裕子編『生命倫理と法』（弘文堂，2005 年）

・マーク・ホール＝アイラ・エルマン＝ダニエル・ストラウス（吉田邦彦訳）『アメリカ医事法』（木鐸社，2005年）
・甲斐克則『医事刑法への旅Ⅰ〔新版〕』（イウス出版，2006年）
・植木哲『医療の法律学〔第3版〕』（有斐閣，2007年）
・樋口範雄『医療と法を考える――救急車と正義』（有斐閣，2007年）
・樋口範雄＝岩田太編『生命倫理と法Ⅱ』（弘文堂，2007年）
・畔柳達雄＝児玉安司＝樋口範雄編『医療の法律相談』（有斐閣，2008年）
・樋口範雄『続・医療と法を考える――終末期医療ガイドライン』（有斐閣，2008年）
・甲斐克則編『医事法講座1　ポストゲノム社会と医事法』（信山社，2009年）
・甲斐克則編『レクチャー生命倫理と法』（法律文化社，2010年）
・山田卓生『医事法　生命倫理』（信山社，2010年）
・吉田謙一『事例に学ぶ法医学・医事法〔第3版〕』（有斐閣，2010年）
・岩田太編著『患者の権利と医療の安全』（ミネルヴァ書房，2011年）
・樋口範雄編著『ケース・スタディ生命倫理と法〔第2版〕』（有斐閣，2012年）
・初川満『実践　医療と法――医療者のための医事法入門』（信山社，2016年）
・前田和彦『医事法講義〔新編第3版〕』（信山社，2016年）
・米村滋人『医事法講義』（日本評論社，2016年）
・葛生栄二郎＝河見誠＝伊佐智子『新・いのちの法と倫理〔改訂版〕』（法律文化社，2017年）
・Kai, Sato & Nagamizu, Medical Law in Japan, 2nd ed., Kluwer, 2017
・甲斐克則編『ブリッジブック医事法〔第2版〕』（信山社，2018年）

・安藤秀雄ほか『最新　医療関連法の完全知識　2022年版――これだけは知っておきたい医療実務102法』(医学通信社，2022年)
・甲斐克則＝手嶋豊編『医事法判例百選〔第3版〕〔別冊ジュリスト258号〕』(有斐閣，2022年)
・河上正二『消費者法特別講義　医事法』(信山社，2022年)

第1章　医事法総論

・樋口範雄『フィデュシャリー［信認］の時代――信託と契約』(有斐閣，1999年)
・ロバート・B・レフラー(長澤道行訳)『日本の医療と法――インフォームドコンセント・ルネッサンス』(勁草書房，2002年)
・ジョージ・J，アナス(谷田憲俊監訳)『患者の権利――患者本位で安全な医療の実現のために』(明石書店，2007年)
・池永満『新・患者の権利――医療に心と人権を』(九州大学出版会，2013年)
・医療基本法会議編『医療基本法――患者の権利を見据えた医療制度へ』(エイデル研究所，2017年)

第2章　医療関係者の資格と業務

・甲斐克則編『医事法講座12　医行為と医事法』(信山社，2022年)

第4章　診療情報の保護

・佐久間修『最先端法領域の刑事規制――医療・経済・IT社会と刑法』(現代法律出版，2003年)
・増成直美『診療情報の法的保護の研究』(成文堂，2004年)
・開原成允＝樋口範雄編『医療の個人情報保護とセキュリティ〔第2版〕』(有斐閣，2005年)

・甲斐克則編『医事法講座 9　医療情報と医事法』（信山社，2019 年）

第 5 章　感染症対策および保健法規

・大林啓吾編『コロナの憲法学』（弘文堂，2021 年）
・大林啓吾編『感染症と憲法』（青林書院，2021 年）
・笠木映里ほか編『新型コロナウイルスと法学〔法律時報増刊〕』（日本評論社，2022 年）
・横田明美『コロナ危機と立法・行政——ドイツ感染症予防法の多段改正から』（弘文堂，2022 年）

第 6 章　人の出生に関わる諸問題

・石井美智子『人工生殖の法律学——生殖医療の発達と家族法』（有斐閣，1994 年）
・中谷瑾子『21 世紀につなぐ生命と法と倫理——生命の始期をめぐる諸問題』（有斐閣，1999 年）
・総合研究開発機構 = 川井健編『生命科学の発展と法』（有斐閣，2001 年）
・大島俊之『性同一性障害と法』（日本評論社，2002 年）
・総合研究開発機構 = 川井健編『生命倫理法案——生殖医療・親子関係・クローンをめぐって』（商事法務，2005 年）
・丸山英二編『出生前診断の法律問題』（尚学社，2008 年）
・甲斐克則『生殖医療と刑法』（成文堂，2010 年）
・甲斐克則編『医事法講座 5　生殖医療と医事法』（信山社，2014 年）

第 7 章　医学研究と医薬品をめぐる問題

・菱山豊『生命倫理ハンドブック——生命科学の倫理的，法的，社会的問題』（築地書館，2003 年）

・保木本一郎『ヒトゲノム解析計画と法——優生学からの訣別』（日本評論社，2003 年）
・龍谷大学「遺伝子工学と生命倫理と法」研究会編『遺伝子工学時代における生命倫理と法』（日本評論社，2003 年）
・宇都木伸＝菅野純夫＝米本昌平編『人体の個人情報』（日本評論社，2004 年）
・甲斐克則『被験者保護と刑法』（成文堂，2005 年）
・和田幹彦編著『法と遺伝学』（法政大学現代法研究所〔法政大学出版局発売〕，2005 年）
・甲斐克則編『遺伝情報と法政策』（成文堂，2007 年）
・山本龍彦『遺伝情報の法理論』（尚学社，2008 年）
・町野朔＝辰井聡子編『ヒト由来試料の研究利用——試料の採取からバイオバンクまで』（ぎょうせい，2009 年）
・塩野隆史『薬害過失と因果関係の法理』（日本評論社，2013 年）
・甲斐克則編『医事法講座 8　再生医療と医事法』（信山社，2017 年）
・米村滋人編『生命科学と法の近未来』（信山社，2018 年）

第 8 章　医療事故をめぐる問題

・町野朔『患者の自己決定権と法』（東京大学出版会，1986 年）
・中村哲『医療訴訟の実務的課題』（判例タイムズ社，2001 年）
・飯田英男＝山口一誠『刑事医療過誤』（判例タイムズ社，2002 年）
・飯田英男『刑事医療過誤Ⅱ〔増補版〕』（判例タイムズ社，2007 年）
・飯田英男『刑事医療過誤Ⅲ』（信山社，2012 年）
・吉田邦彦『契約法・医事法の関係的展開』（有斐閣，2003 年）
・稲垣喬『医事訴訟入門〔第 2 版〕』（有斐閣，2006 年）
・和田仁孝編『ADR——理論と実践』（有斐閣，2007 年）
・和田仁孝＝手嶋豊＝中西淑美編著『医療事故対応の実践』（三協

法規出版，2009 年）
・秋吉仁美編著『医療訴訟』（青林書院，2009 年）
・浦川道太郎ほか編『医療訴訟』（民事法研究会，2010 年）
・植木哲編『人の一生と医療紛争』（青林書院，2010 年）
・中山研一＝甲斐克則編著『医療事故の刑事判例〔新版〕』（成文堂，2010 年）
・甲斐克則編『医事法講座 2　インフォームド・コンセントと医事法』（信山社，2011 年）
・甲斐克則編『医事法講座 3　医療事故と医事法』（信山社，2012 年）
・甲斐克則『医療事故と刑法』（成文堂，2012 年）
・山中敬一『医事刑法概論Ⅰ　序論・医療過誤』（成文堂，2014 年）
・大島眞一『Q ＆ A 医療訴訟』（判例タイムズ社，2015 年）
・川﨑富夫『錯覚の医事法学――よき医療とよき司法のための提言』（信山社，2021 年）
・甲斐克則編『医事法講座 11　医療安全と医事法』（信山社，2021 年）

第 9 章　脳死問題と臓器移植

・唄孝一『臓器移植と脳死の法的研究――イギリスの 25 年』（岩波書店，1988 年）
・唄孝一『脳死を学ぶ』（日本評論社，1989 年）
・中山研一＝福間誠之編『臓器移植法ハンドブック』（日本評論社，1998 年）
・町野朔＝長井圓＝山本輝之編『臓器移植法改正の論点』（信山社，2004 年）
・城下裕二編『生体移植と法』（日本評論社，2009 年）
・甲斐克則編『医事法講座 6　臓器移植と医事法』（信山社，2015 年）

第 10 章　終末期医療

・唄孝一『生命維持治療の法理と倫理』（有斐閣，1990 年）
・甲斐克則『安楽死と刑法』（成文堂，2003 年）
・甲斐克則『尊厳死と刑法』（成文堂，2004 年）
・甲斐克則編『医事法講座 4　終末期医療と医事法』（信山社，2013 年）
・松井茂記『尊厳死および安楽死を求める権利』（日本評論社，2021 年）
・山中敬一『医事刑法概論Ⅱ』（成文堂，2021 年）

第 11 章　特別な配慮を必要とする患者

・大谷實『精神科医療の法と人権』（弘文堂，1995 年）
・町野朔編『精神医療と心神喪失者等医療観察法〔ジュリスト増刊〕』（有斐閣，2004 年）
・中谷陽二編集代表『精神科医療と法』（弘文堂，2008 年）
・小山剛 = 玉井真理子編『子どもの医療と法〔第 2 版〕』（尚学社，2012 年）
・甲斐克則編『医事法講座 7　小児医療と医事法』（信山社，2016 年）
・甲斐克則編『医事法講座 10　精神科医療と医事法』（信山社，2020 年）

第 12 章　グローバリゼーションと医事法

・西平等『グローバル・ヘルス法――理念と歴史』（名古屋大学出版会，2022 年）

事項索引

あ　行

か　行

さ　行

た　行

な　行

は　行

ま　行

や　行

ら　行

欧　文

判例索引

著者紹介　手嶋　豊（てじま ゆたか）

1959年生まれ
1983年　早稲田大学法学部卒業
1987年　京都大学大学院法学研究科博士課程中退
　　　　龍谷大学，広島大学，筑波大学を経て
現　在　神戸大学大学院法学研究科教授

【有斐閣アルマ】

医事法入門〔第6版〕

Introduction to Medical Law, 6th ed.

2005年6月20日　初　版第1刷発行　　2015年 4月10日　第4版第1刷発行
2008年4月20日　第2版第1刷発行　　2018年 9月10日　第5版第1刷発行
2011年5月20日　第3版第1刷発行　　2022年12月20日　第6版第1刷発行

著　者　手嶋　豊
発行者　江草貞治
発行所　株式会社有斐閣
〒101-0051 東京都千代田区神田神保町2-17
http://www.yuhikaku.co.jp/
装　丁　デザイン集合ゼブラ＋坂井哲也
印　刷・製　本　共同印刷工業株式会社

落丁・乱丁本はお取替えいたします。定価はカバーに表示してあります。

Printed in Japan ISBN 978-4-641-22204-5